国家社科基金一般项目"司法保护促进我国消费的机制与实证研究"（项目编号：19BJL021）

中央高校基本科研项目"司法保护促进我国经济高质量增长的实证研究"（项目编号：2019CDJSK01XK09）

司法保护
促进中国消费的机制与实证研究

周 洲 著

The Mechanism and Empirical
Study of Judicial Protection
Promoting Consumption in China

中国社会科学出版社

图书在版编目（CIP）数据

司法保护促进中国消费的机制与实证研究/周洲著 . —北京：中国社会科学出版社，2023.3
ISBN 978-7-5227-1519-3

Ⅰ.①司⋯　Ⅱ.①周⋯　Ⅲ.①法律保护—研究　Ⅳ.①D90

中国国家版本馆 CIP 数据核字（2023）第 040857 号

出 版 人	赵剑英
责任编辑	刘晓红
责任校对	周晓东
责任印制	戴　宽

出　版	中国社会科学出版社
社　址	北京鼓楼西大街甲 158 号
邮　编	100720
网　址	http://www.csspw.cn
发 行 部	010-84083685
门 市 部	010-84029450
经　销	新华书店及其他书店
印　刷	北京君升印刷有限公司
装　订	廊坊市广阳区广增装订厂
版　次	2023 年 3 月第 1 版
印　次	2023 年 3 月第 1 次印刷
开　本	710×1000　1/16
印　张	20.25
插　页	2
字　数	325 千字
定　价	109.00 元

凡购买中国社会科学出版社图书，如有质量问题请与本社营销中心联系调换
电话：010-84083683
版权所有　侵权必究

序　言

从整体上看，消费堪称中国经济增长最稳定的拉动力，消费对中国经济增长的基础性作用不断增大。为了夯实消费对经济发展的基础性作用，最大限度激活消费的潜力与活力，完善消费者权益保护体系是最基础的配套保障之一。然而，仅仅考虑消费者权益保护对消费的影响并不能勾勒出"法与消费"的全貌。既有文献主要从法学的视角对法律保护的意义进行了理论分析，但鲜有"法与消费"方面的实证研究。由于司法保护是法律保护的核心，因此有必要把"提振消费"与"司法保护"联系起来加以考虑。司法保护对消费最直接的影响在于通过切实的契约保护，缓解消费中的不确定性和信息不对称，维护消费者权益，增强消费者信心。除此之外，2020年党的十九届五中全会公报就明确提出："把实施扩大内需战略同深化供给侧结构性改革有机结合起来，以创新驱动、高质量供给引领和创造新需求。"由此可见，促进消费需求升级离不开创新升级。考察法与消费关系时不能忽视法与供给侧的关系，只有同时考察司法保护与消费和创新"双升级"的关系，才能厘清法与消费关系的全貌。本书采用国际上通行的做法，仅以法院审判作为司法保护的代表，构建司法保护影响需求（居民消费）和供给（企业创新）的机制框架，探索建立司法保护与消费促进及创新促进之间的跨学科理论桥梁。

在此背景下，本书依托国家社科基金一般项目"司法保护促进我国消费的机制与实证研究"（项目编号：19BJL021）的支持，将司法保护纳入消费及企业创新的分析框架，并将消费法制环境的外延扩展至综合法制环境，由整体法制环境到具体的消费者权益保护，由对消费的直接影响到间接影响，按照由总到分、逐渐深入的思路，依次进行了一系列实证研究。实证研究主要采用以下几种方法：①运用多指标分析方法，对历年来的各省份司法保护水平进行了量化评估；②采用省级面板数据，运用面板回归方法从宏观视角分析了司法保护影响企业创新、消费需求的传导机制；③采用上市公司面板数据，构建企业创新质量指数，运用面板回归方法从微观视角分析司法保护对企业创新质量的影响机制；④采用中国家庭追踪调查数据，运用面板回归等方法从微观视角分析司法保护对居民消费的影响机制；⑤运用双重差分、倾向得分匹配等方法对消费者权益保护法律的消费促进效应等进行量化评估。本书的具体内容安排为：

（1）司法保护的量化方面。分别选择6个和4个指标，运用因子分析等方法，对1998—2016年中国各省份司法保护水平进行了客观量化。

（2）司法保护对消费的直接总体影响。为了深化司法保护影响居民消费的认识和理解，我们从直接和间接两方面对司法保护影响消费的机制进行了理论分析，并利用1998—2016年的省级面板数据、多期中国家庭追踪调查数据（CFPS）以及构建的省级司法保护指数，从宏微观双重视角，对司法保护的消费促进效应进行了实证检验。微观视角的研究结果与宏观视角的结果保持了高度一致，反映出我们研究结论的高可信度。

（3）司法保护、企业创新和消费。中国消费增长和消费升级仍然受到创新质量不高的制约，提升创新质量也是中国经济实现高质量发展的关键，厘清司法保护对企业创新的影响机理是法与消费之间间接影响的主要部分。我们将司法保护、企业创新和消费纳入统一的分析框架，首先，分析和检验了企业创新对消费增长的积极作用；其次，基于2009—2016年中国制造业上市公司专利申请数据，重点厘清并实证检验了司法保护对企业创新的作用机制。

（4）司法保护影响企业创新和消费的深入分析。在前述基本分析的基础上，对司法保护、企业创新和消费的关系进行进一步分析：①本书将研究视角下沉到具体的法律法规的消费促进效应方面，围绕与消费直接相关的消费者权益保护法律法规，利用《中华人民共和国消费者权益保护法》大修这一外生性冲击，基于四期中国家庭追踪调查（CFPS）的面板数据，考察了消费者权益保护提升对城乡居民消费的影响差异。②利用企业微观数据，考察和检验了强化消费者权益保护对企业创新的实际影响。③知识产权保护是司法保护中对企业创新质量影响最直接的一环，本书以知识产权案件"三审合一"审判模式（以下简称"三审合一"）改革作为准自然实验，采用倾向得分匹配基础上的"渐进式"双重差分法（PSM-DID）进一步实证评估了以"三审合一"改革为代表的知识产权保护制度创新对企业创新质量的影响。④在提升消费供给质量方面，民营企业应该发挥更大的作用。本书基于行为信号理论的拓展性运用，以中国省级高院院长更替作为切入点，证实了司法环境变化对民营企业的创新决策具有重要影响。⑤从政治力量假说和政治成本假说来看，民营上市公司高管作为企业研发战略的决策者和执行者，其政治关联特征对研发活动有着重要影响，尤其是在司法保护等制度环境不完善的情况下，研发活动面临着更大的外部不确定性。本书选取2009—2016年中国沪深A股制造业民营上市公司作为研究对象，考察了司法保护对政治关联与民营企业研发投入之间关系的调节作用以及作用机制。

本书相对于本领域已有研究成果的独到贡献表现在：①学术价值方面。尽管依法治国已上升为国家战略，消费促进也成为当前政府经济工作的重点，但建立"法与消费"的系统理论体系却是一个全新命题。本书首次将司法保护与消费纳入统一分析框架，并进行系统深入的定量检验，对现有消费促进研究提供补充，也进一步丰富法经济学的研究领域。②应用价值方面。本书运用理论与实证相结合的方法，甄选出司法保护影响消费的关键因素，提出强化这些关键因素的建议，为经济政策制定以及司法改革路径优化提供参考。

本书由重庆大学公共管理学院周洲副教授的研究团队撰写。周洲副教授负责全书的总纂和审核，重庆大学公共管理学院的夏晓宇、唐安妮、秦鹤、陈宏、吴馨童、李雅梦、陈曦、张艺骞、周丹琪、裘逸天、袁江江等研究生同学负责全书各章节的撰写、编排与校对。本书在编撰过程中，还得到了重庆大学公共管理学院、重庆大学公共经济与公共政策研究中心有关领导的大力支持和帮助，在此一并表示衷心的感谢。本书的编写参考了大量已有文献资料，并借鉴了国内外很多网站的数据，限于篇幅，书后只列出了主要参考文献，势必有所疏漏，在此谨向相关文献作者致歉，并表示感谢。本书的出版还得到中央高校基本科研项目"司法保护促进我国经济高质量增长的实证研究"（项目编号：2019CDJSK01XK09）的资助，在此一并致谢。由于相关研究尚处于不断探索发展阶段，加上编者的水平有限，书中难免有不尽如人意之处，敬请广大读者批评指正，以便今后修订和完善。

周洲于重庆大学
2022 年 6 月

目 录

第一章 绪论 ··· 1
- 第一节 研究背景 ··· 1
- 第二节 研究内容 ··· 10
- 第三节 创新之处 ··· 12
- 第四节 相关研究动态 ··· 14

第二章 中国司法保护指数的构建 ··· 23
- 第一节 司法保护概念界定 ··· 23
- 第二节 司法保护指数的构建 ··· 24
- 第三节 司法保护指数计算 ··· 29
- 第四节 中国各省份司法保护水平的发展分析 ··· 35

第三章 司法保护影响居民消费的理论分析 ··· 39
- 第一节 直接机制分析 ··· 39
- 第二节 间接机制分析 ··· 46

第四章 司法保护影响居民消费的实证分析 ··· 56
- 第一节 基于省级数据的宏观实证分析 ··· 56
- 第二节 基于家庭调查数据的微观实证分析 ··· 75
- 第三节 小结 ··· 95

第五章　企业创新与消费 · 97

第一节　企业创新影响消费的理论分析 · 97
第二节　企业创新影响消费的实证检验 · 100
第三节　小结 · 104

第六章　司法保护与企业创新 · 105

第一节　问题提出 · 105
第二节　司法保护影响企业创新的文献综述 · 106
第三节　司法保护影响企业创新的理论分析 · 108
第四节　司法保护影响企业创新的实证检验 · 112
第五节　小结 · 134

第七章　消费者权益保护对城乡居民消费的影响差异 · 136

第一节　问题提出 · 136
第二节　消费者权益保护和城乡消费差距的文献综述 · 137
第三节　消费者权益保护的制度背景 · 139
第四节　消费者权益保护与城乡消费差距的理论分析 · 140
第五节　消费者权益保护与城乡消费差距的实证分析 · 145
第六节　小结 · 159

第八章　消费者权益保护与企业创新 · 161

第一节　问题提出 · 161
第二节　消费者权益保护影响企业创新的理论分析 · 162
第三节　消费者权益保护影响企业创新的实证分析 · 164
第四节　小结 · 176

第九章　"三审合一"改革与企业创新质量 · 178

第一节　问题提出 · 178
第二节　"三审合一"制度背景 · 181
第三节　"三审合一"影响创新质量的理论分析 · 183
第四节　"三审合一"影响创新质量的实证分析 · 186

  第五节 小结 ………………………………………………… 207

第十章 司法政策不确定性与民营企业创新 ………………………… 209

  第一节 问题提出 ……………………………………………… 209
  第二节 司法领导更替影响民营企业创新的理论分析 ………… 211
  第三节 司法领导更替影响民营企业创新的实证分析 ………… 217
  第四节 小结 ………………………………………………… 235

第十一章 司法保护视角下的政治关联与民营企业创新 ……………… 237

  第一节 问题提出 ……………………………………………… 237
  第二节 司法保护调节政治关联与民营企业创新关系的分析 …… 238
  第三节 司法保护调节效应的实证分析 …………………… 240
  第四节 小结 ………………………………………………… 255

第十二章 研究总结 …………………………………………………… 257

第十三章 政策建议 …………………………………………………… 263

参考文献 …………………………………………………………………… 273

第一章

绪　论

第一节　研究背景

出口、消费、投资同为拉动经济增长的"三驾马车",改革开放以来的绝大多数时间里,投资一直都是中国经济增长的首要驱动力,然而从十几年前开始,中国市场上绝大多数商品已处于供大于求状态,产能过剩成为困扰中国经济健康持续发展的重要问题。另外,随着中国经济发展方式由投资驱动向消费驱动转变,消费成为国民经济可持续发展的重要支撑。从整体上来看,中国消费对经济增长的贡献率保持在较高水平,消费堪称中国经济增长最稳定的拉动力,国家统计局发布的2019年中国经济数据显示,2019年消费对中国GDP的贡献为57.8%,连续6年成为经济增长的第一动力。到2021年,最终消费支出对中国经济增长的贡献率已达到65.4%,拉动GDP增长了5.3个百分点。特别是整个"十三五"时期,中国消费规模不断扩大,年均社会消费品零售总额增速高达9.4%,成为世界第二大消费市场。以消费规模来说,2019年中国社会消费品零售总额突破40万亿元大关,2016—2019年,中国每年的社会消费品零售总额从33.2万亿元逐渐增长到41.2万亿元,如果以1∶6.9的平均汇率计算,中国社会消费品零售总额的规模接近6万亿美元,仅淘宝一家中国电商平台2020年"11·11"达成的网络成交额就有4982亿元,消费对中国经济增长的基础性作用不断增大。

除了消费总量维持高增长之外,中国居民的消费结构也呈现出多方面的变化。例如，教育文化、医疗保健支出等服务消费在居民消费结构中的占比持续上升；通信器材的零售额增速持续高于社会消费品零售总额的增速，电子产品、智能化产品的相关消费显著提升；居民线上消费占比进一步提升，2016—2019年，居民网上零售额占比从10.8%上升到20.7%，直播带货等开创了线上消费的新业态。随着疫情逐步得到控制，升级类商品的消费需求不断释放。2020年，虽然疫情严重冲击了中国消费市场，但中国消费市场经受住了疫情的严峻考验，城乡消费市场逐渐复苏，乡村消费市场恢复好于城镇。2020年第四季度的乡村消费品零售额同比增长5.6%，增速比第三季度快4.3个百分点，比城镇消费品零售额高1.1个百分点。

作为一个面临复杂外部环境的经济大国，中国的经济发展如果主要依赖于外部国际投资和出口需求，则存在极大的不确定性。随着2021年中国开始构建以国内大循环为主体、国内国际双循环相互促进的新发展格局，扩内需、促消费政策将持续发力。"双循环"主导下的"十四五"时期将持续消费升级的趋势，"十四五"时期的中国消费市场将成为全球第一大市场。中国1990年进口金额只有534亿美元，而2018年中国进口金额首次突破2万亿美元，扩大了40倍，2万亿美元还仅仅是货物进口的金额，如果考虑每年大量的出境旅游、购物、留学、购买国外影视文化和知识产权产品的金额，这将是一个天量的数字。

虽然中国消费市场的发展成绩斐然，消费已成为中国经济增长的第一动力，但也不是一帆风顺的，还存在一些问题和"瓶颈"，中国经济发展中"消费疲软、内需不足"这一特征仍备受诟病。消费的增长速度与出口、投资的高速增长相比相对滞后，中国城乡居民的人均可支配收入水平在2000年之后开始步入增长的"快车道"，但中国的消费率不仅远远低于多数发达国家，甚至也低于大部分发展中国家（王湘红等，2018），例如，2018年中国居民消费支出占GDP的比重为39.37%，远低于同期美国的68.37%、日本的55.49%、韩国的48.09%和印度的58.98%。而且近年来中国居民消费率变化还呈现下降趋势，削弱了消费对经济发展的支撑作用。虽然居民消费支出在最终消费支出中的比重长期以来稳定在70%—80%，但最终消费支出中主要包括居民消费支出与公共消费支出①,而居民消费是基础,如果仅仅计算居民消费支出,则居民消费支出对中国经济的整体贡献只有约45%。2017年以来中国的消费增长动力显著减弱,消费升级的步伐放慢,国内消费购买力还不断外流(刘哲希和陈彦斌,2018)。例如,2019年虽然社会消费品零售总额达到41.2万亿元,但同比仅增长8%,增速创下历史最低水平(见图1.1)。2020年以来的新冠肺炎疫情对世界各国的经济产生了巨大冲击,疫情对消费的抑制是造成经济严重下滑的重要原因,中国2020年第一季度的GDP就同比下降了6.8%。在此背景下,大力推动消费复苏甚至增长更显现出重要的战略意义。

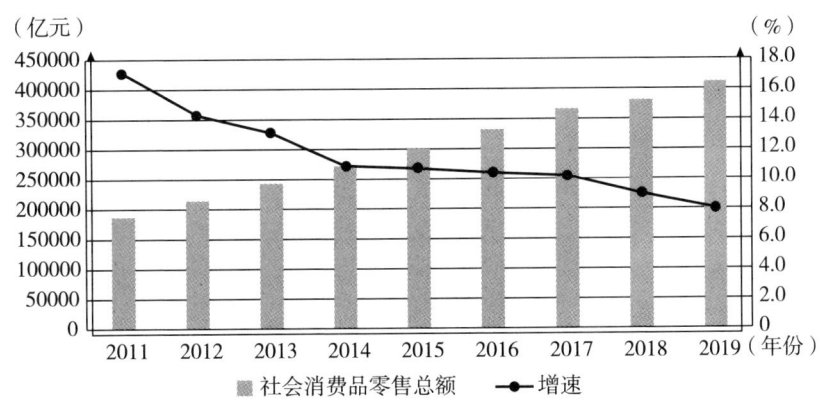

图1.1　2011—2019年中国社会消费品零售总额统计及增长情况

同时,中国消费者的需求也向个性化、品质化、多元化转变,消费者的消费观念、消费结构、消费方式等方面发生了巨大变化,新场景、新业态、新科技在消费领域不断涌现,消费相关问题的专业性、复杂性不断增强,消费者权益保护面临着诸多新问题、新挑战。另外,农村居民消费不足是现阶段中国经济失衡的一大表现。综上所述,尽管消费占中国GDP的比重在上升,却不能表明中国经济增长已经摆脱投资驱动

---

① 前者是指核算期内由居民个人直接购买消费性货物和服务所花费的支出。后者是指财政为满足社会公共需要,用于提供公共消费性商品和劳务的支出,范围涵盖了教育、卫生保健、社会保险和福利、体育和娱乐、文化等方面。

的粗放模式，当前中国刺激消费增长的动力不足，仍需要进一步挖掘消费潜力，扩大内需与刺激消费之路仍然漫长。

为了进一步促进居民消费的扩大和升级，中国近年来将"扩大内需"确立为长期的基本国策，其目的就是要通过积极的政策手段开启国内消费市场，刺激居民消费，确保国民经济增长的韧性与稳定性。2008年政府就研究部署确定了扩大内需这一长期战略方针，《中共中央关于制定国民经济和社会发展第十二个五年规划的建议》强调坚持扩大内需战略，国务院及相关部门制定了《关于促进消费带动转型升级的行动方案》《完善促进消费体制机制实施方案（2018—2020年）》等一系列政策，国务院总理李克强在2019年的政府工作报告中专门提出"持续释放内需潜力，为经济平稳运行提供有力支撑"。党的十九大报告也明确提出通过完善相关体制机制来增强消费对经济发展的基础性作用，2020年党的十九届五中全会公报更是明确提出全面促进消费，"形成强大国内市场，构建新发展格局。坚持扩大内需这个战略基点，加快培育完整内需体系，把实施扩大内需战略同深化供给侧结构性改革有机结合起来，以创新驱动、高质量供给引领和创造新需求。"

然而，尽管政府部门先后实施了一系列的消费促进政策，却未取得统一效果：医疗养老等社会保障制度（何立新等，2008；白重恩等，2012；蔡伟贤和朱峰，2015；毛捷和赵金冉，2017）、普惠金融（易行健和周利，2018）、设立开发区（孙伟增等，2018）等政策对消费产生了促进效应；但积极的财税政策容易导致金融市场扭曲（郭长林，2016；范子英和张航，2018等），过大的政府支出会对居民消费产生挤出效应（王宏利，2016），定向降准的消费刺激效果也不显著（王曦等，2017），类似"家电下乡""汽车免税"等短期需求刺激政策并不能构建促进消费需求的长效机制（郑筱婷等，2012）。

由此可见，仅仅考虑经济领域的体制机制显然不够全面，单纯的外部刺激政策效果不尽如人意，过度依赖短期政策刺激则消费促进的效果有限且不持久。为了夯实消费对经济发展的基础性作用，最大限度激活消费的潜力与活力，必须着眼于促进消费内生性增长的长效机制，使消费者能够自发消费，而良好的消费法制环境是居民消费的重要影响因素，完善消费者权益保护体系是最基础的配套保障之一，完善的法律法规体系和公正的执法能增强消费者的消费安全感和消费信心（郭月梅等，2015）。而且，强化消费者权益保护，不应该是经济发展新形势的"权宜之计"，不能依靠过去的运动式治理模式，而更应成为持续强化的消费促进长久之策。因此，从司法保护的角度研究如何促进居民消费具有很强的现实意义。

众所周知，2008年的"三鹿奶粉"事件引发了国产奶粉危机，造成以奶制品为首的食品消费大量外流，一大批国内奶制品企业受到重大打击；时隔十年以后，2018年长春长生的"假疫苗"事件使中国消费者再一次对国产食品药品安全陷入信任危机；每年"3·15"晚会曝光的一件件触目惊心的消费者侵权事件，更是将"侵害消费者权益"这一话题推上了舆论的风口浪尖，打击了消费者的购买意愿。近年来，虽然国家对消费市场进行了持续不断的治理整顿，消费者维权立法和制度得到了长足发展，消费者权益得到了基本保障，每亿元社会消费品零售总额中的投诉件数基本保持在2—2.5件范围内（见图1.2），呈现小幅下降的趋势，而2019年以来消费者投诉件数有所上升。据中国消费者协会历年发布的《全国消协组织受理投诉情况分析》显示，2019年中国消协组织共计受理消费者投诉达82.14万件，同比增长了7.76%，已解决61.42万件，投诉解决率达到75%，为消费者挽回经济损失11.77亿元，共接待消费者来访和咨询140万人次。2020年，中国消协组织共受理了消费相关投诉98.22万件、解决了74.93万件，投诉解决率达76.29%，为消费者挽回经济损失约15.64亿元，接待消费者来访和咨询125万人次，说明经营者侵害消费者合法权益的事件仍然比较频繁且涉及面广，消费者在交易中仍处于弱势地位。

在消费者投诉中，虽然近年来产品或服务的质量问题在投诉中的占比持续下降，但产品质量问题历年来的平均占比达到30%以上，一直名列前茅（见图1.3），2020年排名前三位的分别为：售后服务问题占28.37%，合同问题占25.11%，质量问题占20.65%，而且售后服务问题中的相当一部分也属于广义的服务质量问题，说明质量问题仍是困扰中国消费的重要问题。另外，合同问题源于契约的不完备性，也是制度经济学理论中可以由司法保护予以很好应对的问题。

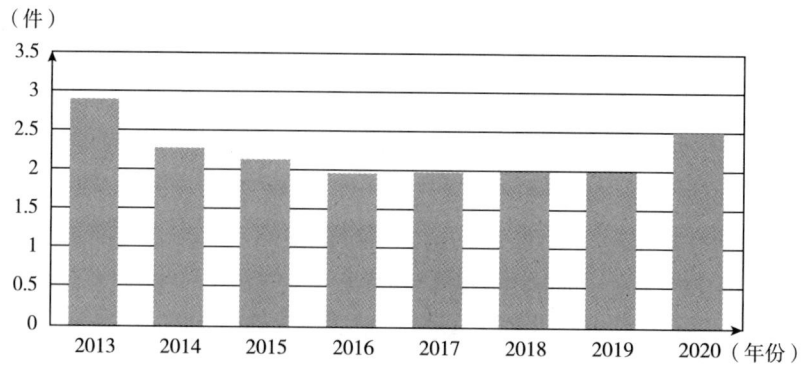

图 1.2 2013—2020 年每亿元社会消费品零售总额中的投诉件数

资料来源：笔者根据《中国社会统计年鉴》计算整理。

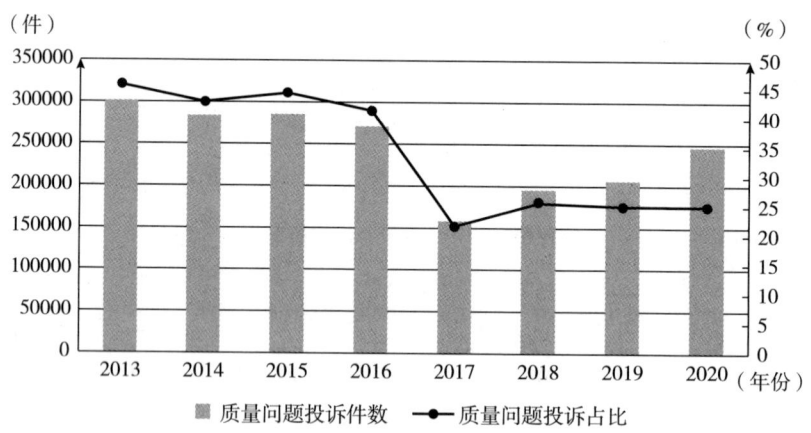

图 1.3 2013—2020 年质量问题投诉件数及占比

资料来源：《中国社会统计年鉴》。

在消费者投诉的商品种类中，家用电子电器类等耐用消费品是被投诉的"重灾区"（见图 1.4），平均达到 15% 左右。随着居民收入的提高和消费的升级，近年来交通工具类以及烟、酒和饮料类等高档奢侈类产品的投诉占比有明显增加。

由上述数据可以看出，消费者权益保护问题依然严峻，"侵犯消费者权益"的痼疾仍未根除。随着新消费时代的到来，"无接触消费"等线上消费加速普及，成为消费常态，新的消费产品、服务加速涌现，消

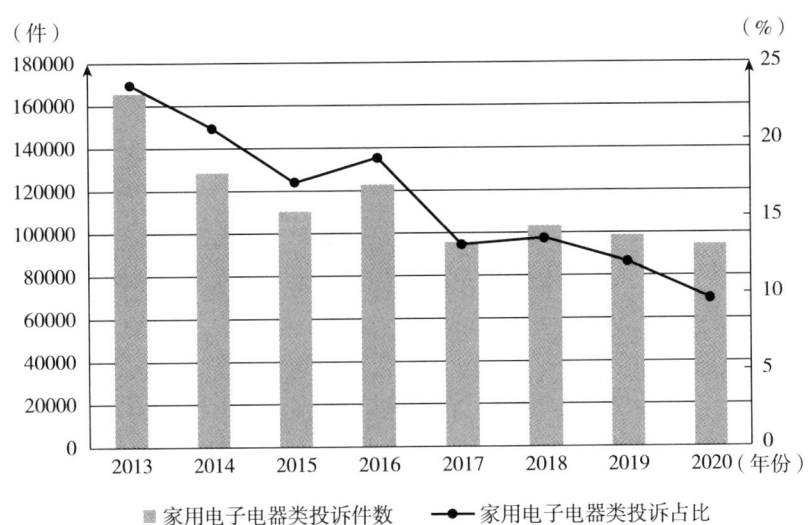

图 1.4 2013—2020 年家用电子电器类投诉件数及占比

资料来源:《中国社会统计年鉴》。

费场景发生了巨大变化,由于产品和服务品质引发了新的纠纷,消费者权益保护问题被进一步放大,传统行业监管体系的滞后以及某些领域消费者权益保护的缺陷暴露无遗,相应的消费者权益保护体系也需要扩容、提质。这不是只靠政府市场监督部门就能完成的任务,多元协同治理的必要性日益凸显,需要多措并举、多管齐下。2018 年 8 月 31 日,全国人民代表大会常务委员会第五次会议通过了《中华人民共和国电子商务法》;2020 年 3 月,中国 23 个中央部门联合发布了关于促进消费扩容提质的实施意见,旨在强化对消费者权益的行政保护,构建线上线下相结合的消费者维权服务体系,为此提出了一系列全面营造放心消费环境的举措:完善个人信息保护制度和消费后评价制度,着力优化线上消费环境,打击网络刷单、炒信等黑色产业链,强化"12315"行政执法体系和消费者维权信息化建设等。

对消费者的法律保护分为行政保护和司法保护两大类,由于中国市场监管部门的执法资源有限,执法成本过高,执法效率低下,且通常采用的运动式执法效果欠佳,使消费者权益的行政保护难以达到社会需要的效果。与此同时,强化司法保护也是直接和间接促进消费的关键手段之一,是保护消费者合法权益的"最后一道防线"(李玲,2005;白金亚，2018），有必要把"提振消费"与"司法保护"联系起来加以考虑。消费者权益司法保护是对消费者和经营者之间的利益调整，不仅是保障消费者合法权益的有效法律救济途径，也是国家干预经济，平衡消费者与经营者之间的巨大市场地位差距，促进实质平等的重要举措。中国的司法保护对消费的促进效应还具备"中国特色"：①与西方政治体制不同，中国的政府和司法部门并非相互掣肘和制约关系，司法部门在一定程度上是政府政策的"代言人"（"法律政策化"），可以提高各项消费保护和促进政策的执行效率；②中国司法部门还利用司法解释等形式，变被动保护为主动保护，通过释明权的行使和自由裁量权的扩张，弥补制定法的不周延性、滞后性、修改周期较长等固有缺陷，促成政府相关消费政策的完善（单锋，2016）；③中国的司法保护经历了由选择性保护到全面保护的转变。中国经济发展初期，司法资源稀缺，司法经验不成熟，为突破资本约束这一主要"瓶颈"，中国的司法保护主要以经济特区作为完善和创新司法保护的实验区，以外商投资的资本产权实现为强司法保护对象。虽然相对降低了消费者权益、劳动者权益、环境等方面的司法保护水平（弱司法保护），但形成了以投资为第一动力的经济增长模式（魏建，2010），促进了中国经济的腾飞。随着20世纪90年代末以来依法治国理念的强化以及司法改革的实施，中国的司法保护体系得到不断强化和完善，例如，强化司法部门的相对独立，减少政府过度干预；由部分对象和局部地域的选择性保护向全面保护转变，强化劳动、消费、知识产权等弱司法保护领域的司法保护，设立了专门的知识产权审判庭、环境资源审判庭。因此，司法保护对中国消费增长的作用会越来越明显，厘清司法保护对中国消费的作用机理也越发重要。

近年来，随着消费者维权意识和法治意识的增强，中国各级法院审理的涉及消费者权益保护的案件不断增加，司法保护在保护消费者权益方面的重要性越发凸显。据北大法宝[①]"消费维权"专题截至2022年3

---

① "北大法宝"是由北京大学法制信息中心与北大英华科技有限公司联合推出的智能型法律信息一站式检索平台，其中的"司法案例"检索系统全面精选收录了中国大陆法院的各类案例，该系统可以对案例进行提炼核心术语等深加工和精细整理，具有较强的专业性和权威性。而且，检索系统有"消费维权"的细分选项，可以帮助我们筛选出与消费者权益保护相关的案件。

月 22 日公开的司法裁判数据显示，2008 年以来北大法宝收录的消费维权相关的一审民事判决书达到 52304 件，这些案件虽然不是全部消费维权相关的案件数量，但可以帮助我们直观地认识消费者权益司法保护的概况。①从年份分布来看，2014 年最高人民法院实施《关于人民法院在互联网公布裁判文书的规定》，而且 2014 年开始实施经过大幅修订的《中华人民共和国消费者权益保护法》（以下简称《消法》），因此 2014 年以后法院审理的消费维权案件明显增加[1]。②从审理法院层级来看，基层法院审理了 50796 件，占 97.12%，说明消费维权案件属于民生类案件，基层法院是审理的主体，也反映出基层法院在消费者权益保护方面的中流砥柱作用。③在消费维权的案由方面，"合同、准合同纠纷"占到了 77.66%，第二位的"侵权责任纠纷"占 16.80%，说明契约保护和产权保护是消费者最需要的两种司法保护领域。④从案件区域分布来看，各省份法院审理的消费维权案件数差异较大，广东省各级法院审理的消费维权一审民事案件最多（7404 件），其次是江苏（4761 件）、辽宁（4218 件）、北京（3910 件）。这种消费维权司法案件在地域上的分布不均并不能准确反映各省份在消费者权益方面的司法保护水平，而是受到多种因素的综合影响，如各省份在人口、消费总额、消费结构、消费者维权意识等方面的不同。

按照消费目的及功能，消费分为生产性消费和生活性消费，生产性消费是为了生产物质资料，而生活性消费是为了人们的生存和发展。中国现行的消费者权益保护法主要是为了矫正交易中买卖双方地位的不均衡，因此，要求消费者购买商品、接受服务的目的是为了生存和发展才可以得到消费者权益保护法的保护。但现实中很难严格地区分，存在很多保护"盲区"，如所有企业或组织都需要频繁购买很多小额消费品，一些小微企业购买的很多生产资料也是从零售领域获得的，这些都应该被纳入消费者权益保护法的保护范畴。虽然现行的消费者权益保护法并未明确将企业或组织排除，原则上应将其视为消费者予以保护，但消费者权益保护法的立法目的是保护弱势地位的消费者，而企业或组织并不

---

[1] 2020 年开始明显回落的原因可能是由于新冠肺炎疫情的影响，各种经济社会活动趋于收敛。

符合立法精神对于"弱者"的定义，而且可以依据《中华人民共和国合同法》（以下简称《合同法》）等其他法律为其合法权利寻求司法救济，可见应该从更广阔视角的"司法保护"来看待消费者权益保护。而且，如果从消费促进的目的来看，司法保护对消费的作用是多维度的，为了保证消费的持续健康发展，司法保护除了提高违约成本，减少卖方的机会主义行为，提高产品和服务的质量从而保护消费者权益以外，生产者要提供合格且合适的商品或服务也需要司法保护的保驾护航。

众所周知，依法治国是现代社会治理的基本方式，党的十九大报告提及法治或依法治国高达54次，中央还专门成立了习近平总书记亲自领导的全面依法治国委员会。由于以司法审判为核心的司法保护是现代法治中最基本、最重要的构成要素，本书紧扣消费促进和依法治国两大热点问题，并且从研究聚焦和可行性方面考虑，采用国际上通行的做法，仅以法院审判作为司法保护的代表，构建司法保护影响消费的机制框架，发现影响消费的关键性司法保护因素，探索建立司法保护与消费促进之间的跨学科理论桥梁，并提出完善建议。本研究对中国经济实现高质量增长，深化法治经济建设，以及完善司法改革措施具有一定的理论及实践意义。

第二节 研究内容

一 总体思路

为了厘清司法保护影响消费的直接和间接机制，我们按照由浅入深、由面到点、由总到分的逻辑展开：第一步，①通过中国消费发展状况的描述说明本研究的背景；②通过梳理消费促进的相关文献，阐述本研究的必要性和创新性；③在对司法保护进行概念界定的基础上，构建各省份司法保护指数，利用因子分析法进行指数计算，为后续的实证检验打下数据基础。第二步，分别从直接机制和间接机制两方面分析司法保护对居民消费的影响渠道，然后分别从宏观和微观视角实证检验司法保护对消费的总体影响及作用机制。第三步，将司法保护、企业创新与消费纳入统一的分析框架，分析并实证检验司法保护通过影响企业创新而对消费增长产生的间接作用，我们首先分析企业创新对消费的影响，其次着重厘清司法保护如何影响企业创新。第四步，进一步多角度深入分析司法保护的不同侧面对城乡消费差异以及企业创新的作用。第五步，总结一系列实证研究的结论，并据此提出相关对策建议。

二 具体内容

（一）司法保护水平的测算与分析

（1）司法保护概念界定。从法制环境与司法保护的关系，以及广义司法保护与狭义司法保护概念的区别，对本研究的司法保护概念进行界定，为后续司法保护指数构建做铺垫。

（2）司法保护指数构建。结合司法改革实践，以审判为核心，基于司法工作的基本价值目标取向，手工摘录散见于各种统计年鉴、工作报告等资料中的司法数据，从数量、公正以及效率三个维度构建各省份指标体系，分别构建宽泛的6指标司法保护指数以及更加聚焦的4指标司法保护指数。

（3）历年来中国各省份司法保护指数的测算。参照市场化指数的计算方法（樊纲等，2011），利用相对比较法和因子分析法，测算历年来各省份的司法保护指数。

（二）司法保护对消费的影响分析

首先，基于新时期中国消费发展的重要特征及现实背景，根据国家关于依法治国的战略部署，从需求侧的视角建立司法保护影响消费的理论框架，厘清司法保护对消费增长的作用机制。其次，将司法保护细分为司法公正、司法效率等若干维度，将消费分为城镇和农村居民消费；生存型、享受型和发展型消费等多种类型，利用省级面板数据和中国家庭追踪调查数据，分别从宏观和微观两个角度，检验司法保护的需求影响机制；找出影响消费水平、消费结构、消费方式等方面的关键性司法保护因素，并进行原因分析。

（三）司法保护、企业创新与消费

大量既有研究表明，供给与需求的结构性不平衡、供给升级与需求升级的不匹配是阻碍中国消费持续增长和升级的重要原因（陈昆亭和周炎，2020），而加快企业创新和创新转化又是加速供给升级的关键所在。本研究将司法保护、企业创新与消费纳入统一分析框架，从供给侧的视角，利用宏观数据以及上市公司微观数据，检验以企业创新为桥接的供给影响链条:"司法保护(产权保护、契约保护、增强预期、提高违法成本等)→提高创新投入、产出、质量以及创新资源配置均衡/促进创新成果转化→消费增加/消费升级"。首先分析并检验企业创新对居民消费的影响,然后厘清司法保护如何影响企业创新。需要说明的是,由于创新对消费的重要促进作用已成为广泛共识,也被许多既有研究所证实,因此,本研究将实证研究的重点放在阐明司法保护对企业创新的影响方面。

(四)进一步分析

将审判作为司法保护的核心要素来构建司法保护指数是为了简化司法保护的量化,使司法保护与消费的实证研究成为可能,但毕竟司法保护具有丰富的内涵和外延,因此本研究继续从司法保护的细化方面深入分析司法保护对消费及企业创新影响。①以《消法》的大幅修订为切入口,分析司法保护中与消费关系最直接的消费者权益保护对城乡消费者的影响差异,以及强化消费者权益保护如何影响企业创新。②厘清司法保护中与企业创新关系最密切的知识产权保护对企业创新质量的影响。③消费品创新领域应该"国退民进",广大民营企业理应成为消费品创新的主力军。本研究进一步聚焦于对司法保护更为敏感的民营企业,从司法政策环境的不确定性、政治关联的调节作用等角度分析司法保护对民营企业创新的影响。

(五)研究总结并提出对策建议

联系中国实际,归纳前述一系列实证结果及原因分析,总结司法保护对消费的作用,进而提出完善相关司法保护体制机制的政策建议。

第三节 创新之处

(1)单纯对立法及具体法条进行概念剖析可能会受"法条主义"思想的固有影响,而将经济学分析方法引入研究,并且聚焦于司法保护这一法律执行层面,可以为认识和健全消费者权益的司法保护提供一种新方式。

(2)司法保护的量化衡量是本研究实证检验的难点。如果不能科学客观地对司法保护程度进行量化,可能导致实证结果的偏误。为此,本研究在变量创新方面做出了有益的探索，为今后的实证研究提供了借鉴和参考：①以手工摘录的多角度司法统计数据为基础，创新性地构建了综合客观的司法保护指数；②在实证中也交叉使用其他一些衡量方法测度司法保护程度，既有常用的市场化指数的法制分指数，也有反映司法公正的单个指标，还有与消费和创新最相关的消费者权益保护及知识产权保护的替代变量；③本研究不仅使用各种工具变量克服内生性问题，还以外生制度创新作为相关司法保护的刻画，最大限度地缓解了内生性问题的干扰。

（3）本研究拓展了消费理论的研究视角，对现有消费研究提供了补充。①通过引入多重中介效应模型，从理论和实证两个层面探究司法保护如何影响中国居民消费，并得出富有启示意义的研究结论，加深了对司法保护影响居民消费内在规律的认识和理解，为中国居民消费低迷问题的解决引入了一条新思路。②将司法保护、企业创新和消费纳入统一分析框架，将企业创新促进作为司法保护影响消费的重要桥梁，丰富了法与消费的研究。③从消费结构、省份差异等多个角度考察司法保护改善对居民消费的异质性影响，不仅丰富和深化了法经济学的研究成果，完善了法与消费的理论分析框架，也为如何完善司法保护从而更有效地促进居民消费提供了新鲜的经验证据。

（4）不同于既有研究主要从知识产权保护等细分维度切入，本研究从整体的视角出发，考虑到创新的层次性，对法与创新之间的关系进行了差异性分析，更加全面、深入地揭示了司法保护对企业创新质量的可能影响，更加全面地考察了中国语境下法与创新的关系。而且，本研究不仅识别出司法保护影响企业创新质量的因果关系，还通过引入一元并行多重中介模型，围绕资金、技术和信息三个因素厘清了司法保护产生创新促进效应的作用机理，并进一步分析了司法保护不同维度以及企业异质性对法律保护创新激励效果的影响，从而深化了司法保护在微观企业创新行为影响方面的解读，为政府制定和完善相关司法保护政策提供可靠参考和合理依据。

（5）为了多角度厘清司法保护对消费的影响，本研究还进行了多个相对独立的拓展性研究，每个拓展性研究具有完整的理论分析和实证检验，实证部分都做了充分细致的稳健性检验，缓解遗漏变量、双向因果、自选择等问题对实证结果的可能影响，保证了研究结果的可靠性。我们还进行了机制实证分析和异质性分析，有利于全面考察司法保护对消费的直接和间接作用，厘清司法保护与消费和创新之间的"黑箱"，并考察司法保护影响消费和创新的作用环境。

第四节　相关研究动态

一　中国消费的促进和制约因素

绝对收入假说、相对收入假说、持久收入假说都认为收入提升是消费扩大的基本条件，改革开放后，居民收入的持续增长也确实促进了中国消费的持续增长。此外，还有一些因素被证明与消费变化密切相关，例如，预防性储蓄观念较强（Chamon and Prasad，2010；Coeurdacier et al.，2015）、人口年龄结构变化（Curtis et al.，2015；刘铠豪，2016）、性别比例失衡（Du and Wei，2013；袁微和黄蓉，2018）、需求结构与供给结构不匹配（孙早和许薛璐，2018）、收入差距过大（Sun and Wang，2013；纪园园和宁磊，2018）以及房价快速上涨导致的"房奴效应"（Dynan et al.，2012；李江一，2018）等众多因素致使中国居民消费长期低迷。

（一）预防性储蓄

"预防性储蓄"理论认为风险厌恶的消费者为了预防未来收入的意外下降，会增加当期储蓄以平滑未来的消费。很多既有文献从"预防性储蓄"动机的角度解释了中国的高储蓄率现象，发现未来不断上升的医疗支出、子女教育支出、住房成本以及制度变迁等因素会显著提高居民储蓄率（罗楚亮，2004；杨汝岱和陈斌开，2009；沈坤荣和谢勇，2012；陈斌开和杨汝岱，2013；范子英和刘甲炎，2015 等）。虽然预防性储蓄与消费关系的既有文献颇多，但研究结论存在较大争议。在不同时期、不同国家和地区，预防性储蓄与消费的关系不尽相同；使用不同的研究数据和研究方法，得出的结论也可能出现差异。①关于中国居民的预防性储蓄率相对较高的原因，Chamon 和 Prasad（2010）认为，由于住房、教育和卫生保健方面私人支出负担的增加，中国居民具有较强的预防性储蓄观念，这是 1995—2005 年中国城镇居民的平均储蓄率上升了 7 个百分点的重要原因。Coeurdacier 等（2015）采用中美两国的数据考察了在开放经济的 OLG 模型中预防性储蓄观念对居民消费的作用，结果也同样证实了较强的预防性储蓄观念会抑制居民消费。宋明月和臧旭恒（2016）则采用缓冲存货模型对比分析中国城乡居民的预防性储蓄规模，结果发现预防性储蓄动机是中国居民进行储蓄的重要原因，而且农村居民比城镇居民有更高比例的预防性储蓄[①]。袁靖和陈国进（2017）基于构建连续时间 DSGE 模型，采用波形松弛算法比较分析了包括中国在内的八个国家在面对灾难风险时各自的最优储蓄率，结果发现中国居民的预防性储蓄观念远远强于其他 7 个国家。[②]自然灾害所带来的风险预期上升是预防性储蓄的重要动因，但并非所有类型的自然灾害都会导致储蓄增加。姚东旻等（2019）以汶川地震这一不确定事件作为自然实验，同时采用中国微观家庭收入分配调查和宏观省际数据，研究预防性储蓄观念对中国居民储蓄的影响，结果发现震后居民储蓄率相比震前显著提升，Filipski 等（2019）、章元和刘茜楠（2021）的研究也得出同样的结论。这是因为地震不仅会给家庭的财产或收入带来损失，还会带来更大更直接的死亡威胁，面临着死亡威胁，人们会采取"今朝有酒今朝醉"的生活方式，即人们更倾向于当前消费，增加享受型消费，从而降低了家庭储蓄率。[③]储蓄与年龄的关系方面，经典的生命周期假说认为，储蓄率—年龄曲线呈倒"U"形。一般而言，消费者在年轻时收入较低，借贷消费形成了负储蓄；到中年时收入大于消费，则为正储蓄；到了老年以后收入又低于消费，再次进入负储蓄阶段。这一经典预测也受到不少质疑，特别是这个假说是否适用于中国引起了不少的争议。Chamon 和 Prasad（2010）采用 APC 分解分析了 UHS1990—2005 年 10 个省份的数据，首次发现家庭储蓄率—户主年龄曲线是正"U"形，被称为"中国城镇家庭储蓄率之谜"（Rosenzweig and Zhang，2014）。汪伟和吴坤（2019）利用 1988—2009 年 UHS 数

[①] 有学者认为真正能够解释城乡消费者储蓄行为差异的可能是消费者获得收入的难易程度。由于农村居民获得同一单位收入往往需要付出比城镇居民更高的生命成本，因而导致其花钱更加谨慎，形成超额储蓄。还有学者认为随着信用卡与网络借贷消费流行，获得当下消费的货币支付手段更加丰富，导致夸张贴现现象的出现，使中国居民储蓄率显著下降。鉴于预防性储蓄的研究十分丰富且争议颇多，但不是本书的重点，在此不再赘述。

据、2010—2016年CFPS中国家庭追踪调查数据的分析发现，中国城镇中年户主家庭储蓄率较低的正"U"形曲线相对比较符合中国实际。由于家庭教育负担的上升，中国城镇家庭储蓄率—户主年龄曲线在1996年前后发生了转变，由倒"U"形转为正"U"形。

（二）人口年龄结构

Curtis等（2015）以对受抚养子女和对退休父母的经济转移来衡量对家庭的照料，使用结构重叠的世代模型进行定量调查，结果发现1955—2009年中国家庭储蓄率增长的一半以上都归结于人口年龄结构的变化。刘铠豪（2016）采用基于2000—2013年中国省级面板数据的系统广义矩估计，通过扩展世代交叠模型研究人口年龄结构变化对居民消费率的影响，结果同样表明人口年龄结构是影响居民消费率的重要因素，且对居民消费率的影响存在较大的城乡差异，少儿抚养比和老年抚养比的增加均有助于提高城镇居民消费率，但少儿抚养比和老年抚养比的提高反而降低了农村居民消费率。

（三）性别比例

Du和Wei（2013）引用竞争性储蓄理论来解释家庭储蓄中为进行配偶竞争而做的竞赛，结果表明婚前队列中男女比例的增加致使竞争性储蓄变得更加激烈，从而抑制了居民消费；袁微和黄蓉（2018）则以2011年的中国家庭金融调查数据为基础，运用婚姻匹配和家庭代际理论来考察性别比例失衡对居民消费的影响，结果表明性别比例失衡对居民消费产生了显著的抑制作用。

（四）需求与供给之间结构性不匹配

利用2002—2015年的中国省际面板数据，孙早和许薛璐（2018）检验了中国高技术产品部门创新能力对居民消费的影响，结果表明，中国居民消费停滞的症结在于供给跟不上需求，提升高技术产业自主创新能力以平衡供求结构是推动居民总消费增长和改善消费结构的关键。

（五）收入差距

Sun和Wang（2013）基于在消费中寻求社会地位的理论，使用2003—2006年在数百个村庄中观察到的中国农村家庭的面板数据集，研究家庭消费率如何受到其相对收入的影响，结果发现，家庭消费率与其相对收入位置呈负相关。虞楸桦等（2015）基于相对收入假说，利用 2004—2012 年浙江省农村固定观察点数据研究了相对收入对家庭服务性消费的影响，结果发现，收入差距对农村家庭服务性消费存在显著的负面影响，且这一效应在老年家庭中的作用更加明显。李江一和李涵（2016）利用 2011 年和 2013 年 CFPS 的面板数据，依据相对收入理论考察了城乡收入差距对居民消费结构的影响，结果发现，过大的城乡收入差距抑制了农村家庭的生存型消费和享受型消费，却能够促进城镇家庭的享受型消费。纪园园和宁磊（2018）基于相对收入假说，利用与宏观数据进行匹配的城镇入户调查数据来构建面板固定效应模型，考察了地区收入差距对家庭消费的影响，结果发现，收入差距扩大通过降低居民的平均收入从而抑制了家庭消费。蒋姣和赵昕东（2021）基于中国家庭追踪调查（CFPS）数据，从追求社会地位的视角分析了收入差距对家庭消费的影响，结果表明收入差距扩大会显著抑制家庭消费，而且家庭收入越低，收入差距对家庭消费的抑制作用也就越明显。

（六）住房带来的"房奴效应"或"财富效应"

Dynan 等（2012）使用美国的家庭数据来检验房价暴跌对居民消费的影响，结果发现，房价暴跌使许多在信贷热潮时期大量借款的家庭获得了高杠杆，这种"债务悬而未决"造成了家庭去杠杆化的需求，进而减少了居民的消费支出。李江一（2018）利用 2011 年与 2013 年的中国家庭金融调查数据考察了"房奴效应"的两大表现——购房动机和偿还住房贷款对家庭消费的影响，结果发现购房动机和偿还住房贷款均对家庭消费产生了挤出效应。赵振翔和王亚柯（2019）利用 2011 年、2013 年和 2015 年中国家庭金融调查（CHFS）数据，基于 PSM-DID 方法检验了购房对家庭消费和储蓄的影响，发现"房奴效应"对家庭消费和储蓄的影响是分阶段的，购房前家庭各项消费均会下降，购房后家庭各项消费均有不同程度的上升，但长期内随着家庭金融资产积累和储蓄的显著下降，购房行为对消费和储蓄的冲击均有所缓和。

然而，赵西亮等（2014）利用 2002 年和 2007 年中国居民收入调查数据考察了房价上涨对城镇居民储蓄率的影响，结果发现，对于多房家庭，房价上涨带来的"财富效应"促进了居民的消费欲望，提高了居民的消费能力，从而导致居民储蓄率下降，而对于单一住房的家庭则不存在"财富效应"。张浩等（2017）采用 2010 年和 2012 年中国家庭追踪调查中的城镇有房家庭数据，考察房屋价值变动对家庭居民消费的影响，结果表明，家庭房屋资产对所有有房家庭都具有明显的财富效应，只是相比于单一住房家庭，多房家庭的"财富效应"更为明显。

（七）城镇化水平

雷潇雨和龚六堂（2014）通过建立包含城市和农村两部门的增长模型，对中国176个城市2001—2010年的数据进行了实证分析，发现城镇化水平的提高能够推动城市的消费率增长，如果城镇化的速度过快反而会抑制消费率增长，特别在东部省份实施快速城镇化会明显降低其消费率增长，但在中部城市这一作用非常微弱。姚星等（2017）运用双向固定效应模型，实证检验了城镇化水平与农村居民消费之间的关系，发现城镇化能够显著促进农村居民的消费，工业发展水平具有显著的正向调节作用，但服务业发展水平的调节作用并不明显；由于配套优势的存在，推进城镇化更能有效地促进东部省份农村消费水平的提升。

二 政府宏观政策的消费影响效应评价

（一）医疗养老等社会保障制度对居民消费产生了促进效应

何立新等（2008）采用1995年、1999年的城镇住户调查数据，利用生命周期理论检验了养老保险制度改革对中国家庭储蓄率的影响，发现养老金财富与家庭储蓄之间存在显著的替代效应，该替代效应对于户主年龄在35—49岁的家庭尤为显著。白重恩等（2012）采用分层随机抽样的方法获得的农村固定观察点2003—2006年的面板数据，以新农合为代表研究医疗保险对农村居民消费的影响，结果发现医疗保险对非医疗支出类的家庭消费具有显著的促进作用，当医疗保险保障水平提高时，这一作用也随之增强。蔡伟贤和朱峰（2015）使用中国营养健康调查数据，考察了新农合对农村居民耐用品消费的影响，结果发现新农合能有效促进农村家庭的耐用品消费，且对于上一期也参保的农村家庭的耐用品消费的促进作用更显著。杜鹏和吕如敏（2017）采用中国健康营养调查数据，结合预防性储蓄理论研究享受公费医疗对中国老年人储蓄行为的影响，结果发现公费医疗有助于老年人建立更为确定的医疗保障预期，从而减少老年人的预防性储蓄，促进老年人消费。毛捷和赵金冉（2017）基于中国家庭追踪调查数据，利用工具变量估计等方法实证检验中国政府公共卫生投入对农村居民不同类型消费的影响，结果发现参加新农合同时促进了农村居民的医疗消费和非医疗消费，这表明中国政府的农村公共卫生投入对农村居民非医疗消费的促进并未减少农村居民的医疗消费。宋月萍和宋正亮（2018）利用2014年全国流动人口动态监测调查数据，针对医疗保障对流动人口消费的影响进行了实证检验，发现参加医保可以有效降低流动人口医疗支出的不确定性，从而减少流动人口的预防性储蓄，促进其消费；而且，医疗保险的保障水平越高对流动人口消费的刺激作用越大。

（二）普惠金融、开发区等政策有利于促进居民消费

易行健和周利（2018）利用中国数字普惠金融发展指数和中国家庭追踪调查数据，实证检验了数字普惠金融对居民消费的影响，发现数字普惠金融对居民消费有显著的促进作用，而且该促进作用在中西部省份、农村地区以及中低收入阶层家庭更加明显。孙伟增等（2018）利用省级开发区升级的政策冲击，就开发区政策对居民消费的影响进行了定量评估，结果发现开发区升级对于城市居民总消费、生活性消费、住房消费和子女受教育支出都具有显著的促进作用。

（三）积极的财税政策会抑制居民消费

郭长林（2016）基于中国1998年第一季度至2014年第四季度的宏观季度数据，考察居民消费对政府投资冲击的动态响应，结果发现政府投资扩张显著抑制了居民消费。

（四）过度的政府支出会挤出居民消费

王宏利（2016）运用误差修正模型和协整理论，实证检验了政府支出对居民消费水平的影响，结果发现，过于庞大的经济建设支出还可能对居民消费产生挤出效应。

（五）定向降准的消费刺激效果不显著

王曦等（2017）以汽车金融类定向降准政策为例，基于沪深两市A股制造业上市公司数据，就汽车金融定向降准政策对汽车消费的作用效果进行实证检验，结果表明汽车金融定向降准政策虽然刺激了汽车企业的投资，但对汽车消费的促进效果并不显著。

（六）"家电下乡"等短期需求刺激政策并不能构建促进消费需求的长效机制

郑筱婷等（2012）将"家电下乡"试点视为一次准自然实验，采

用2002—2008年的县级数据,就"家电下乡"对户均消费的影响进行定量评估,结果发现,"家电下乡"并未使试点县户均消费增长高于非试点县,这是因为对家电的补贴使非补贴产品的相对价格上升,从而抑制和减少了当期非补贴产品的消费。

三 消费者保护的方式和效果

(一) 消费金融

消费金融中的消费者权益保护成为近年来的研究热点(Campbell et al., 2011; Armstrong and Vickers, 2012),彭涛和魏建(2011)针对基金产品零售市场各参与主体行为的研究发现,法律制度是保障基金消费的重要基础。李婧(2017)从行为法经济学视角研究了中国金融消费者保护法律规则,并使用"法律偏离"方法对部分立法问题提出了完善建议。

(二) 食品消费

Lassoued等(2015)根据来自加拿大包装绿色沙拉消费者样本的调查数据,使用结构方程建模技术进行测试,结果发现,良好的食品保障制度有利于消费者建立对品牌质量和安全的信心,从而促进居民消费。仇焕广等(2007)利用中国11个城市两次大规模住户调查数据,考察了消费者对政府公共管理能力的信任程度对消费者态度的影响,发现消费者对政府公共管理能力越信任,消费者就越容易接受转基因食品。王永钦等(2014)通过事件研究法来考察中国的食品行业,结果发现监管制度的不力和公众对监管制度的不信任是中国信任品行业危机的重要原因。

(三) 网络消费

杜珍媛(2014)认为,信息不对称及维权成本高是网络消费面临的问题,必须完善赔偿制度及诉讼机制;Hsu等(2014)基于来自242个爱合购成员的在线调查数据,使用有偏最小二乘法进行结构方程建模分析测量在线购物行为决策的影响因素,结果表明信任是影响感知风险和决策态度的关键因素,网站管理员需要提供一个安全且用户友好的购物环境,从而促进消费者的消费需求。

(四) 消费者保护的研究

法学界的既有研究多是对消费者权益保护法等相关法律的解读,主要关注在《合同法》之外采用侵权产品责任制，在产品安全领域为交易提供保障（Cooter and Ulen，2011）；消费民事公益诉讼中诉讼主体范围过窄而应纳入集团诉讼（杜乐其，2014；蒋岩波和洪一军，2016）；完善消费纠纷仲裁解决机制（姚敏，2019）以及消费者权益保护法加大惩罚性赔偿力度后如何应对"消费欺诈"等问题（杨立新，2016）。也有少数经济学学者从法经济学视角对消费者权益保护进行了探索性研究。史晋川和吴晓露（2002）结合经济学理论，针对中美法律对"三菱帕杰罗事件"的不同处理结果，分析了西方各国的产品责任缺陷标准及赔偿机制标准不一致的原因，以及中国产品责任制度的合理性，说明国外貌似"最优"的产品责任制度可能不适合于中国国情，消费者权益法律保护不能生搬硬套地盲目照搬国外做法。刘嘉等（2015）认为，虽然正式制度对消费者的权利进行了规定，但是法定权利与实际行使的经济权利并不完全一致。生产商从与消费者商品买卖的隐含合约中获得了售后服务的剩余控制权，在售后服务外包方式下，消费者产权遭到分割，消费者无法通过剩余权利的控制来激励厂商实施有利于自身权益的行为。同时，消费者的退出权也受到了种种限制，无法通过自我实施机制维护自身权益。因此，消费者权益受到了实质性侵害。

四　文献评述

消费历来是学术界高度关注的问题，虽然学术界已然从诸多方面研究了居民消费的影响因素，并取得了较为丰硕的成果，但对中国消费影响因素的经济研究大部分仍然是基于传统理论或者政策制度视角，法学研究也主要从消费者权益保护的立法、行政执法等角度进行片段式的理论分析，鲜有从法经济学角度进行的研究，缺少对法与消费关系的全面系统研究。在法经济学领域，法与消费的研究还处于探索阶段，更是鲜有研究考察司法保护对居民消费的影响。司法保护的改善能否促进居民消费增长，其具体的影响机制又是什么，这些基本问题尚未得到实证检验，无论是对消费理论还是对法经济学理论都是一种缺失。尽管依法治国已上升为国家战略，消费促进也成为当前政府经济工作的重点，但建立"法与消费"的系统理论体系却是一个全新命题。而且，虽然少量研究表明政府的消费行政保护可以提高消费倾向（王湘红等，2018），但也有一些研究表明消费者保护法律或政府政策的效果不一（Peltzman，1973；Armstrong et al.，2009），而且有省份差异（Provost，2006）和消费品的类别差异。另外，消费过程是一个包含多个环节的链条，法与消费之间不仅仅只有消费者权益保护一层关系，还存在若干直接或间接的多维影响机制。同很多发展中国家一样，中国也存在较明显的立法与执法相分离现象，而且司法执法比行政执法更具有权威性和终局性，从司法执法角度解构法与消费的关系更具有现实意义。

第二章

中国司法保护指数的构建

第一节 司法保护概念界定

一 法制环境与司法保护

在法学领域,"法制"是一个多层次、综合性的整体概念,是法律和制度的总称,是一种制度化且相对稳定的社会规范,它不仅包括法律制度,还包括法律实施和法律监督等一系列活动。而司法是权利救济的最后一道屏障,是保障法律正确实施的最后一道防线。就范畴而言,司法保护包含于法制环境中,是法制环境的核心组成部分。由于樊纲等发布的《中国分省份市场化指数报告》中的"市场中介组织的发育和法律制度环境"分指数是目前比较权威的衡量中国各省份"法制环境"的综合指数,因此,本研究将司法保护作为法制环境的核心要素,以"市场中介组织的发育和法律制度环境"分指数作为司法保护的一种综合性衡量方式。

二 广义司法保护与狭义司法保护

最广泛的"司法机关"包括法院、检察院、公安机关、司法行政机关及其领导的律师组织、公证机关、劳动教养机关等。民间所称的"司法机关"只包括俗称的"公检法",其中,人民法院是国家审判机关,人民检察院是国家法律监督机关,而公安机关是代表国家行使公安职权和履行公安职责,具有武装性质的国家机关,但公安机关在行政隶属上却属于国家行政机关。从某种意义上说,公安机关的侦查和检察院的起诉都是为了最终的司法审判,因此,法院的司法审判是司法保护乃至法律保护的核心，是法律的最终权威体现，国际上通用的做法以及相当部分的学术研究中，所谓"司法机关"仅指法院。基于此，本研究采取狭义的"司法保护"概念，仅指人民法院通过审判向社会提供的法律保护。

第二节　司法保护指数的构建

一　司法保护衡量的概述

司法保护的衡量一般分为两类：第一类是抽象地将"司法保护"等同于"法制环境"概念，以法制环境的量化指标来间接反映司法保护状况，如律师及律师事务所的数量（谈儒勇和吴兴奎，2005）、政府管制项目数（周林彬和黄健梅，2010）、省级地方性法规和政府规章的数量（张昀和李胜兰，2011）、公检法司支出与GDP的比值（李胜兰，2011）等单个指标，以及市场化指数中的"市场中介组织的发育和法律制度环境"分指数（许陈生，2012）。第二类是学术界或非政府性组织在一些法律制度评估体系中包含个别与法院某一方面司法能力相关的具体指标，如经济案件结案率（卢峰和姚洋，2004；姜磊和郭玉清，2008；徐成贤等，2010）；世界银行"法治"指标群中的"司法机构的效能和可预测性""合同的可执行能力"指标；司法系统效率指标（La Porta et al.，1998；Huther and Shah，1998）；司法程序正式性指标（Djankov et al.，2003）。第三类是由各国和各级司法部门构建的法院绩效评估指标。1990年，美国率先推出初审法院绩效评估体系后，欧洲各国也纷纷建构各自的司法质量评估体系（施鹏鹏和王晨辰，2015）。最高人民法院于2008年颁布了《关于开展案件质量评估工作的指导意见（试行）》，随后，各地各级法院纷纷构建了各自的法院绩效评估体系，这些法院绩效的量化评价结果也可以作为司法保护的替代变量。

上述的各种法制环境或司法保护衡量方法为法经济学、制度经济学的量化实证研究提供了数据支持，极大地推动了相关研究的发展和深化，也为本研究提供了有益的参考和借鉴。然而，这些衡量方法还有一些不足：

第一，缺乏可比性。首先，由于各国国情大相径庭，即使同一指标也难以真实反映各国司法保护情况，这也成为司法保护相关跨国实证研究的难点；其次，中国各地法院所采用的具体指标体系也有所不同，可能无法进行横向比较；最后，有些法院绩效评估结果不对外披露或不连续披露，使得数据期数少，时间跨度小或不连续，难以进行时间序列的比较分析，在纵向上也缺乏可比性。

第二，单一指标的片面性以及综合性指标的精细化问题。一方面，使用单一指标来量化省份司法保护水平，可能忽视了司法保护的整体性和系统性，难以全面测评司法保护水平。另一方面，虽然市场化指数中的"市场中介组织的发育和法律制度环境"分指数是最常用的反映中国各省份法制化水平的量化指标，这个指标是一个综合性指标，也可以被用来间接衡量各省份司法保护状况，但如表2.1所示，除"维护市场的法制环境"指标之外，其他指标都与司法保护间接相关，即使在"维护市场的法制环境"指标中也包含行政执法的相关评价。而且，"市场中介组织的发育和法律制度环境"分指数以下的各指标数据并未公开，无法进行更深入、更精细化的实证研究。

表2.1　"市场中介组织的发育和法律制度环境"分指数构成

一级指标	二级指标	说明
市场中介组织的发育	律师、会计师等市场中介组织服务条件	原始数据来自企业问卷调查
	行业协会对企业的帮助程度	原始数据来自企业问卷调查
维护市场的法制环境	—	企业抽样问卷调查中各地企业对当地司法和行政执法机关公正执法和执法效率的评价
知识产权保护	—	三种专利申请批准数量与科技人员数的比例

资料来源：《中国分省份市场化指数报告（2018）》。

第三，主观指标以及主观赋权影响了结果的可信度。在已有的评估体系中，很多指标为主观指标，且权重大多采取层次分析法等主观赋权方法，使评价结果带有较强的主观色彩（郭松，2013）。而且，主观指标一般需要大范围的问卷调查或长时间的跟踪调查，指标适用成本高，影响了评估的可持续性。

第四,独立第三方评估的缺失。中国法院绩效评估的主体主要是实务部门,而且评估结果内部化,不公开原始数据,使评估的可信度饱受质疑,评估的封闭性也极易导致各地法院审判质效竞争的功利性。另外,第三方机构受到资料数据来源的限制,只能以个别指标来间接反映司法保护水平,以偏概全的缺陷较为明显。

综上所述,"市场中介组织的发育和法律制度环境"分指数作为综合性衡量方式,虽然针对性不强,但通用性强,是最常用的司法保护衡量方式,以此分指数衡量司法保护有助于与既有研究结果的横向比较,且结论容易让人信服;而法院绩效指标作为司法保护的衡量具有客观性和权威性优势,但中国各地方司法公开程度不一,难以从官方发布数据中直接获取完整的司法保护指数。而且,中国等大多数发展中国家存在一定程度上的立法与执法分离现象,"徒法不足以自行",有法律不代表有法治,"好的立法"不一定代表"好的执法",法律的生命在于执行,对中国司法保护与消费增长关系的研究应从执法入手。虽然执法主要包括行政执法和司法执法,但司法执法是最广泛和最普遍的法律实施活动,是法律作用于经济社会生活的最直接、最权威的终极表现。因此,本研究聚焦于司法执法,根据中国司法体制的实际情况,手工收集整理各省份的司法核心指标数据,从动态的视角构造一个反映中国各省份司法保护水平的客观评估体系,借助量化分析方法,测度中国各省份司法保护的长期发展状况,既可以作为综合性指数的补充,也可以为中国司法改革实施效果及法院审判管理的运行状况提供新依据和新方法。

二 司法保护指数构建的基本思路

为了对中国各省份司法保护水平的相对高低进行度量,需要编制历年来各省份的司法保护指数。首先,虽然相较于"法制环境"概念,"司法保护"概念进一步收敛,但仍然是一个宽泛的概念,理论上具有不可穷尽性,从可操作性角度考虑,本研究将司法保护简化为法院案件审理方面的能够客观衡量的能力和效果。其次,法院的重要职责是将纸面上的法律转换为运行中的法律,而审判是法院乃至司法的核心工作,应当主要以审判相关指标对司法保护进行评估。最后,最高人民法院以"公正与效率"为基本目标将案件质量评估体系分为审判公正、审判效率及审判效果三个主要方面,各地法院均以此为基础进行指标扩展和具体化。

因此,我们也秉承最高人民法院案件质量评估体系的基本思想,并借鉴一些创新性研究成果①。首先,分别从法院工作的数量、质量、效率三个维度对司法保护进行评估(JP6)。其一,中国人口众多且经济快速增长,不可避免地引发众多社会矛盾,在"诉讼爆炸"的当下,各类案件逐年增加,全国法院的收案数已由1978年的60余万件增长到2020年的3080多万件,特别是立案登记制实行以来,各省份法院的收案数均呈两位数的大幅增长之势,法院的审判压力骤然增大,如何尽快处理海量的社会纠纷是相当长一段时期中国司法部门面临的重要任务,于是案件结案数便成为司法保护的重要衡量指标。其二,司法保护的衡量必须着眼于司法公正②目标的实现,党的十八届四中全会公报就指出:"公正是法治的生命线。司法公正对社会公正具有重要引领作用,司法不公对社会公正具有致命破坏作用。"司法公正包括两个方面:一是审判质量的提高。法院是社会的"平衡器",如若案件处理不公,不仅不能解决纠纷,反而会产生更多新的"纠纷"(申诉、上诉、抗诉等),既浪费司法资源又使司法公信力受损。二是审判效率的提升。"迟到的正义就是非正义",效率的提高也是公正价值必不可少的一部分。据统计,自1979年以来,中国法官数量由近6万人增长到近20万人,但法官数量的增长远远小于案件数量的增长,每名法官年均结案数增长了13倍以上,某些基层法院的法官年均处理案件数竟然达到200件以上(朱景文,2013)。在法官数量不足的情况下,审判效率便成为司法保护的重要因素。

其次,考虑到"公正与效率"是国际公认的司法保护的核心理念,是司法保护的出发点和落脚点,是法院追求的永恒主题。因此,在前述相对广义且有中国特色的司法保护指数构建思路的基础上,我们同时也仅从法院工作的质量和效率两个核心维度来考察相对聚焦的司法保护(JP4)。

---

① 例如,重庆市第二中级人民法院课题组认为应该从审判质量、效率和效果方面进行评价。详情参见《审判质效考核体系的考察与反思》,《法律适用》2011年第2期。

② 司法公正是指司法机关在发挥司法职能的过程中要始终秉持公正的理念,使司法活动的各个方面都体现出公正的要求。

三 具体指标体系的构建

遵循客观性、可比性和数据可得性等原则，选取审判工作的代表性指标构造指标体系，并确保各省份司法保护指数在二级和三级指标层面保持一致。由于各省份司法统计数据参差不齐，因此各省份评估体系在三级指标层面只有6个核心指标能够最大限度地保持一致，我们选取如表2.2所示的这6个关键性指标来反映各省份司法保护的波动情况：①比较各省份法院案件办理数量时应考虑法官人数的差异，但各省份法官人数的动态数据不可得，而法官人数的配置与省份人口数量高度相关，因此用各省份人口数平减各法院的结案数和执结数，以消除法官人数差异对案件办理数量的影响；②司法公正是法律公正的重要体现，检察院抗诉因其专业性、外部性、客观性而成为司法权外部监督的重要一环，是检察机关实施法律监督的最基本、最有效、最直接的监督方式和手段，也是司法公正评价的重要依据，抗诉制度对于实现司法公正具有重要价值，因此以检察院的抗诉率来反映司法公正高低，抗诉主要分为刑事抗诉、民商事及行政抗诉两大类，分别反映刑事、民商事及行政审判领域的公正情况；③用结案率和执结率来反映各省份的司法效率。

表2.2 各省份司法保护指数的指标选取

一级指标	二级指标	三级指标	单位	类型
司法保护指数	办案数量	每万人一审、二审及再审结案数	件/万人	正向
		每万人执结数	件/万人	正向
	司法公正	民事及行政抗诉件数与民事及行政一审结案数之比	%	逆向
		刑事抗诉件数与刑事一审结案数之比	%	逆向
	司法效率	结案率	%	正向
		执结率	%	正向

四 指数计算方法的选择

由于司法保护指数由多个指标构成，需要采用多指标综合评价方法，而因子分析法是多元分析的主干技术之一，它使用降维思想，找出能够综合原始变量的不可观测且线性无关的少数几个公共因子，这些公共因子能够反映原始变量的绝大部分信息，而且各个因子的权重由各自方差贡献率决定，可以有效避免主观赋权的随意性。在考察各省份司法保护水平时，为处理三维面板数据，利用相对比较法进行标准化和正向化，并用因子分析法客观赋权，综合考虑样本、变量和时间三个因素，得到一系列表示历年各省份司法保护相对水平的综合得分，该综合得分是一个相对指标，表示某一样本偏离所有样本均值的程度，正值说明超过平均水平，负值说明低于平均水平。

第三节　司法保护指数计算

一　数据来源及时间跨度

我们的数据主要源于历年《中国法律年鉴》，以及从各省份法院和检察院的年度工作报告中手工摘录，利用SPSS19软件进行计量分析。

首先，20世纪90年代末以前，虽然中国已制定了相对完善的法律体系，建立了基本的司法保护体系，但计划经济时代建立起来的司法保护体系已不适应市场经济的飞速发展。从1999年开始，最高人民法院实施了首个法院改革的五年纲要（以下简称"一五"改革纲要），以此为标志，中国进行了持续、渐进的五轮司法改革，司法保护水平持续提高，现在已连续实施了五个五年改革纲要，正实施人民法院第五个五年改革纲要（2019—2023）。法院改革纲要是司法改革的"计划书"和"线路图"，标志着中国自上而下的法制建设的开始。其次，由于涉及的司法指标众多，1998年以前各省份的司法指标大量缺失，而2016年以后部分司法统计指标的统计口径发生变化。最后，市场化指数中的"市场中介组织的发育和法律制度环境"分指数只更新到2016年。因此，结合数据可得性、与"市场中介组织的发育和法律制度环境"分指数这一综合性司法保护衡量方式实证结果的可比性等方面的综合考虑，我们对各省份司法保护进行动态纵横向比较时，采用除西藏以外30个省份1998—2016年的面板数据，时间跨度为19年。虽然我们对司法保护的评估并未包含最近几年的数据，这也是本研究的一个遗憾，但我们创新性地采用多指标评价方法，对过去相当长时期的司法保护进行了综合分析回顾，对于总结经验、展望未来都具有一定的理论和应用价值。而且，司法改革的导向、司法保护工作的重点也处于动态变化中，分阶段评估也有利于得出科学而客观的评估结果。期待今后的学者运用爬虫等最新的数据获取技术，结合最新的司法保护价值取向，对近年来的司法保护作出更科学、更具时效性的科学评估。

二 各省份司法保护指数的计算过程与结果

第一步，参照樊纲等（2011）的相对比较法对指标数据进行标准化和正向化处理，对于正向指标采用式（2.1）计算，逆向指标则采用式（2.2）计算。为了使各省份的得分具有纵向及横向的可比性，基期（1998年）以后年份的最高分及最低分允许大于10或小于0。

$$\text{第}i\text{个指标得分} = \frac{V_i - V_{\min}}{V_{\max} - V_{\min}} \times 10 \tag{2.1}$$

$$\text{第}i\text{个指标得分} = \frac{V_{\max} - V_i}{V_{\max} - V_{\min}} \times 10 \tag{2.2}$$

其中，V_i是某个省份第i个指标的原始数据，$V_{\max}$是与所有30个省份基期第i个指标相对应的原始数据中数值最大的一个，$V_{\min}$则是最小的一个。

第二步，指标合成方法的不同可能导致结果不一，从而可能影响实证结果的可信度，我们采用两种不同方法分别构建相对宽泛的司法保护指数和相对聚焦的司法保护指数（见表2.3和表2.4）。①利用因子分析法构建宽泛的6指标司法保护指数（JP6）：将表2.2中标准化后的6个三级指标得分合成二级指标得分，三个二级指标得分合成综合得分。另外，为避免因为改变指标的权重而导致不同年份数据不可比，分别用因子分析法确定历年各省份三级指标和二级指标的权重，采用算术平均法计算历年各三级指标和二级指标的平均权重，利用平均权重计算历年各省份的二级指标得分和综合得分，从而保持了跨年度数据的可比性。②等权重直接加总构建4指标司法保护指数（JP4）：将表2.2中标准化后的司法公正和司法效率的4个三级指标得分分别加总等到二级指标得分，两个二级指标得分加总得到综合得分。

上述两种方法得到的综合得分只反映不同省份法院以基期年份为标准的相对司法保护水平，其主要特点为：第一，从不同方面对各省份的

表 2.3　　　　　　1998—2016 年各省份 6 指标司法保护指数

省份	1998年	1999年	2000年	2001年	2002年	2003年	2004年	2005年	2006年	2007年
北京	1.116	1.016	1.763	0.953	1.624	0.783	1.855	2.144	1.602	1.823
天津	0.828	0.665	1.205	0.411	1.669	0.554	0.145	0.410	1.152	0.456
河北	-0.867	-0.221	-0.623	0.043	-0.850	-0.296	-0.117	-0.272	-0.051	-0.203
山西	-0.641	-0.945	-0.455	-1.267	-0.610	-0.852	-0.507	-0.596	-0.404	-0.490
内蒙古	0.109	0.040	0.491	-0.170	0.207	-1.056	0.176	0.418	-0.696	0.214
辽宁	1.215	-0.321	0.417	0.206	0.047	-0.422	0.289	0.207	-0.256	0.164
吉林	-0.192	-0.660	-0.209	-0.563	-0.169	-0.502	-0.031	-0.085	-0.259	0.136
黑龙江	1.023	0.628	1.070	-0.115	0.950	0.285	1.128	0.964	-0.478	1.305
上海	1.101	1.062	0.970	0.954	1.124	0.703	1.606	1.295	0.834	1.075
江苏	0.055	0.086	-0.223	0.295	-0.284	0.259	-0.164	0.139	0.127	0.030
浙江	0.385	0.765	0.296	1.323	0.103	0.858	0.469	-0.057	0.702	0.451
安徽	-0.601	-0.511	-0.399	-0.110	-0.377	-0.338	-0.458	-0.767	-0.574	-0.910
福建	-0.580	-0.793	-0.536	-0.640	-0.421	1.331	-0.225	-0.167	0.391	0.106
江西	-0.649	-0.091	-0.058	-0.024	-0.745	0.591	-0.297	-0.509	-0.189	-1.112
山东	0.588	0.839	0.385	0.931	0.285	0.655	0.331	0.074	0.635	0.163
河南	-0.288	-0.567	-0.035	-0.794	-0.454	-0.563	-0.840	-0.608	-0.905	-0.407
湖北	-0.514	-0.438	-1.025	0.100	-0.177	0.165	-0.454	-0.384	0.259	-0.444
湖南	-0.462	0.040	-0.267	0.234	-0.342	-0.870	-0.546	-0.068	0.446	0.358
广东	-0.078	-0.218	-0.311	0.155	-0.404	0.282	-0.481	-0.690	0.877	-0.856
广西	0.001	0.452	-0.485	-0.191	-0.772	-1.056	-0.871	-0.967	-0.268	-0.668
海南	-0.855	0.673	-0.631	1.375	-0.393	0.836	-0.772	-0.437	-0.681	-0.443
重庆	0.098	0.011	0.042	-0.134	-0.021	0.338	0.118	0.154	-0.087	0.192
四川	-0.586	-0.502	-0.929	-0.382	-0.173	-0.394	-0.313	-0.397	-0.616	-0.561
贵州	-0.046	-0.013	0.131	-0.246	0.393	-0.230	0.253	0.263	-0.609	0.148
云南	-0.186	-0.294	-0.042	-0.334	0.121	-0.367	-0.043	0.069	-0.965	-0.130
陕西	-0.163	-0.123	-0.154	-0.725	-0.220	-0.790	-0.181	-0.200	-0.104	-0.272
甘肃	-0.276	0.573	-0.376	-0.574	-0.163	-0.254	-0.275	-0.284	-0.294	-0.321
青海	-0.734	-1.673	-0.386	-0.756	-0.331	0.146	0.272	0.123	-0.297	0.178
宁夏	0.509	0.100	0.225	0.145	0.316	0.269	-0.019	0.327	0.271	0.119
新疆	0.691	0.418	0.149	-0.102	0.066	-0.064	-0.045	-0.098	0.440	-0.101

续表

省份	2008年	2009年	2010年	2011年	2012年	2013年	2014年	2015年	2016年	平均值
北京	2.019	1.228	2.125	0.945	1.062	0.927	0.630	0.416	0.581	1.295
天津	0.364	0.016	-0.085	0.651	0.144	0.510	1.000	0.683	0.521	0.595
河北	0.187	0.491	0.049	-0.238	0.104	0.484	-0.710	0.620	0.142	-0.123
山西	-0.799	-0.903	-0.685	-0.643	-0.988	-1.099	-0.820	-1.344	-1.445	-0.815
内蒙古	0.234	-0.826	-0.091	-0.967	-0.455	-0.819	-0.651	-1.174	-0.083	-0.268
辽宁	0.349	0.838	-0.008	-0.803	-1.058	-0.982	-0.272	-0.611	-0.244	-0.066
吉林	0.424	-0.441	-0.197	0.324	-0.778	0.010	-0.151	-0.502	-1.565	-0.285
黑龙江	1.043	0.924	0.361	-0.363	-0.832	0.667	0.115	0.548	0.174	0.495
上海	0.878	1.114	1.378	0.846	1.088	1.289	0.743	0.679	1.216	1.050
江苏	0.195	0.179	0.139	0.266	0.459	-0.430	0.816	0.170	0.831	0.155
浙江	0.384	0.621	0.021	1.706	0.861	0.782	2.113	1.172	0.663	0.717
安徽	-0.481	-0.461	-0.126	-0.564	-0.288	-0.003	-0.079	-0.198	0.149	-0.374
福建	0.222	0.736	0.232	0.984	1.079	0.869	0.097	1.370	0.451	0.237
江西	-1.002	-0.976	-0.960	-0.436	-0.333	-0.874	-0.339	-0.449	-0.255	-0.458
山东	0.371	1.017	0.539	0.030	0.199	0.123	0.453	0.819	-0.241	0.431
河南	-0.208	0.004	-0.366	-0.026	-1.279	0.033	0.008	0.052	-0.158	-0.390
湖北	-0.399	0.146	-0.116	-0.380	-0.047	0.268	-0.519	-0.697	-0.070	-0.249
湖南	0.005	-0.155	-0.205	0.006	0.424	-0.985	-0.368	-0.442	-0.248	-0.181
广东	-0.712	-0.372	-0.448	0.274	0.252	-0.457	0.282	-0.468	-0.131	-0.185
广西	-0.838	-0.183	-0.144	-0.681	-0.454	-0.644	-0.604	-0.329	-0.727	-0.496
海南	-0.492	-0.366	-0.057	-0.157	0.454	-0.036	0.394	0.310	0.578	-0.037
重庆	0.347	0.336	1.085	-0.343	-0.136	0.533	-0.612	-0.053	0.159	0.107
四川	-0.498	-0.745	-0.590	-0.088	0.400	0.302	0.007	-0.249	-1.099	-0.390
贵州	0.031	-0.124	-0.071	-0.250	0.268	0.383	-0.308	-0.285	0.429	0.006
云南	-0.204	-0.576	-0.461	-0.514	-0.774	-0.056	-0.110	0.044	-0.138	-0.261
陕西	-0.290	0.115	-0.343	-0.055	0.177	0.019	-0.183	0.262	-0.274	-0.184
甘肃	-0.713	-0.462	-0.520	-0.082	0.097	-0.026	-0.156	-0.063	0.067	-0.216
青海	-0.186	-0.113	-0.415	-0.567	0.154	0.038	-0.441	-0.360	0.622	-0.249
宁夏	-0.379	-0.507	-0.506	1.136	-0.043	-0.856	0.401	0.434	-0.434	0.079
新疆	0.150	-0.553	0.462	-0.011	0.243	0.029	-0.735	-0.356	0.528	0.058

表2.4　　　　　1998—2016年各省份4指标司法保护指数

省份	1998年	1999年	2000年	2001年	2002年	2003年	2004年	2005年	2006年	2007年
北京	32.947	34.487	34.181	34.146	34.005	32.476	33.553	36.625	35.400	35.092
天津	31.876	28.353	32.082	27.837	28.723	27.184	26.037	26.254	28.496	29.587
河北	15.946	11.525	10.337	10.787	14.573	12.174	14.475	15.305	15.764	20.838
山西	15.050	13.592	9.279	9.339	14.129	13.145	14.672	12.032	11.998	10.231
内蒙古	19.383	22.365	19.849	22.401	23.525	13.353	12.790	17.449	15.560	7.505
辽宁	21.298	17.711	17.752	10.858	9.413	15.943	16.598	20.347	21.284	25.724
吉林	19.329	14.362	16.424	17.449	21.128	16.776	20.682	19.499	18.750	18.344
黑龙江	27.940	23.963	21.773	18.913	22.888	22.164	22.441	24.410	27.920	28.355
上海	34.684	36.053	36.071	34.019	35.402	34.677	35.836	35.404	35.733	36.467
江苏	28.096	27.761	25.901	24.548	29.039	29.495	28.059	27.247	27.881	29.612
浙江	33.860	30.880	29.984	29.806	29.711	30.613	30.929	30.668	29.765	29.202
安徽	15.250	14.083	9.938	10.782	6.890	11.626	9.456	7.382	5.876	11.638
福建	9.968	5.960	9.603	12.697	24.452	36.287	29.313	27.964	28.422	34.436
江西	20.063	13.351	21.189	22.711	24.920	26.005	26.457	24.182	25.720	-10.826
山东	28.502	29.842	25.696	27.965	27.453	29.643	28.121	29.886	27.530	27.634
河南	16.678	12.659	13.490	7.223	13.056	12.058	10.873	12.973	16.478	20.612
湖北	23.044	18.756	16.625	22.682	20.590	26.719	19.591	20.929	26.468	27.240
湖南	24.535	19.427	13.406	17.189	17.514	17.926	18.077	19.405	31.193	34.875
广东	25.469	27.511	30.374	30.168	30.435	27.276	25.103	25.310	25.738	27.452
广西	27.304	30.191	23.540	23.286	14.577	14.697	10.306	4.400	10.123	17.750
海南	14.636	20.980	13.329	22.149	18.331	21.964	14.841	17.374	21.807	19.048
重庆	25.227	25.611	24.992	22.961	24.102	26.066	24.197	27.743	29.380	26.087
四川	22.511	18.454	13.023	14.552	20.576	22.568	20.704	19.124	16.375	19.183
贵州	25.432	23.657	23.618	26.853	27.816	28.190	26.330	25.663	25.299	26.919
云南	21.761	25.988	23.315	25.635	26.080	23.774	24.113	26.384	19.154	22.514
陕西	27.626	22.485	20.738	15.096	15.917	20.256	19.902	23.701	24.242	23.858
甘肃	24.619	26.467	21.998	20.801	23.143	23.590	21.991	22.776	23.238	25.491
青海	11.640	14.084	16.462	22.699	28.690	30.594	27.387	25.159	29.528	29.360
宁夏	23.488	26.447	27.021	28.586	30.017	30.905	30.383	30.309	26.975	25.006
新疆	19.443	26.504	21.861	21.947	22.645	22.995	22.936	23.319	24.487	25.893

续表

省份	2008年	2009年	2010年	2011年	2012年	2013年	2014年	2015年	2016年	平均值
北京	33.972	34.100	36.003	35.324	34.591	31.263	33.202	28.372	36.013	33.987
天津	28.193	27.630	29.090	27.698	27.127	30.517	29.560	30.164	33.876	28.962
河北	30.551	26.503	28.164	26.868	25.430	27.443	17.232	28.987	26.833	19.986
山西	12.845	17.491	16.146	21.594	15.868	15.523	10.400	9.534	5.752	13.085
内蒙古	11.500	17.737	14.862	10.787	14.953	14.603	11.379	22.619	27.353	16.841
辽宁	25.621	29.415	18.085	18.638	18.475	21.083	22.936	26.466	28.571	20.327
吉林	21.153	22.184	19.046	20.008	19.440	23.540	19.940	21.948	25.893	19.784
黑龙江	33.771	25.023	23.568	26.902	22.507	31.207	32.669	33.571	35.092	26.583
上海	35.773	36.140	35.553	35.120	35.752	34.839	36.207	36.251	36.053	35.581
江苏	31.095	30.293	29.143	29.545	29.959	28.855	31.558	31.591	34.677	29.177
浙江	28.356	26.521	29.110	31.140	32.313	34.142	33.103	33.129	33.446	30.878
安徽	18.013	14.058	20.688	21.276	25.298	26.627	28.082	27.764	30.471	16.589
福建	36.564	36.162	36.879	36.383	36.944	34.637	33.654	46.140	33.036	28.921
江西	27.597	25.896	25.326	26.608	26.304	25.649	24.994	26.359	27.394	22.626
山东	31.083	34.723	26.409	24.883	27.454	25.244	28.251	29.590	29.038	28.366
河南	22.874	24.957	21.120	27.422	14.730	25.023	26.278	29.268	31.031	18.884
湖北	29.638	31.172	32.113	24.590	25.294	25.739	22.646	19.732	28.158	24.301
湖南	34.552	29.662	32.249	29.491	29.917	28.630	28.020	28.354	25.239	25.245
广东	26.858	27.432	30.041	26.908	27.723	25.026	25.058	21.730	30.274	27.152
广西	17.605	23.894	24.411	24.051	23.372	22.867	22.637	24.856	23.451	20.175
海南	22.654	25.186	28.097	31.754	31.350	30.549	30.762	32.040	32.649	23.658
重庆	28.347	27.477	37.414	30.958	28.651	31.593	26.946	28.309	29.317	27.652
四川	22.163	23.995	23.295	26.483	28.785	29.250	27.470	20.528	23.261	21.700
贵州	28.254	28.036	26.619	30.381	29.450	32.276	28.422	27.046	29.800	27.372
云南	24.129	16.454	19.635	21.063	21.823	29.833	27.038	29.486	30.473	24.140
陕西	29.602	28.537	28.826	29.036	29.597	31.066	28.128	30.292	31.520	25.286
甘肃	19.049	21.925	20.646	23.506	26.213	26.686	22.636	27.400	28.781	23.735
青海	28.494	28.960	19.635	20.709	26.702	29.273	28.202	26.856	30.082	24.975
宁夏	27.810	28.192	23.936	26.350	25.888	24.337	27.848	27.610	20.061	26.904
新疆	30.084	25.131	29.833	30.783	27.050	25.175	30.337	30.080	32.605	25.953

司法保护进行全面比较；第二，使用一致的客观指标体系对各省份的司法保护进行持续的测度，既避免了根据主观评价或印象打分而导致的偏颇，又能提供一个反映各省份司法保护变化的稳定观测框架。

第四节 中国各省份司法保护水平的发展分析

由于表 2.4 所呈现的 4 指标司法保护指数的数值更加直观，因此本节以此为基础，对 1998—2016 年中国各省份司法保护水平的总体情况做一个简要分析①。如图 2.1 所示，1998—2016 年，中国各省份的司法保护水平整体呈上升趋势，2016 年的司法保护平均分为 29.007，比 1998 年上升了 6.087，说明各省份司法保护整体水平有了大幅提高。1998—2016 年全国司法保护的总平均分为 24.627，北京、上海、浙江、江苏、天津等 16 个省份的司法保护平均水平处于全国平均水平以上，而其他省份则位于全国平均水平以下。通过对表 2.4 数据的深入分析还可以发现：

（1）各省份的司法保护水平仍然差距较大。1998—2016 年，上海的平均综合得分是山西的 2.72 倍，而且北京与山西在司法保护方面的差距由 1998 年的 1.61 倍扩大到 2016 年的 6.26 倍，反映出省份间的差距有进一步扩大的趋势。

（2）经济发展水平并非司法保护的绝对影响因素。在司法保护综合排名前 10 位的省份中有 2 个为中西部省份（重庆和贵州），说明只要对法治建设予以充分重视，即使经济发展还相对落后也有可能在司法保护方面实现"弯道超车"。

（3）各省份司法保护水平排序的稳定性有较大差别（详见表 2.5）。除个别年份之外，北京、上海始终位居前列，而有些省份的排名则有较大波动，最为显著的是福建在 1998 年还位于第 30 位，2003 以后排名大幅跃升，甚至很多年份位列第一；海南从第 28 位大幅上升到第 8 位；同时，广西从第 9 位下降到第 27 位，山东从第 5 位下滑到

---

① 我们也尝试将 6 指标司法保护指数的各省份排名与 4 指标司法保护指数排名进行了对比，除中段部分个别省份的排名有所变化以外，两类指数的排名大体相似。

第 18 位。

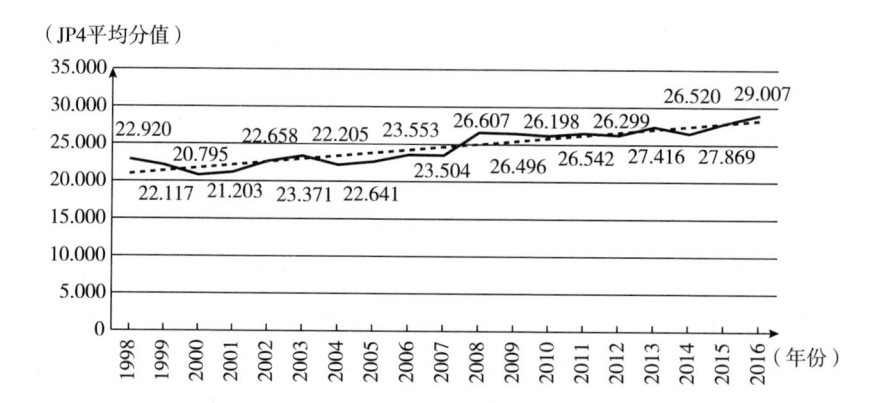

(JP4平均分值)

数据点：
22.920, 20.795, 22.117, 21.203, 22.658, 22.205, 23.371, 22.641, 23.553, 23.504, 26.607, 26.496, 26.198, 26.542, 26.299, 27.416, 27.869, 26.520, 29.007

图 2.1　4 指标司法保护指数历年平均值的发展趋势

表 2.5　1998—2016 年各省份 4 指标司法保护指数排名

省份	1998年	1999年	2000年	2001年	2002年	2003年	2004年	2005年	2006年	2007年
安徽	26	25	28	28	30	30	30	29	30	27
北京	3	2	2	1	2	3	2	1	2	2
福建	30	30	29	25	13	1	5	6	8	4
甘肃	13	10	13	19	16	16	17	18	19	17
广东	10	8	4	3	3	10	12	12	14	11
广西	9	4	11	11	25	25	29	30	29	26
贵州	11	15	10	8	9	9	10	11	16	13
海南	28	18	25	17	22	20	24	25	20	24
河北	25	29	27	27	26	28	26	26	26	21
河南	24	28	23	30	28	29	28	27	24	22
黑龙江	7	14	15	20	17	19	16	14	9	9
湖北	16	20	20	15	20	12	21	19	13	12
湖南	14	19	24	22	23	22	22	22	3	3
吉林	23	23	22	21	19	23	19	21	23	25
江苏	6	7	7	10	12	8	7	8	10	5
江西	20	27	16	13	12	14	9	15	15	30
辽宁	19	22	19	26	29	24	23	20	21	16

续表

省份	1998年	1999年	2000年	2001年	2002年	2003年	2004年	2005年	2006年	2007年
内蒙古	22	17	18	16	15	26	27	24	27	29
宁夏	15	11	6	5	4	4	4	4	12	18
青海	29	24	21	14	8	6	8	13	5	7
山东	5	5	8	6	10	7	6	5	11	10
山西	27	26	30	29	27	27	25	28	28	28
陕西	8	16	17	23	24	21	20	16	18	19
上海	1	1	1	2	1	2	1	2	1	1
四川	17	21	26	24	21	18	18	23	25	23
天津	4	6	3	7	7	11	11	10	7	6
新疆	21	9	14	18	18	17	15	17	17	15
云南	18	12	12	9	11	15	14	9	22	20
浙江	2	3	5	4	5	5	3	3	4	8
重庆	12	13	9	12	14	13	13	7	6	14

省份	2008年	2009年	2010年	2011年	2012年	2013年	2014年	2015年	2016年
安徽	27	30	23	25	21	18	14	17	13
北京	4	4	3	2	3	6	3	14	3
福建	1	1	2	1	1	2	2	1	7
甘肃	26	26	24	23	18	17	26	19	19
广东	19	15	7	14	12	23	21	27	14
广西	28	24	18	22	23	27	25	24	27
贵州	15	12	15	8	9	4	10	20	16
海南	23	19	14	4	5	9	7	5	8
河北	8	17	13	16	20	16	28	13	24
河南	22	22	22	13	30	24	20	12	11
黑龙江	5	21	20	15	24	7	5	3	3
湖北	10	5	6	21	22	19	24	29	21
湖南	3	7	5	10	7	15	15	15	26
吉林	25	25	27	28	26	26	27	26	25
江苏	6	6	9	9	6	14	6	6	4
江西	18	18	17	17	17	20	22	23	22
辽宁	20	8	28	29	27	28	23	22	20

续表

省份	2008年	2009年	2010年	2011年	2012年	2013年	2014年	2015年	2016年
内蒙古	30	27	30	30	29	30	29	25	23
宁夏	17	11	19	19	19	25	16	18	29
青海	12	9	25	27	16	12	12	21	15
山东	7	3	16	20	13	21	11	10	18
山西	29	28	29	24	28	29	30	30	30
陕西	11	10	12	11	8	8	13	7	10
上海	2	2	4	3	2	1	1	2	1
四川	24	23	21	18	10	13	17	28	28
天津	16	13	11	12	14	10	9	8	5
新疆	9	20	8	7	15	22	8	9	9
云南	21	29	26	26	25	11	18	11	12
浙江	13	16	10	5	4	3	4	4	6
重庆	14	14	1	6	11	5	19	16	17

第三章

司法保护影响居民消费的理论分析

第一节 直接机制分析

从产权经济学的视角来看,消费者权益是指消费者在购买、使用商品或服务的过程中获得的行为性权利。通过市场交易行为,消费者和生产商完成了商品产权的置换,消费者获得了商品的所有权,也就享有占有、使用、转让、处分商品的法律权利。然而,消费者与生产商进行的商品交易并不仅仅只是为了获得商品,而是要获得商品提供的功能,如购买服饰为了保暖和装扮,购买汽车是为了便利出行,购买空调是为了调节局部环境温度,等等。消费者购买产品最终需要获取的产权是正常使用产品所具备功能的权利,而不仅仅是获得产品本身。消费者与生产商之间因买卖而建立交易关系,消费者与生产商就产品所有权的转让达成买卖合约,这个合约主要约定便于显性化和明确化的商品买卖的数量和价格,由于生产商对产品质量信息、专业知识等相比消费者更有信息优势,因此对于商品和服务的质量、售后等方面的约定并不能非常明确,双方难以达成一个完全合约,或者说双方在此时要建立一个完全合约对事后所有产权进行界定所耗费的交易成本大于收益(刘嘉等,2015)。另外,产权主体是否选择清晰地界定产权还受到资产本身价值高低的影响。对于包子、馒头、理发等一般性商品和服务,订立完全合约本身的边际成本远高于其边际收益,所以消费者和生产商往往都选择在产品买卖时订立一个隐含性合约或约定俗成的简单合约。而对于像汽车、房产等自身价值较高的产品，消费者倾向于选择在事前建立一份较为完备的正式合约，在现实生活中这类合约通常十分冗长，试图将可能发生的各种情况都囊括其中，但遗憾的是，即便如此也不能保证合约的完全性。由于合约的不完全性导致部分消费者产权不能被清楚地包含于合约之中，客观上造成了生产商侵害消费者权益的产权激励，也使生产商拥有了违背消费者意愿侵犯消费者产权的可能。

消费者主权理论认为，市场天生是民主的，消费者是手持货币选票的主人，消费者通过货币选票的投向对厂商的行为进行褒贬，从而实现自己的消费者主权。消费者利用货币选票将生产因素的控制权转移到产品和服务最佳的企业手中，把生产因素的控制权从产品和服务最坏的企业手中撤回（米塞斯，1991）。然而，即使市场供求态势从卖方市场转向买方市场，消费者占了"上风"，消费者主权仍然属于一种观念性、原则性的认同，在消费领域仍然存在奥尔森提出的"数量悖论"现象，消费者主权要真正成为市场交易实践中的实施机制，必须使消费者权益受到充分的法律保护（田学斌和贾小玫，2005）。良好的法律保护是维护和推进交易的唯一必要条件（张维迎，2002），而多数经济学者将"法律保护"默认为"有效"的司法保护。新制度主义理论（North，1990；Posner，1997）一般沿着"保护产权、保护契约自由和限制政府干预→降低交易成本→经济的长期繁荣→消费增长"这一基本逻辑主线来诠释司法保护对消费的直接作用，司法保护的一系列传统作用，如防范机会主义行为、优化资源配置、实现利益分配和再分配的公平性等，都会对消费增长产生促进作用。具体而言，司法保护对消费的直接影响表现为：

一 降低消费不确定性作用

当面临较大的市场不确定性时，消费者容易对商品质量以及交易过程的合理性抱有疑虑（朱一凡，2017），从而减少消费支出。①产权界定是市场交易的基本前提，产权保护是市场交易得以持续的保证。在提供良好的产权界定与保护方面，公权部门具有比较优势。司法保护通过产权保护，使买卖双方的可预测性增强，从而降低交易活动的不确定性，降低交易成本，提振居民的消费意愿，推动公平交易的开展以及在复杂经济活动中的合作（Tonoyan et al.，2010）。②司法保护还可以通过切实的契约保护，缓解消费中的契约履行不确定性，维护消费者权益，增强消费者信心。③司法保护还可以在消费者权益受到侵害时以补偿、恢复的方式确保消费者的合法权益得到公正及时的保护（葛明珍，2013），缓解消费维权的不确定性，进而增强居民消费信心、激发居民消费意愿。

二 缓解信息不对称作用

在现实社会关系中，买卖双方应该是平等的民商事法律关系，但买卖双方之间形式上的平等无法掩盖实质上的不平等，在消费关系中买卖双方通常在资金、信息、组织能力等方面都存在天然的不平等，特别是"信息不对称"使双方的交易行为更加不平等，为企业侵犯消费者权益、获取非法利益提供了条件和空间。消费者产权（Consumer Property Rights）理论认为，消费者产权束中最重要的是产品和服务的信息产权，信息产权不但影响消费者产权的收益，还会增加消费风险，提高消费成本。然而，消费者对商品关键信息的产权是一种受限制的产权，或者说是一种"残缺"的产权。①在技术飞速进步的当下，产品和服务的技术性越来越强，其质量属性也日益复杂，这种技术壁垒加重了买卖双方之间在产品和服务质量方面的信息不对称，消费者越发难以识别商家的隐藏、篡改、粉饰信息等违约行为，增加了消费者的度量成本。②越来越细的专业分工抬高了信息壁垒。在产业分工全球化的背景下，可分割的生产环节逐渐增多，交易数量也随之增加，虽然消费者的效用提高了，但可能造成产品和服务关键信息在上中下游产业链条中的层层截留，交易的链条越长、分工越细，信息截留越多。每个交易连接点都包含着许多产品和服务的私有信息，而原本这些信息都应当属于消费者，剥夺了处于末端的消费者的关键信息产权，消费风险相应放大（田学斌和贾小玫，2005）。因此，信息不对称使企业作为信息优势者取得了更为有利的交易地位，消费者作为信息劣势者处于不利的被动地位，面临消费行为及消费后果的不利选择，容易使消费者权益受损。为保证消费者在购买商品时拥有充分知情权，法律规定商家需在发布商品时应明示商品的主要信息，但仅仅有立法还不足以保证商品信息的完整性、一致性、真实性，只有通过一次次的司法执法才能更好地保证企业不含有虚假、夸大内容地如实描述商品的实际信息，使消费者更全面地了解商品信息。

三 增强法律的预测和指引作用

法律条文对买卖双方的权利、义务、可能承担的法律责任以及纠纷解决机制都作出了细致规定。企业会依据现行的法律规定，对守法与否进行成本和收益比较，在收益最大化理念的驱使下预测能使自身收益最大化的选择，即在预测的基础上运用法律指引做出"最佳"行为选择。然而，静态的法律条文所发挥的预测和指引作用是有限的，关键要看实际的司法执法，如果司法执法能够严格落实和实现法律精神，将大大增强法律的预测和指引作用。法律的预测和指引可以防止"破窗效应"，理性经济人的企业更可能选择依法经营，按照消费者权益保护的相关政策法规要求，切实尊重消费者合法权益，进一步提高消费信心。

四 维权成本降低作用

维权实质上是权利冲突下的经济选择，理性经济人假设下假定消费者是理性的，消费者选择维权或不维权，在做出选择之前必然会对相应的成本和收益进行比较。对于单个消费者而言，消费者侵权行为通常具有"小额"性质，即使胜诉获得购买金额的数倍赔偿，也难以明显增强消费者的维权意识。而且，寻求司法保护也有律师费、取证费、鉴定费、交通费、时间精力成本等一系列成本。例如，随着科技的发展，产品和服务的技术含量越来越高，消费者进行质量、安全性等方面的维权时，可能还需要出具国家认可的鉴定机构的检测报告，当鉴定费用明显高于产品和服务本身价格时，消费者采取维权行动往往得不偿失，只得被迫放弃维权，此时保持沉默成为"合理"的选择。因此，如果消费者维权成本较高，所获得的赔偿不足以激励其通过法律途径维权，那么，消费者的维权意愿减弱，变相纵容经营者继续侵害消费者的权益，而且守法经营者的守法收益会被违法经营者所剥夺，守法经营者也可能转向侵害消费者的权益，则侵害消费者权益的行为会产生恶性循环。首先，高效公正的司法审判能够大幅降低消费者寻求司法保护的成本，提高消费者进行司法维权的意识和意愿。其次，虽然传统民法体系内已蕴含了保护弱势消费者的立法意图，但这些"意图"的实现程度需要依靠司法执行的审判活动。而且，即使现行法律对罚金或赔偿都有明确规定，但审判实践中法律如何适用方面，法官、法院还是有一定的自由裁量权，以审判为核心的公正高效的司法实践活动有利于在法律执行层面增加经营者的违法成本并降低消费者的维权成本。例如，消费纠纷主要围绕产品和服务质量或人身损害等方面，恰好可以由《合同法》《中华人民共和国侵权责任法》（以下简称《侵权责任法》）等民事法律规范来调整。其中，《合同法》从平衡交易双方地位的角度，避免某一方因地位强盛而破坏交易公平，从而维护合同正义，在租赁合同、客运合同等章节中还特别规定了少量保护消费者的特殊规则，一定程度上体现了对弱势消费者的倾向性保护。与此相对应的是，《侵权责任法》是对消费者权益受侵害后进行事后救济，其中对产品责任所产生损害的救济是保护消费者权益的重中之重，因为消费者侵害企业权益的情况非常罕见。然而，适用《侵权责任法》中惩罚性赔偿条款以救济消费者权利时，赔偿金额要以实际损失为基数，实际损失的金额在法律上很难清晰地界定，需要法官在自由裁量权范围内一事一议地"合理"界定，界定标准就成为消费者维权收益的"调整栓"。另外，当消费维权中违约责任与侵权责任发生竞合时，消费者有权选择对其最为有利的法律以维护自身的合法权益，这一选择权的实现也在一定程度上依赖法官或法院的合理判断。

五 声誉惩罚作用

声誉理论认为，消费者权益保护的社会责任缺失会严重损害企业的声誉。单个消费者的影响力是渺小的，因为消费者之间的信息也不对称，难以形成社会影响的合力，而且消费侵权纠纷中消费者单方面的主张也缺乏专业性和权威性，对侵权企业的声誉影响有限（田学斌和贾小玫，2005）。然而，法律是一种社会关系的调整方法，具备价值判断的能力，可以有效衡量人们的行为合法与否。相较于政策、道德等评价标准，司法判决具有明确具体的法律依据，对合法与非法的判断更加具有权威性和可信度。因此对消费者权益的司法保护首先是对企业的行为性质进行权威性判断，如果法院判定企业行为违法，即使企业承担的直接经济制裁很小，但因此会受到声誉惩罚，而且这种声誉惩罚来自最权威的司法部门，能够降低声誉评估错误率，大大增强了声誉惩罚的"扩散效应"，使企业可能在市场中声誉扫地。另外，企业受到来自公权力的声誉惩罚所造成的利润损失将远远高于直接的罚款金额（Karpoff et al.，2008；Verschoor et al.，2012；Armour et al.，2017），企业将因为司法判决的"差评"而蒙受丧失市场份额等巨大的经济损失。因此，就制度理论和声誉理论角度而言，司法机构对侵害消费者权益行为的惩罚力度越大，表明司法执法的强制性压力越大，企业面临的合法性威胁和声誉损失也越大，则企业保护消费者权益受到的负向激励更强。

六　威慑作用

威慑表达了以强力为后盾迫使对方接受之意，利用惩罚的威慑作用预防违法犯罪是社会治理的常用手段之一。犯罪经济学最早就是秉持功利主义思想从威慑理论及其实证研究开始的，以贝克尔为代表的经济学家为惩罚的威慑效应提供了"理性人"的解释，威慑理论及其效果方面已积累了大量既有研究成果（陈屹立和张卫国，2010）。在功利主义犯罪分析中，犯罪遵循着功利主义的行为模式，是基于成本收益衡量所做出的理性选择，而惩罚的确定性和严厉性构成了犯罪的预期成本，惩罚确定性或者严厉性提高都会增大犯罪的预期成本进而减少犯罪（边沁，2000；贝卡里亚，2005）。犯罪被惩罚的概率和惩罚的严厉程度之乘积构成了犯罪的预期成本，进而影响是否犯罪的决策（Becker，1968；Corman and Mocan，2000；Dezhbakhsh et al.，2003）。惩罚的严厉性和确定性对犯罪的威慑效果是不一样的，一些研究就表明惩罚的确定性常比严厉性更具威慑力（Ehrlich，1973；Witte，1980；Cornwell and Trumbull，1994）。威慑作用分为特殊威慑和一般威慑（Williams and Hawkins，1986），如果将威慑理论从犯罪经济学领域应用于消费者保护的市场规制领域，特殊威慑就是指对于侵害消费者权益企业的司法惩罚在多大程度上阻止了被处罚企业的后续侵害行为，一般威慑则是指针对侵害企业的司法惩罚在市场上具有传染效应和正向的溢出影响，司法惩罚对其他企业产生了"威胁信号"，其他企业出于恐惧和预防性动机会自觉尊重和保护消费者合法权益。

因此，司法保护作为公力救济手段，以平等契约和民商法规则为基础，将企业产品质量问题对消费者的损害等负外部性成本分摊给成本制造者承担（如严格责任、罚金、赔偿金等）。良好的司法保护不仅可以惩罚企业的消费者侵权行为，矫正交易中的不公正和失衡，补偿消费者所受损失，还能够净化市场环境，通过提高侵权成本震慑市场中其他企业的机会主义行为，起到"杀一儆百"的作用。

七 教育作用

首先，司法保护的教育作用体现在司法判决本身所包含的价值中，即在静态层面的示范教育作用。保护消费者权益的司法判例的存在会促使企业更深刻地认识到应当合法经营并履行对消费者的法定义务，如果侵害消费者权益，则会受到类似判例所展示的法律制裁，以此对企业的经营行为进行指导和规范。与此同时，对于消费者而言，司法保护的实际判例可以使其更加明确自己所拥有的合法权利。其次，在动态层面，司法机关公正合理地使用司法权力救济受害者、惩戒违法者会产生积极作用，对市场交易主体产生潜移默化的影响，使消费者坚信通过司法途径能够维护自身的合法权益，也使企业通过司法诉讼过程更加清楚合法与违法的界限，防止因不熟悉相关法律法规而"无意"中侵犯消费者权益。总之，消费者权益的司法保护从正反两个方面实现动态教育作用：一是通过司法诉讼维权活动展现某些消费者对自身合法权益的维护，鼓励其他消费者在自身合法权益受到侵害时也积极寻求司法救济，增强消费者的维权意识；二是通过司法审判过程展现对违法经营者进行公开公平公正的法律制裁，不仅对违法经营者本身，也包括对其他经营者起到警示和教育作用。

八 公平竞争作用

没有实力相当的对手，就没有真正意义上的公平竞争，司法保护通过反垄断、反不正当竞争对市场公平竞争的保护也是对消费者权益的有效保护。如果企业可以通过垄断攫取垄断利润，或者企业可以通过不当竞争获取超额利润，那么企业在消费者面前将更加强势，企业与消费者之间的市场地位会进一步失衡。如果仅仅依靠行政规制打击垄断和不正当竞争是不充分的，国有企业的"政府庇护"、行政垄断等问题都会影响行政规制的效果。司法手段在反垄断、反不正当竞争方面也具有重要作用，有利于形成公平竞争的市场环境。在充分竞争的市场中，企业为了在激烈的竞争中生存和发展，不但会更加尊重消费者的合法权益，还可能为消费者提供更多更好的产品和服务，提高消费意愿。

九 对消费者权益行政保护的帮助和监督作用

维护消费者权益也是法律规定的相关行政机关的职责，对于消费者来说，行政救济比司法救济的成本更低且更加便捷。当发生消费纠纷时，除了与经营者进行协商外，消费者通常会首先选择请求行政救济。然而，首先，案多人少使行政机关难以应对大量的消费纠纷，而且，行政机关工作人员的岗位流动性相对较大，难以应对类型越来越多，隐蔽性越来越强，技术性越来越高的诸多消费维权活动。此时，司法保护可以起到帮助行政的作用，不但可以分担部分案件处理，还可以帮助行政部门处理一些复杂的消费纠纷，因为法院从事专业审判的人员相对固定，既有助于积累纠纷解决经验，法院与鉴定、公证等审判辅助人员及机构的协作也更加顺畅，也有助于解决维权的专业性问题。其次，出于保护部门利益或保护国有企业利益，或者由于职责不明、多头执法、相互推诿等行政部门的固有弊端（高志宏，2018），行政机关在处理消费纠纷时可能对消费者的维权诉求无法及时公正地处理。此时，司法保护可以通过行政审判起到规制和监督行政的作用，矫正或撤销一些不合法的行政决定，既监督和督促行政部门依法行政，又进一步增强消费者维权的信心和动力。

综上所述，本节提出以下假设：

假设3.1：良好的司法保护对居民消费具有促进效应。

第二节 间接机制分析

从新供给经济学的角度看来，中国消费需求不足不仅表现为需求总量的不足，也表现为消费供求结构的不匹配。因此，本节从供给和需求两个方面来分析司法保护影响居民消费的间接效应。

一 供给侧：创新效应

产品创新程度越高，消费者的购买欲望越大（Zweimüller，2000a），而国内企业有限的创新能力和低端的商品供给难以满足消费者更加苛刻的消费需求（安娜，2019），致使中国消费者爆发出旺盛的境外消费需求，国内消费购买力不断外流。因此有必要将消费品的供给方式从被动地满足消费需求转变为主动地创新供给，使消费需求得到有效释放

（郭月梅等，2015）。另外，通常企业并不是故意"偷工减料"降低产品和服务质量，要么受现有工艺或技术水平制约，无法提高产品和服务质量；要么受到较大的成本制约，为保持一定的盈利空间不得不降低产品和服务质量。无论哪一种情况，加大创新力度都是唯一的、可持续的解决方案。因此，产品创新源于企业的研发活动，而专利侵权则是妨碍创新的主要"拦路虎"。随着中国成为世界第一的专利大国，专利侵权也日益增多（见图3.1），成为制约中国企业创新的重要影响因素。创新活动本身具有高投入、高风险和周期长等特征（Arrow，1962），诸多风险因素可能会导致创新失败，给企业造成大量的沉没成本（张治河等，2015），而且研发成果具有较弱的排他性，容易引发同行业竞争者的"搭便车"行为而造成技术扩散和溢出。如果模仿的收益大于创新的收益，企业就不愿意进行创新活动。良好的司法保护环境可以有效保护创新成果的知识产权，明确创新成果的独占性和排他性，降低创新成果的外部性风险，提高创新成果转化的预期经济收益（纪晓丽，2011；廖开容和陈爽英，2011），极大地提高企业创新的信心，增强企业的创新热情，使企业能够提供更好、更新的产品和服务，有效缓解供需不匹配的消费难题①。

据此，本节提出以下假设：

假设3.2：司法保护可以通过提高科技创新从而促进居民消费。

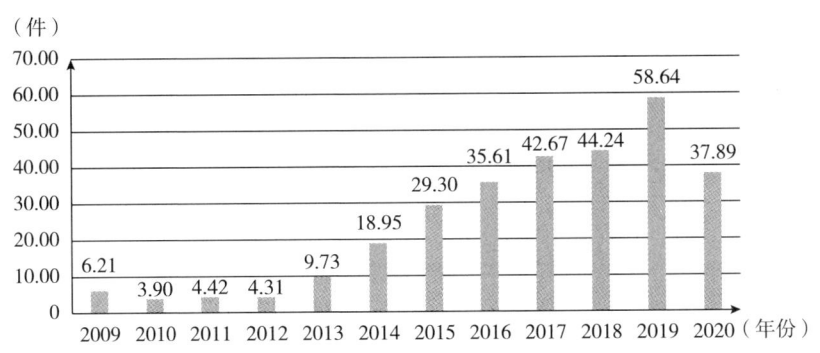

图3.1 2009—2020年中国每万件有效专利数中的侵权案件数

资料来源：笔者根据国家知识产权局数据计算整理。

---

① 本书第五章、第六章将司法保护、企业创新和消费纳入统一分析框架进行了深入剖析，在此只是简要论述。

二 需求侧：购买能力增强效应以及购买意愿提升效应

通过对国内外居民家庭消费相关文献的梳理，我们认为：司法保护可能通过提高居民收入、缓解家庭借贷约束提高居民消费能力；还可能通过提高社会信任来缓解消费中的信息不对称，降低消费的不确定性，从而提高消费意愿（见图3.2）。

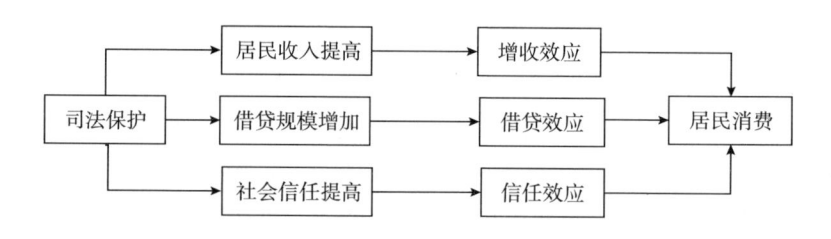

图3.2 司法保护对消费的影响渠道（需求侧角度）

（一）司法保护的增收效应

消费需求最重要的决定因素是居民收入水平，收入水平降低必然会导致消费需求不足。增加收入是提振消费最直接有效的手段，由于预算约束的限制，消费者的支付能力是有限的，购买行为必然受到限制。第一，工资性收入方面，广大工薪阶层及农民工是消费者的主力军，也是挖掘消费潜力的主要对象。然而近年来损害劳动者权益的案件时有发生，劳动人事争议仲裁案件持续增加（见图3.3），2019年每万名就业人数中的劳动人事争议仲裁当事人数增至16人以上（见图3.4）。国家宪法明确了对公民合法收入的法律保护，作为最后的救济手段，司法保护通过对劳动侵权行为进行惩罚，优化劳动力市场秩序，提高劳动合约执行效率，有助于保障劳动者权益（Gallagher et al.，2015），抑制拖欠工资行为（Li and Freeman，2015），营造良好的劳动力市场环境①，从而确保和增加合法劳动收入的取得，增强消费的动力和能力。第二，经营性收入方面，个体工商户、小微企业等占到市场主体的99%以上，

---

① 劳动保护还可以提高员工的工作积极性，有助于提高产品和服务质量；也能够激励劳动者对自身人力资本的投资行为，有助于人力资本的积累，从而提高企业的人力资本水平。一方面使劳动关系更加稳定，"干中学"更容易实现；另一方面长期雇佣关系对提高产品和服务质量是有效的。

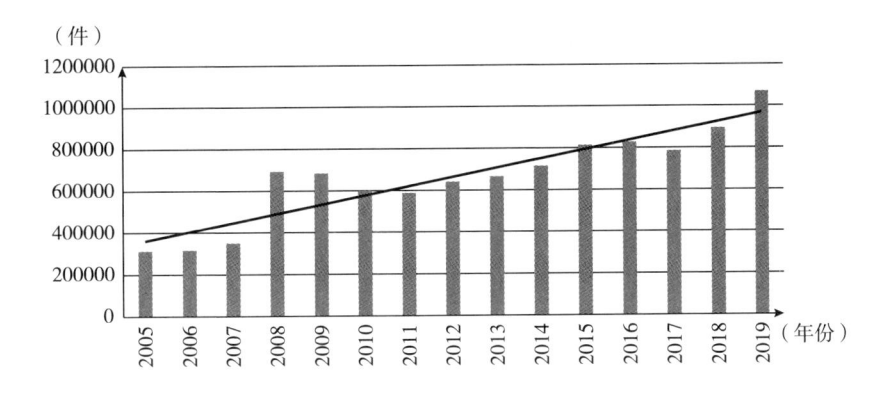

图 3.3　2005—2019 年劳动人事争议仲裁案件受理数

资料来源：《中国劳动统计年鉴》。

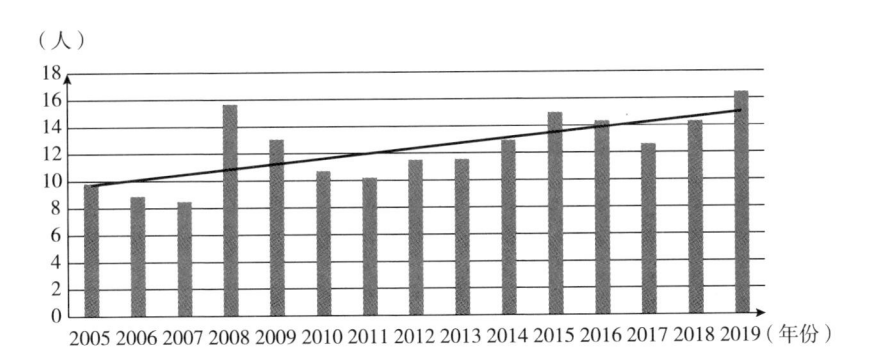

图 3.4　2005—2019 年每万名就业人数中的劳动人事争议仲裁当事人数

资料来源：《中国劳动统计年鉴》。

虽然数量众多，但往往处于产业结构的最低端，相比大中型企业而言处于弱势地位，容易遭受拖欠账款、不公平契约等来自大中型交易企业的"盘剥"。公正高效的司法保护可以发挥在产权保护和契约保护中的优势，保护弱小市场主体的合法权益，营造公平的市场竞争环境，保障众多的企业主能够获得应有的经营性收入，保证小微企业劳动者获得应得的工资收入，从而提高社会整体的收入水平。第三，财产性收入方面，目前财产性收入已成为中国居民的主要收入来源之一，特别对于城镇居民而言，财产性收入与城镇居民消费的提档升级密切相关。司法保护通过司法审判对上市公司违规行为进行矫正，对受到侵害的股东权益进行补偿，捍卫了广大股民的知情权、合法收益权，保障了广大股民的财产性收入。另外，对市场上各种金融产品交易进行产权和契约保护，进一步保证居民获得应有的财产性收入。第四，在转移性收入方面，司法保护通过对行政权力的监督，通过对贪污腐败的严惩，保证低收入群体按时足额地获取转移性收入。第五，司法保护促进居民收入提高还可以进一步增强前述的"创新效应"。追求优质产品是消费者的天性，技术创新带来了更优质的产品，而更优质的产品凝结了更高的技术成本，包含更高的附加值，在消费品市场中表现为更高的价格（孙久文和李承璋，2022）。预算约束使仅有小部分消费者能消费更优质的产品，如果司法保护带来的收入水平提高缓解了消费者的预算约束，一定程度上弥合了消费需要与支付能力的分裂，则能够进一步增加消费支出，优化消费内容。因此，司法保护通过种种途径与手段，保障和促进居民收入的获取和提高，而收入提高放宽了消费者的预算约束，使消费者的消费行为得到更充分的释放，消费者会增加消费支出以获取更多效用。

据此，本节提出以下假设：

假设3.3：司法保护会通过提高居民收入进而影响消费。

（二）司法保护的借贷效应

虽然绝对收入假说认为居民即期消费是一种典型的"量入为出"的行为，且具有"边际消费倾向递减"的特征，居民没有信贷消费动机。然而，该假说对现实世界的解释力有限。生命周期假说指出，理性经济个体会合理运用借贷及储蓄来平滑消费，以实现一生效用最大化（Ando and Modigliani，1963）。于是，永久收入假说开始逐渐占据了主流。永久收入假说强调理性消费者追求的是在整个生命周期内实现效用最大化。暂时性收入并不影响当期消费水平，永久性收入才是决定居民消费的关键变量，居民消费是在整个生命周期内动态平滑。流动性约束是导致消费者不能在生命周期实现消费平滑的重要原因（Hayashi，1985），也是导致当前中国消费疲软和总内需不足的重要原因（万广华等，2001；张华初和刘胜蓝，2015）。大量既有经验研究也发现家庭消费与家庭信贷水平呈正相关关系，中国家庭的信贷水平促进了家庭消费（韩立岩和杜春越，2012；王慧玲和孔荣，2019）。当收入面临流动性约束时，消费者获得的债务将作为一种可支配收入实现资金"跨期转移",使其潜在的消费需求得到满足,进而促进消费(臧旭恒和李燕桥,2012;李江一和李涵,2017;吴锟等,2020)。然而,据中国CFPS 2014年、2016年、2018年的微观数据显示,中国城镇与农村家庭借贷占家庭消费的比重在0.09—0.18(蒲艳萍和王皓,2021),仍然具有一定潜力可挖。CEIC数据库、BIS国际清算银行官方数据也显示,2014—2019年,中国家庭信贷存量占家庭消费的比重在0.95—1.45,日本、德国、美国的这一比值在3.75—4.65,中国家庭信贷存量占家庭消费的比重远低于发达国家。

对于借贷机构而言,其贷款意愿往往取决于两个决定因素。一是借款人信息(事前和事中)。信息不对称引起的逆向选择和道德风险,不仅使贷款低于最优贷款额度,而且造成贷方面临较高的贷后监督成本,造成"贷方提高利率→违约率上升→监督成本上升"的恶性循环。当贷方更多地了解借款人的信用记录及其他相关信息时,就会缓解借贷市场的柠檬问题,因此会提供更多的信贷(Stiglitz and Weiss,1981)。二是债权人的权力(事后)。当贷方可以更轻松地强制还款、获取抵押品甚至获得对借款人某项财产的控制权时,他们更愿意提供信贷(Aghion and Bolton,1992;Hart and Moore,1998)。通过强制性信息披露,司法保护可以最大限度地促进借贷双方的信息共享;通过保护债权人合法权利并保证司法执行,司法保护提高了债权人权力实现的可能。因此,司法保护是借贷市场发展的重要决定因素(Levine,1997,1998;Djankov et al.,2007),司法保护能够保护债权人不受借款人机会主义行为的侵害,有助于降低借贷风险,提高借贷机构的贷款意愿,从而缓解家庭借贷约束。

据此,本节提出以下假设:

假设3.4:司法保护会通过促进家庭借贷进而影响消费。

(三)司法保护的信任效应

较高的社会信任水平有助于提高预期的确定性,从而促进消费增长。在信息不对称的情况下,社会信任可以帮助消费者克服感知风险,从而促进其消费(Gefen et al.,2003;潘煜等,2010),而司法保护对于促进社会信任发挥了重要作用(杨慧莹,2011),通过公正的制度安排,司法保护增加了交易的违法成本,抑制了交易进程中不正当的道德风险和投机心理，从而减少了交易双方对自身利益安全的顾虑，有利于交易的发生。

消费者购买决策的取消、推迟和改变在很大程度上受到风险感知的影响（Kotler，1967），消费者处在不确定的环境中，会根据自身对风险的感知情况来调整消费决策（Rogers，1997），而社会信任能够通过增强消费者对外部世界的信心，减轻信息不对称带来的不确定性，减少在包含风险情况下做出决策的复杂程度（Luhman，1979），进而促进居民消费（冯春阳，2017）。信任缺失不仅会阻碍人际合作，还可能制约正常交易的进行，使一些潜在交易意向由于参与人对交易对手和产品质量的不信任而未能发生（张海洋等，2019）。社会信任是最主要的非正式制度—社会资本中最关键的元素（Berggren and Jordahl，2006），构建社会资本的主要任务在于增强经济人之间的信任关系（Krishna，2000）。市场经济主体之间的协作、合作必须建立在相互信任的基础上，如果人们之间没有任何信任，将会陷入"所有人对所有人的战争"（霍布斯丛林）。社会信任能够利用其强大的杠杆力内生出赊销等信用交易来撬动社会剩余，减少市场交易过程中的信息不对称和交易成本（Torsvik，2000；马俊峰，2012）；有助于抑制交易双方的机会主义行为，从而摆脱"囚徒困境"，促进经济人之间的合作（Grootaert et al.，2002），带动交换的加速、规模扩大和不断延续（Coleman，1990；杜木恒等，2009）。

然而，并非所有类型的信任都能够促进居民消费，张维迎（2006）将信任分为三类：一是基于个性特征的信任，二是基于制度的信任，三是基于信誉的信任。个体特征[①]对陌生人之间的消费行为影响较小，信誉这一重复博弈产物则受到消费的"一次性"特征制约，只有普遍性的社会信任才能真正促进消费的发生。从社会学的角度来看，最初的信任往往是来自家庭和血缘关系（涂尔干，2000）、宗教团体和商会等志愿性社团（Putnam，1993）的特殊信任（Wessen et al.，1951），这种根据过往的互动经验而生成的信任也被称为"以经验为基的信任"，特殊信任依赖过往的经验来决定当前的选择，表现为信任游戏中的学习效

---

① 包括先天特性（如有的人外形易让他人信任）和后天关系（如血缘关系）。

应（Granovetter，1985）。以家族为核心的中国传统社会由大量同质的社会"块"组成，其中一种纵向的强联系最为普遍和突出，这种以庇护—附庸关系为特征的"柱状"网络，被费孝通先生定义为"差序格局"。在"差序格局"中，以个人为中心，从中心格局向外，成员间关系越来越疏远，个体社会资本的存量也逐级递减，而联系差序格局的纽带则是血缘与地缘。因此，在相当长的时期内中国社会也以特殊信任为主，在一定程度上、在某些区域内甚至促进了商品交易的发展。然而，特殊信任毕竟是一种受限制信任，准确性低、风险高且信任半径较短（Greif and Tabellini，2010），很难由血缘、地缘等"熟人"圈子拓展到"陌生人"领域（张晨和何华玲，2000）。因此，特殊信任是一种水平较低的社会信任，信任半径短且过于脆弱的特殊信任与现代市场交易所要求的扩展性、开放性不相适应，还可能会导致特殊信任群体垄断特定社会资源，或者排斥或阻止圈内外互动，增加全社会的交易成本（马宏，2013）。市场交易要求建立普遍性的社会信任，即通过加大受信人滥用信任动机的控制能力而产生的"以控制为基的信任"，"以控制为基的信任"还会增加人们之间的交往经验，从而进一步增加"以经验为基的信任"，产生交易促进的"加速效应"。当然，单纯依靠非正式制度并不能自然形成普遍性的社会信任。因为在普遍性的社会信任中，托信人根据受信人滥用其信任的损益决定是否信任，受信者滥用信任的动机受到外在多种因素的制约，其中最重要的就是法律、规章等正式制度。当托信人明确预期正式制度能够及时有效地惩罚滥用信任者时，托信人则容易信任受信人，受信人也因为高昂的背叛成本而增加守信的概率。因此，不但要将信任制度化，利用制度的强制性以及与物质利益的相关性，使人们在利害分辨和博弈中将内化于心的道德信任上升至外化于行的法律信任，还必须不断提升法律等正式制度的公正性，从而增强托信人的预期性，否则，必然产生"机会主义""劣币驱逐良币"等现象，造成社会信任危机。而且，从经济学的角度来看，普遍性的社会信任是人们追求长期利益而进行理性选择的结果（Fudenberg and Tirole，1992；张维迎，2002），重复博弈导致信任，支付函数的确定是影响重复博弈的重要因素，而支付函数的确定与社会规则有关，其中，明晰的产权制度是最重要的社会规则，而司法保护又是最有效的产权保护手段。于是，形成了"产权的有效司法保护→社会信任→促进交易→消费增长"的链式关系。另外，只有当交易双方的预期确定性超过一定"临界点"，并产生"足够"的信任以后交易才会发生，单纯依靠特殊信任难以达到此"临界点"，必须依靠公正的司法保护才能增加预期的确定性。因此，司法保护是形成普遍性社会信任的前提，在法制健全的国家，社会信任水平通常较高（谢坚钢，2009）。

随着中国市场经济的持续发展，中国对外开放和城镇化进程的逐步深入，市场活动空间不断扩大，传统社会关系网络受到冲击，传统的"熟人型"社会正在向"匿名型"社会转变，中国社会信任的内涵也从"熟人信任"发展到"陌生人信任"、由"人格信任"延伸至"系统信任"（何明钦和刘向东，2020）。越来越多的市场交易需要在陌生人之间进行，传统的特殊信任体系逐步解体而普遍性社会信任开始逐步建立。然而，中国的社会信用体系建设还相对较晚，直到党的十六大才明确了社会信用体系建设的方向和目标，2007年以后才以信贷征信体系建设为重点，全面推进社会信用体系建设。由此可见，中国的正式制度和非正式制度建设并不完全同步，非正式制度建设在时间上滞后于正式制度建设。当司法保护体系等正式制度建设已进入完善成熟阶段时，中国的社会信用体系等非正式制度建设仍处于解决有无的初级阶段，直到近年来才逐步构建起社会信用体系的基本框架。而且，很多学者（福山，1998）也认为中国总体上仍属于社会信任水平较低的国家，合同履行率不足50%，每年因不诚信导致的企业损失高达6000亿元以上，诚信缺失已成为困扰当前中国经济持续增长的突出问题[①]。因此，中国还未进入高社会信任阶段。由于正式契约的不完备性等原因，社会秩序不能完全由"司法保护"等正式制度来建立，即使正式制度很发达的社会仍需要社会信任等大量非正式制度来维系和润滑（曾泉和裴红梅，2016）。总体而言，司法保护和信任是维持市场有序运行的两个基本机制（张维迎，2001），司法保护和信任互为补充，共同维护社会秩序、促进交易。然而，司法保护对社会信任的建立和强化也有重要促进作用，例如，民商事及行政司法保护主要通过提高机会主义和道德风险成

---

① 参见2016年中国政法大学中国诚信建设研究中心发布的《中国诚信建设状况报告》。

本，增强人们的交易预期，从而增加交易的频次、扩大交易范围，更多更广的交易又可以增进经验性社会信任程度；刑事司法保护主要是增强人们的安全预期，为人与人之间信任的产生提供最基本的安全保障。完善的司法保护有助于社会的"信任半径"从局限于熟人的特殊信任、个体化信任扩展到对陌生人的一般信任、社会化信任（Cross，2005）。法律制度的强制性和普遍约束力是交易双方彼此信任的底气，当法律能够及时有效地惩罚失信行为时，托信人（买方）便会更容易信任受信人（卖方），受信人也会因为违信成本的提高而自觉规避逆向选择行为，买卖双方也就能更放心地进行交易。

据此，本节提出以下假设：

假设 3.5：司法保护可以通过加强社会信任从而促进居民消费。

第四章

司法保护影响居民消费的实证分析

第一节 基于省级数据的宏观实证分析

一 研究设计

(一) 模型设定

为探究司法保护对居民消费的影响,本节构建以下基本回归模型:

$$C_{it}=\alpha+\beta LAW_{it}+\gamma X_{it}+Provin_i+Year_t+\varepsilon_{it} \tag{4.1}$$

其中,C_{it} 代表第 i 省第 t 年的居民消费水平,LAW_{it} 代表第 i 省第 t 年的司法保护,X_{it} 为控制变量向量,代表影响居民消费的其他因素,α 为常数项,β、γ 为弹性系数,$Provin_i$ 代表个体固定效应,用于反映各省份不随时间变化的影响居民消费水平的因素,$Year_t$ 代表年份固定效应,用于反映时间对居民消费的影响,ε_{it} 是随机扰动项。

(二) 变量说明

1. 被解释变量

选取各省份的人均居民消费(居民消费总额/常住人口)来衡量居民消费水平(lnC)。由于中国的二元经济结构特征较明显(白玉冰,2018),司法保护对城乡居民消费的影响可能不尽相同,因此,我们进一步将居民消费水平细分为城镇居民消费水平(lnCC)和农村居民消费水平(lnNC)。并且对消费变量进行对数处理,以消除异方差等因素的影响。

2. 核心解释变量

利用樊纲版市场化指数中的"市场中介组织的发育和法律制度环境"分项指数来衡量各省份的司法保护水平。由于樊纲课题组先后发布了三版《中国分省份市场化指数报告》，分别报告了1997—2009年、2008—2014年、2008—2016年偶数年份（2008年、2010年、2012年、2014年、2016年）的市场化指数，且2008年前后的数据不具有可比性，故本节以较新且较全面的2008年以后的数据为基础，并参照颜克高和井荣娟（2016）的做法，运用趋势分析法对2008年以前的数据进行补充。首先建立各省份2008—2014年"市场中介组织的发育和法律制度环境"分项指数同相应年份的回归方程，再根据回归结果对1998—2007年以及2015年的各省份该分项指数进行估计，从而获得较为完整的"市场中介组织的发育和法律制度环境"分项指数（LAW）。

3. 控制变量

参考谢洁玉（2012）、雷潇雨和龚六堂（2014）等的做法，本节的控制变量包括经济发展水平、储蓄率①、城乡收入差距、物质资本投入、产业结构、房价水平、幼儿抚养比、老年抚养比和城镇化率。用1978年为基期的人均GDP指数来平减人均GDP，用1984年为基期的居民消费价格指数对其余所有价格相关变量进行消胀处理，从而消除价格因素的影响。为消除异方差等因素的影响，对经济发展水平、城乡收入差距、物质资本投入和房价水平进行对数处理。具体的变量含义及计算方法见表4.1。

表4.1　　　　　　　　　　控制变量说明

变量名称	变量含义	计算方法
ln$PERGDP$	经济发展水平	用人均GDP表示
CXL	储蓄率	①城镇储蓄率［=（城镇人均可支配收入－城镇人均消费支出）/城镇人均可支配收入］ ②农村储蓄率［=（农村人均纯收入－农村人均消费支出）/农村人均纯收入］ ③储蓄率=城镇人口比重×城镇储蓄率+农村人口比重×农村储蓄率

---

① 《中国统计年鉴》中城镇和农村收入数据的统计口径不一样，因此我们参考张志远和张铭洪（2016）等的常用做法，根据城镇与农村的人口比重，对城镇储蓄率和农村储蓄率进行加权平均。

续表

变量名称	变量含义	计算方法
ln*GAP*	城乡收入差距	城镇居民家庭人均可支配收入-农村居民家庭人均纯收入
ln*WZZB*	物质资本投入	参考单豪杰（2008）的方法，用物质资本存量表示
STRUCTURE	产业结构	第三产业增加值/GDP
ln*HOUSE*	房价水平	住宅商品房的单位面积销售价格
CHILD	幼儿抚养比	幼儿人口（14岁以下）/劳动人口（15—64岁）
OLD	老年抚养比	老年人口（65岁以上）/劳动人口（15—64岁）
URBAN	城镇化率	城镇人口/常住人口
Provin	省份	省份虚拟变量
Year	年度	年度虚拟变量

4. 中介变量

根据第三章第二节的理论分析，本章认为司法保护与居民消费之间的中介效应主要有两大类：创新效应（供给侧）；增收效应、借贷效应和信任效应（需求侧）。鉴于数据的可得性，我们用宏观数据检验创新效应和信任效应，用家庭微观数据检验增收效应、借贷效应和信任效应。其中，我们将用宏观和微观两种数据检验信任效应，并相互印证检验结果。本节的中介变量包括科技创新和社会信任（见表4.2）。第一，专利申请受理数是一个地区科技创新实力的有力反映，通常被学者用于衡量各省份的科技创新能力，我们也沿袭这种做法，以各省份每年的专利申请受理数反映科技创新（ln*INNO*）能力，并取自然对数。第二，中国的社会信用体系建设还相对落后，尚无权威性的综合性社会信用数据指标。目前最常用的省级数据是张维迎和柯荣住（2002）的信任度调查数据，但该数据为截面数据，不能反映各省份社会信任水平的动态变化。刘长生和简玉峰（2009）等以"相对劳动争议受理率"作为各省份社会信任水平的代理变量，但劳动争议的范围过于狭窄，难以全面反映各省份的社会信任水平。刘米娜和杜俊荣（2013）认为公众参与到社会团体中，有利于产生合作精神，培育普遍的社会信任，因此，我们用每万人社会团体数衡量各省份的社会信任状况（ln*TRUST*），并取自然对数。

表 4.2 中介变量说明

变量名称	变量含义	计算方法
ln*INNO*	科技创新	专利申请受理数，取自然对数
ln*TRUST*	社会信任	每万人社会团体数，取自然对数

（三）数据来源

1997 年 9 月，党的十五大确立了依法治国的基本方略，并提出建设社会主义法治国家的目标，法制建设由此进入全面发展阶段，因此本节选取 1998—2016 年中国大陆除西藏以外 30 个省份的面板数据作为样本，使用 STATA15 软件进行回归估计。社会团体数据来自《中国民政统计年鉴》，专利申请数来自《中国科技统计年鉴》；衡量司法保护所用数据来自樊纲等编著的《中国市场化指数》；其余数据均来自《中国统计年鉴》。

（四）描述性统计

表 4.3 报告了主要变量的描述性统计结果，可以发现，样本期间总体居民消费（取对数后，下同）的最小值为 5.9641，最大值为 10.4533，表明现阶段中国居民之间的消费水平还存在很大差距。分城乡来看，城乡居民消费仍然存在巨大差异，城镇居民消费平均高出农村居民消费约 15 个百分点。司法保护的最值之差高达 36.4499，表明司法保护在不同省份和年份之间存在巨大差异。图 4.1 描述了 1998—2016 年各省份居民消费和司法保护水平的关系，可以看出，无论是总体居民消费还是城乡居民消费，都与司法保护呈现很明显的正向关系，由此可以初步推测司法保护的改善有益于促进居民消费水平的提升。

表 4.3 变量的描述性统计

变量名称	变量含义	样本数	均值	标准差	最小值	最大值
ln*C*	居民消费	570	7.3931	0.7382	5.9641	10.4533
ln*CC*	城镇居民消费	570	7.8425	0.6376	5.8786	10.4554
ln*NC*	农村居民消费	570	6.7914	0.7027	5.4554	9.9716
LAW	司法保护（樊纲）	570	2.1995	5.0264	−17.9124	18.5375
ln*PERGDP*	经济发展水平	570	8.4775	0.8022	6.5995	10.5746

续表

变量名称	变量含义	样本数	均值	标准差	最小值	最大值
CXL	储蓄率	570	0.1376	0.0834	-0.2278	0.3475
lnGAP	城乡收入差距	570	7.5355	0.5654	6.1997	9.7045
ln$WZZB$	物质资本投入	570	-0.1357	1.1552	-3.6492	2.4915
STRUCTURE	产业结构	570	0.4005	0.0797	0.2742	0.8022
ln$HOUSE$	房价水平	570	6.5012	0.6675	5.1735	9.4243
CHILD	幼儿抚养比	570	0.2635	0.0837	0.0656	0.4749
OLDER	老年抚养比	570	0.1210	0.0265	0.0617	0.2195
URBAN	城镇化率	570	0.4639	0.1594	0.1395	0.8965
ln$INNO$	科技创新	570	9.0698	1.7202	1.8504	13.1577
ln$TRUST$	社会信任	570	0.4307	0.5854	-2.8075	1.9536

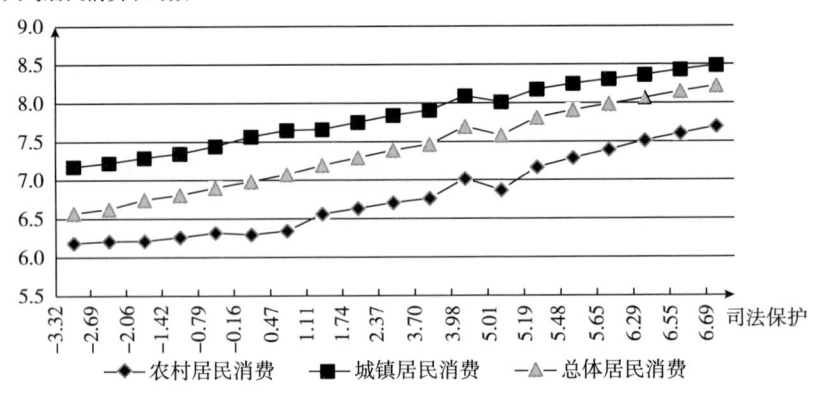

图 4.1 居民消费与司法保护

二 实证分析

为考察司法保护如何影响居民消费水平并有效识别其中的作用机制，我们进行以下实证检验：第一，进行基准模型回归估计及稳健性检验；第二，探讨司法保护对居民消费的影响机制；第三，进行异质性分析。

（一）基准回归：司法保护的消费促进效应分析

我们对固定效应模型进行稳健型估计时，使用 Driscoll-Kraay 标准误估计法,该估计方法既可以较好地控制组间异方差、组内自相关和组间同期相关问题,又适合短面板数据。表4.4列(1)的基准回归结果与假设3.1的预期一致,司法保护的系数在5%的水平下显著为正,说明在样本期内司法保护的改善促进了中国居民消费增长,司法保护指数每提高1个单位,人均居民消费会增长0.32个百分点。考虑到司法保护的部分衡量指标采取了估计数据,可能导致回归结果偏差,因此本节采取以下方法进行检验:在基准回归模型中引入时间虚拟变量 DUM(2008—2014年以及2016年设为1,其余年份设为0)以控制估计数据可能带来的影响,并换用原版的"市场中介组织的发育和法律制度环境"分项指数(LAW_P),即2011年报告中1997—2007年的数据和2016年报告中2008—2014年的数据,以及2018年报告中2016年的数据,2015年仍以2008—2014年的趋势估计值代替,表4.4列(2)的回归结果表明司法保护对居民消费的影响方向仍然为正,且大小没有明显变化,故而可以认为本节衡量司法保护的指标具有较高的合理性,回归结果是可信的。另外,我们也是使用本文构建的6指标司法保护指数($JP6$)替代"市场中介组织的发育和法律制度环境"分项指数进行了回归,表4.4列(3)的回归结果说明司法保护对居民消费的促进作用具有良好的稳定性,没有受到变量衡量方式不同的影响。

表4.4　　　　　　　司法保护的消费促进效应分析结果

被解释变量	(1) $\ln C$	(2) $\ln C$	(3) $\ln C$
LAW	0.0032** (0.0012)		
LAW_P		0.0038* (0.0021)	
DUM		0.6459*** (0.1382)	
$JP6$			0.0107** (0.0048)

续表

被解释变量	(1) lnC	(2) lnC	(3) lnC
ln$PERGDP$	0.2512*** (0.0511)	0.2163*** (0.0629)	0.2556*** (0.0613)
CXL	-0.7487*** (0.0380)	-0.7568*** (0.0435)	-0.7639*** (0.0401)
lnGAP	0.2127** (0.0566)	0.2219*** (0.0747)	0.2266*** (0.0763)
ln$WZZB$	0.0781*** (0.0206)	0.0836*** (0.0207)	0.0698*** (0.0223)
$STRUCTURE$	0.0507 (0.0845)	0.0194 (0.0932)	0.0412 (0.0881)
ln$HOUSE$	0.0640** (0.0302)	0.0714** (0.0326)	0.0793** (0.0324)
$CHILD$	0.2714** (0.1174)	0.2162* (0.1236)	0.2569** (0.1120)
OLD	-0.2457 (0.2032)	-0.2146 (0.1849)	-0.2470 (0.1884)
$URBAN$	0.1104*** (0.0369)	0.1189** (0.0426)	0.1194** (0.0463)
_Cons	2.9428*** (0.6842)	3.1156*** (0.7919)	2.8654*** (0.7225)
R^2	0.9917	0.9916	0.9916
N	570	570	570

注：括号内为标准误；*、**、***分别表示10%、5%、1%的显著性水平；下同。

（二）稳健性检验

为保证结论的稳健性，我们进行了一系列稳健性检验，结果均表明基本结论稳健可靠，并不随外部条件的变化而发生根本性改变。

第四章 司法保护影响居民消费的实证分析

1. 变量替换

首先，为缓解内生性问题对回归结果的影响，采取司法保护的三年移动平均值（LAW_MA）作为当年司法保护（LAW）的替代变量进行回归，表4.5列（1）的结果表明司法保护对居民消费的影响方向仍未发生改变。

其次，将所有的解释变量以滞后一期的形式放入模型中以缓解反向因果关系，表4.5列（2）的回归结果仍然支持以上结论。

表4.5　　　　　　　　　变量替换检验结果

被解释变量	(1)	(2)
	lnC	lnC
LAW_MA	0.0025** (0.0010)	
L.LAW		0.0029** (0.0012)
Controls	是	是
_Cons	2.4176*** (0.8238)	2.8227*** (0.6753)
R^2	0.9931	0.9881
N	510	540

注：列（2）中的控制变量均滞后一期。

2. 更换模型设定

对各经济变量之间的关系进行估计时，使用单一方程模型容易忽视各变量之间的内生性及双向因果关系，从而导致内生变量偏差。因此，本节构建包含司法保护与居民消费的面板联立方程模型来综合考察其中的内在反馈机制，以排除内生变量对回归结果的干扰，模型设计如下：

$$C_{it} = \alpha + \beta LAW_{it} + \gamma X_{it} + Provin_i + Year_t + \varepsilon_{it} \quad (4.2)$$

$$LAW_{it} = \alpha' + \beta' C_{it} + \gamma X'_{it} + Provin_i + Year_t + \varepsilon'_{it} \quad (4.3)$$

该联立方程模型由两个基本模型组成，其中式（4.2）为前文的基准回归模型，式（4.3）为司法保护模型，考察居民消费对司法保护的

63

影响。式（4.3）中的控制变量包括经济发展水平（ln$PERGDP$）、公共安全支出（$SAFE$，公共安全支出占财政支出的比重）、教育水平（EDU，大专及以上人口/6岁及以上人口）和法律中介组织（ln$LAWER$，每万人律师数）。

对于联立方程而言，传统的估计方法有二阶段最小二乘法（2SLS）和三阶段最小二乘法（3SLS），2SLS只有在某些特殊情形下才等价于3SLS，3SLS是最优的GMM估计量（钞小静和沈坤荣，2014），因此，本节采用3SLS对联立方程模型进行估计。无论是采用樊纲版的司法保护替代变量（LAW）还是我们构建的司法保护指数（$JP6$），表4.6列（1）和列（3）的回归结果依然证实了司法保护对居民消费的正面影响。

表4.6　　　　　　　　更换模型设定检验结果

被解释变量	（1）ln$C$	（2）LAW	（3）ln$C$	（4）$JP6$
LAW	0.0191** (0.0082)			
$JP6$			0.1457** (0.0683)	
ln$PERGDP$	0.3737*** (0.0665)	-9.1282*** (1.2817)	0.2210*** (0.0571)	0.0095 (0.2482)
CXL	-0.6308*** (0.0657)		-0.7746*** (0.0543)	
lnGAP	0.1905*** (0.0368)		0.2314*** (0.0511)	
ln$WZZB$	0.0467* (0.0270)		0.0594** (0.0232)	
$STRUCTURE$	-0.0703 (0.0702)		-0.0119 (0.0737)	
ln$HOUSE$	0.0993** (0.0452)		0.0778*** (0.0288)	
$CHILD$	0.0611 (0.1108)		0.1911* (0.1083)	

续表

被解释变量	(1) ln$C$	(2) LAW	(3) ln$C$	(4) $JP6$
OLD	-0.1551 (0.1904)		-0.2266 (0.2487)	
$URBAN$	0.1125*** (0.0375)		0.1044*** (0.0316)	
ln$C$		6.9892*** (1.8822)		-0.1486 (0.3540)
$SAFE$		-38.7440*** (13.7005)		-5.4114** (2.3974)
EDU		17.1851*** (4.4201)		-0.4214 (0.9166)
ln$LAWER$		2.8894*** (0.5843)		0.6061*** (0.1063)
_$Cons$	2.0628*** (0.4147)	22.2221** (10.3393)	2.9922*** (0.4307)	1.2290 (1.9524)
R^2	0.9927	0.8018	0.9893	0.5399
N	570	570	570	570

3. 工具变量法

为进一步检验内生性可能给基本结论带来的影响，本节利用了一个有关司法保护的外生性政策冲击来构造工具变量。众所周知，司法保护的强弱与法官、检察官等司法工作者的专业和道德素养密切相关。虽然司法考试一直以科目多、难度大、通过率低而著称，甚至被称为"天下第一考"，但2002年之前，法官、检察官进入法院、检察院的考核方式还停留在法院系统、检察系统自行组织考试，并不需要经过全国司法考试统考，只有律师职业必须通过全国律师资格考试，才能获得正式从业资格，导致当时律师的法律职业素养大大超过其他法律职业。随着2001年《中华人民共和国法官法》的修订、法官职业道德基本准则的发布以及统一司法考试制度的出台，通过国家统一司法考试成为初任法官、检察官的基本条件，至此司法人员职业化开始进入正轨，法官、检察官、律师、公证员等法律职业人员才能真正发展为一支具有共同法律知识水准、共同法律素质、共同法律信仰的法律职业队伍。考虑到2001年出台的一系列"司法人员职业化促进政策"是由全国人大、最高人民法院在宏观层面上推动的，因此可以认为其具有良好的外生性。本节采用 Giannetti 等（2015）、许伟和陈斌开（2016）、蔡卫星等（2019）的思路，使用反映"司法人员职业化促进政策"效应的 Policy 变量（在2001年之前取值为0，在2001年之后取值为1）与样本初始年份（1998年）公共安全支出（Expenditure）①的交乘项（Policy×Expenditure）作为司法保护的工具变量。

在表4.7列（1）的工具变量第一阶段估计中，工具变量（Policy×Expenditure）的估计系数显著为正，而且F值也远远高于通常认为的弱工具变量门槛，意味着公共安全支出越多的省份在司法人员职业化促进政策之后司法保护会得到更明显的改善，这源自较为充足的司法建设资金保障以及更专业的司法队伍。在第二阶段回归中，表4.7列（2）中司法保护变量（LAW）的估计系数在5%的水平下显著为正，说明在考虑内生性问题后，司法保护仍然对消费增长具有显著的促进作用。而且，与表4.4列（1）的结果相比，工具变量回归系数更大，说明没有考虑内生性问题的OLS估计结果会低估司法保护对消费的促进作用。

表4.7 工具变量法检验结果

被解释变量	(1) LAW	(2) lnC
LAW		0.0257** (0.0101)
IV：Policy×Expenditure	88.9108*** (27.7974)	
Controls	YES	YES
_Cons	−23.6966 (15.5203)	3.3877*** (0.5372)

---

① 用CPI指数消胀，并取对数。

续表

被解释变量	(1)	(2)
	LAW	lnC
R^2	0.7238	0.9836
N	570	570
F-test of excluded instruments	21.05***	31.72***

(三) 司法保护促进居民消费增长的机制检验

参照李广子等 (2016) 的做法，采用一元并行多重中介模型对司法保护影响居民消费的不同渠道进行分析。根据这一模型，除了对居民消费直接发生作用外，司法保护还可能通过第三变量（中介变量）间接地对居民消费产生作用（中介效应）。根据前文的理论分析，我们利用省级宏观数据先检验司法保护对居民消费的创新效应和信任效应。需要说明的是，我们在模型中控制了各省份的人均 GDP，以此反映各省份居民的收入水平，间接控制了收入效应和借贷效应所反映的居民支付能力。除了创新效应和信任效应两种中介效应以外，本节把司法保护对居民消费产生的剩余影响归结为直接效应。回归结果证明了假设 3.2 和假设 3.5 (见表 4.8)，本节将结合多重中介模型进行以下三方面分析。

(1) 个别中介效应分析司法保护经由提高科技创新渠道的中介效应为 0.0009 (0.0339×0.0258)，在 1% 的显著性水平下显著，意味着司法保护通过提高科技创新这一渠道对居民消费产生了正向影响。类似地，司法保护经由加强社会信任渠道的中介效应为 0.0004 (0.0544×0.0081)，在 5% 的显著性水平下显著，说明司法保护通过加强社会信任这一渠道，同样对居民消费产生了正向影响。

(2) 个别中介效应比较前文的分析表明，司法保护经由提高科技创新和加强社会信任对居民消费产生的中介效应分别为 0.0009 和 0.0004，在总体中介效应中分别占比 69.23% 和 30.77%。经由提高科技创新渠道产生的中介效应在总体中介效应中的占比远远高于后者，说明与加强社会信任相比，司法保护经由提高科技创新渠道产生的中介效应更明显，创新效应是司法保护与消费之间的重要中介渠道，因此，本章将从第五章开始对这一作用机制进行更深入具体的分析。

(3) 总体中介效应分析对中介效应加总以后得到总体中介效应为 0.0013（0.0298×0.0237+0.0483×0.0072），在1%的显著性水平下显著。进一步计算可得司法保护影响居民消费的直接效应为 0.0019（0.0032-0.0013），在5%的显著性水平下显著。直接效应明显大于中介效应的总和，可见司法保护改善的多数影响都能够直接传导到居民消费。

表 4.8　　　　　　　　　　机制检验结果

被解释变量	ln*C*	ln*INNO*	ln*TRUST*	ln*C*
LAW	0.0032** (0.0012)	0.0339*** (0.0056)	0.0544*** (0.0105)	0.0047* (0.0025)
ln*INNO*				0.0258*** (0.0066)
ln*TRUST*				0.0081*** (0.0028)
Controls	是	是	是	是
_Cons	2.9428*** (0.6842)	-9.6268*** (2.0100)	7.8706** (3.7655)	2.9900*** (0.6921)
R^2	0.9917	0.9780	0.7086	0.9846
N	570	570	570	570

接下来我们对机制进行简单的稳健性检验，由于下文中我们将创新效应的检验对象由宏观转变为微观企业，并进行了深入详细的分析，因此创新效应的稳健性检验在此不再赘述，主要进行宏观层面信任效应的稳健性检验。由于社会信任的衡量方式相对还不统一，未形成比较公认的衡量方法，机制检验结果的可靠性可能因此降低，于是，我们更换衡量方式再次进行机制检验。由于在社会捐赠中捐赠者要承担一定的风险，捐赠者委托慈善组织作为代理人为某些特定受捐赠者提供服务，受信息不对称以及监督机制不完备等因素的影响，慈善组织或受捐赠者都可能产生诸如逆向选择和道德风险等机会主义行为，捐赠者对"陌生"慈善组织以及"陌生"受捐赠者的信任程度就成为影响其捐赠行为的重要因素（Sargeant and Lee，2004）。在社会信任度越高的区域更容易

产生捐赠行为①，普遍性的社会信任是产生捐赠的关键要素（朱力和龙永红，2012），社会信任与社会捐赠之间高度正相关（Musai et al.，2011；颜克高和井荣娟，2016）。因此，本节参照庞锐辉和朱国泓（2018）等文献，以"每亿元 GDP 社会直接捐款金额（万元）"② 这一相对量作为社会信任的代理变量（TRUST1），其值越大，说明社会信任度越高。信任效应的稳健性检验结果如表 4.9 所示，社会信任的中介效应依然显著存在，且社会信任的中介效应依然小于科技创新的中介效应。

表 4.9　　　　　　　　　信任效应的稳健性检验结果

被解释变量	ln$C$	$TRUST1$	ln$C$
LAW	0.0032** (0.0012)	0.2026* (0.1120)	0.0049*** (0.0014)
ln$INNO$			0.0241** (0.0098)
$TRUST1$			0.0014*** (0.0005)
Controls	是	是	是
_Cons	2.9428*** (0.6842)	−104.9461*** (40.3006)	3.1904*** (0.4833)
R^2	0.9917	0.2192	0.9921
N	570	570	570

三　异质性分析

（一）司法保护影响居民消费的城乡差异

由于城乡居民在消费经验和法制意识上存在巨大差异，司法保护改善对城乡居民消费产生的影响必然有所不同，因此我们将消费区分为城

---

① 2011 年"郭美美"等慈善丑闻事件引发的信任危机就直接导致当年社会捐赠总量的回落，这也从反面折射出社会信任与捐赠的高度相关关系。
② 民政部门和慈善组织是中国社会捐赠接收的两大主体，但《中国民政统计年鉴》中只有各省份民政部门接收的社会捐赠数据；同时，由于物资捐赠（如衣被）的价值在折算时可能出现偏差，且在社会捐赠总额中的比例较小，因此，本研究仅用民政部门接收的社会直接捐款金额测量各省份的社会捐赠水平。

镇居民消费和农村居民消费，研究司法保护对城乡居民消费的差异性影响。回归结果（见表4.10）发现，司法保护对城镇居民消费的影响显著为正，对农村居民消费的影响却显著为负，导致上述差异的主要原因可能是城乡居民的收入差距。一般而言，司法保护改善使市场交易更加规范，产品质量与售后服务更加完善，正品得以挤出假冒伪劣品，这符合消费者对高质量商品与服务的需求，有助于强化居民的消费意愿。然而，正品保障高质量的同时，也代表着更高的价格。城镇居民收入较高，能够为正品支付溢价，因此司法保护改善能够显著促进城镇居民消费。而农村居民的消费能力却面临着较大的收入预算约束，在购买商品时价格往往成为决定性因素（马瑜等，2012），唐孝东（2012）以云南农村消费者为对象的调查表明，38.41%的受访者将商品价格作为购买决策的主要因素。因此，尽管良好的司法保护环境能够提升农村居民的消费意愿，但商品价格的提高却进一步削弱了农村居民的消费能力。另外，成本收益问题也影响着农村居民的消费维权方式选择，农村居民在消费纠纷解决方面主要选择成本低廉的方式，且直接迅速地与经营者协商解决，很少选择诉讼成本高昂的司法诉讼。

表4.10　　　　司法保护影响居民消费的城乡差异检验结果

被解释变量	lnCC	lnNC
LAW	0.0064*** (0.0018)	-0.0043* (0.0021)
Controls	是	是
_Cons	2.6212*** (0.6284)	0.3904 (0.3367)
R^2	0.9719	0.9878
N	570	570

（二）司法保护对居民消费结构的影响

消费结构是指不同类型消费资料的比例关系（尹世杰，2007），消费结构升级具体表现为消费者逐渐减少仅满足生活需要的生存型消费比例，增加满足发展和享乐需要的精神文化消费（孙久文和李承璋，2022）。根据国家统计局的划分，中国居民的消费可分为八大类：食品、衣着、居住、家庭设备用品、交通通信、文教娱乐、医疗保健以及其他。参考向玉冰（2018）的做法，将八大类消费划分为生存型、享受型和发展型三大类消费进行考察，其中，食品消费、衣着消费和居住消费属于生存型消费；家庭设备用品消费和交通通信消费属于享受型消费；医疗保健消费和文教娱乐消费属于发展型消费。为更好地反映消费结构变化，以上三大类消费都以它们各自占总消费的比重来加以衡量。回归结果（见表4.11）表明，无论城镇还是农村，司法保护的改善都使生存型消费占比增加而非生存型消费占比减少，且司法保护变化对农村居民生存型消费和非生存型消费的影响更大。马斯洛需求层次理论认为，消费者的需求层次有高低之分，低层次的需求得到满足以后，消费者才会追求更高层次的需求。目前中国居民消费结构仍处于较低水平，生存型消费占比最大，与发达经济体低生存型消费占比的消费结构还有很大的差距（陈浩和宋明月，2019），因此司法保护改善给中国居民消费带来的促进效应主要体现在生存型消费方面，且由于收入预算约束的影响，生存型消费增加以后会对发展型消费以及享受型消费的增长产生挤出效应。如前所述，司法保护的改善使农村市场商品的"质价齐升"，对农村居民的总体消费水平有一定抑制作用，而相比城镇消费者，农村消费者面临更显著的收入预算约束，商品价格的上升使农村消费者更倾向于优先保障生存型消费，使农村居民消费中生存型消费占比上升更明显，同时对非生存型消费的挤出效应也更显著。

表4.11　司法保护对居民消费结构的影响检验结果

被解释变量	城市			农村		
	生存型消费	发展型消费	享受型消费	生存型消费	发展型消费	享受型消费
LAW	0.0013* (0.0007)	−0.0007 (0.0004)	−0.0011*** (0.0003)	0.0023*** (0.0005)	−0.0014*** (0.0003)	−0.0011*** (0.0002)
$Controls$	是	是	是	是	是	是
$\_Cons$	1.0709*** (0.1112)	−0.0055 (0.0945)	−0.0413 (0.0685)	1.1415*** (0.1124)	−0.0766 (0.2178)	−0.0913 (0.1030)
R^2	0.4900	0.5903	0.6440	0.8468	0.5921	0.9014
N	570	570	570	570	570	570

(三) 司法保护影响居民消费的省份差异

中国各省份经济发展程度不均衡，省份差异较大，司法保护的效果存在省份差异 (Provost, 2006)，司法保护改善对居民消费的作用也必然不尽相同。参考龙小宁和王俊 (2014) 的做法，将北京、天津、河北、辽宁、上海、江苏、浙江、福建、山东和广东十个省级行政单位作为沿海省份，其余省份作为内陆省份，研究省份差异对司法保护的消费促进作用的影响。

由于分组后的子样本是长面板数据，因此采用面板数据广义最小二乘法进行估计。表4.12的结果表明，司法保护对居民消费的正向影响在沿海省份更加明显。可能的解释是：沿海省份居民收入水平和消费层次更高，消费者的维权意识较强，对司法保护的依赖性更大，因此司法保护改善更能增强沿海省份居民的消费意愿。

表 4.12　　司法保护影响居民消费的省份差异检验结果

	沿海			内陆		
	(1)	(2)	(3)	(4)	(5)	(6)
被解释变量	$\ln C$	$\ln CC$	$\ln NC$	$\ln C$	$\ln CC$	$\ln NC$
LAW	0.0028*** (0.0006)	0.0055*** (0.0016)	-0.0012* (0.0007)	-0.0004 (0.0005)	0.0013*** (0.0001)	-0.0003* (0.0001)
Controls	是	是	是	是	是	是
_Cons	4.3189*** (0.2571)	0.2837*** (0.4405)	-1.3336*** (0.2579)	4.1716*** (0.1048)	-1.2612*** (0.0227)	0.8502*** (0.0469)
N	190	190	190	380	380	380

(四) 司法保护对不同消费层次居民消费的差异性影响

由前文的分析可以看出，司法保护对居民消费的作用可能受到收入预算约束或消费水平的较大影响，我们进一步采用分位数回归方法深入考察司法保护的影响在不同消费水平上的变化特征。相比于传统的条件均值回归，分位数回归更能全面刻画自变量对整个条件分布的影响，且对异常值和异方差具有较强的耐抗性，参数估计更加稳健 (Angrist and Pischke, 2009)。分位数回归结果见表4.13和表4.14。

表 4.13　　城镇居民消费的分位数回归检验结果

被解释变量	lnCC	lnCC	lnCC	lnCC	lnCC	lnCC
分位数	0.05	0.25	0.5	0.75	0.9	0.95
LAW	0.0145***	0.0091***	0.0139***	0.0160***	0.0163***	0.0182***
	(0.0022)	(0.0022)	(0.0021)	(0.0024)	(0.0020)	(0.0012)
Controls	是	是	是	是	是	是
_Cons	2.5458***	2.6440***	3.4810***	5.4904***	5.4693***	4.5211***
	(0.5500)	(0.5538)	(0.5281)	(0.6145)	(0.5098)	(0.3060)
R^2	0.8713	0.8631	0.8689	0.8752	0.8991	0.9213
N	570	570	570	570	570	570

表 4.14　　农村居民消费的分位数回归检验结果

被解释变量	lnNC	lnNC	lnNC	lnNC	lnNC	lnNC
分位数	0.05	0.25	0.5	0.75	0.9	0.95
LAW	-0.0108***	-0.0101***	-0.0110***	-0.0108***	-0.0126***	-0.0069***
	(0.0008)	(0.0024)	(0.0022)	(0.0033)	(0.0029)	(0.0020)
Controls	是	是	是	是	是	是
_Cons	0.0719	2.2569***	2.3694***	1.3150	2.8342***	0.1501
	(0.2268)	(0.7626)	(0.6584)	(0.9903)	(0.8637)	(0.6165)
R^2	0.8783	0.8642	0.8663	0.8669	0.8868	0.9043
N	570	570	570	570	570	570

总体来看，不管在低分位数，还是中、高分位数上，司法保护对城镇居民消费都有显著的促进作用，对农村居民消费则具有一定的抑制作用，进一步验证了前文中司法保护对城乡居民消费的差异性影响结论。此外，随着条件分布的低分位点向高分位点变化，司法保护对城镇居民消费的促进效应越来越大，说明司法保护改善对高水平消费者的消费促进效应更明显；对农村居民消费的抑制效应总体变化不大，但对于农村高收入高消费群体的消费抑制效应相对较小。

（五）不同司法保护维度对居民消费的差异性影响

司法保护是一个内涵丰富的概念，虽然本节的基本回归部分已证实司法保护的确对居民消费具有促进作用，那么这种促进作用在各司法保护维度上是否会有所差异呢？我们采用6指标司法保护指数中的司法公正分指数（$JP6\_GZ$）和司法效率分指数（$JP6\_XL$），分别代入式（4.1）进行回归分析，如表4.15所示，司法公正对居民消费具有显著的正向作用，而司法效率对居民消费的影响不显著。虽然高司法效率意味着公正的迅速实现，但效率和公正的价值和地位并不对等，司法公正是司法效率的基础和前提，公正是司法的本质（Levine and Hughes, 2005），公正是司法保护的核心，公正的审判能够增强消费者对法治的信心，从而确信市场秩序能得到遵守和保护，更能增强消费意愿。及时的案件审理固然重要，因为快捷的审理可以减少消费者维权的时间成本，增强消费者信心。但"慢工出细活儿"，司法审判是重视程序的规范性过程，严格遵守审判程序本身就是司法公正的体现，是为了最大限度地保护消费者的诉讼权益。如果单纯追求司法效率而违法程序过度压缩审理流程，虽然提高了效率，但可能增大不公正裁判的概率，伤及司法公正的实现，导致二审或再审案件增多，增加当事人诉讼成本的同时，又浪费更多的司法资源，与追求效率的目标背道而驰，属于得不偿失的"走捷径"。因此，单纯依靠提高司法效率来增加办案数量是不可取的，以结案率所反映的司法效率并不能很好地促进居民消费的增长，只有在保证司法公正的基础上才能追求更高的司法效率、更多的办案数量。

表 4.15　　不同司法保护维度对居民消费的影响

被解释变量	$\ln CC$	$\ln CC$	$\ln CC$
$JP6\_GZ$	0.0144** (0.0056)		0.0147** (0.0054)
$JP6\_XL$		−0.0008 (0.0047)	−0.0021 (0.0046)
Controls	是	是	是
_Cons	3.0574*** (0.7650)	2.8882*** (0.6902)	3.0850*** (0.7484)
R^2	0.9917	0.9915	0.9917
N	570	570	570

第二节 基于家庭调查数据的微观实证分析

由于消费理论以微观家庭为决策主体,其最优化条件不具有可加性(徐润和陈斌开,2015),直接使用宏观数据对司法保护与消费关系进行检验存在宏观数据"可加性"问题。司法保护对不同家庭消费的影响可能存在差异,采用宏观数据进行分析将无法控制家庭特征,也难以考察司法保护影响家庭消费行为的微观机制(潘敏和刘知琪,2018)。因此,基于家庭调查数据,从微观层面研究司法保护与消费关系也是本研究关注的重点。

一 研究设计

(一)模型构建

我们的计量方程如下:

$$C_{ijt} = \beta_0 + \beta_1 JP_{jt} + \beta_2 X_{ijt} + T_t + D_j + \varepsilon_{ijt} \tag{4.4}$$

其中,C_{ijt} 表示第 j 个省的第 i 个家庭在 t 年的人均消费,JP_{jt} 代表第 j 个省在 t 年的司法保护水平,X_{ijt} 表示影响家庭人均消费的其他控制变量,T_t 为年份固定效应,D_j 为省份固定效应,ε_{ijt} 为随机扰动项。

(二)变量说明

(1)家庭人均消费。将家庭消费性支出中衣着鞋帽、食品、居住、交通通信、家庭设备及日用品、文教娱乐、医疗保健以及其他消费性支出八大类进行加总,再除以家庭人口规模,并取自然对数,从而得到被解释变量。

(2)司法保护指数。在前文司法保护与消费关系的宏观分析中,我们主要使用国内文献通常采用的樊纲等编制的中国市场化指数中的"市场中介组织的发育和法律制度环境"分指数来度量司法保护。相对于宏观分析中使用较为宽泛的司法保护衡量方法,本节的微观分析以各省份的 4 指标司法保护指标数($JP4$)作为司法保护水平的替代变量。同时,也使用 6 指标司法保护指标数($JP6$)以及宽泛的"市场中介组织的发育和法律制度环境"分指数(LAW)作为稳健性检验。

(3)控制变量。参考刘雯(2018)的做法,户主选用最熟悉家庭财务的成员。户主特征变量包括户主年龄[①]及其平方、受教育年限、性别、健康状况以及婚姻状况等,家庭特征指标包括家庭人均储蓄、家庭人均纯收入、家庭人口规模、城乡分类等。省份经济发展变量选取该省份的 GDP 规模。所有名义变量都使用 1984 年为基期的各省 CPI 平减指数转换成实际变量,以剔除价格因素的影响。

(三) 数据来源

本节所用的微观数据来自中国家庭追踪调查(CFPS)数据库,该项调查于 2010 年正式展开,每两年进行一次跟踪调查,覆盖全国 25 个省、市、自治区。各年数据库中均包括了各个家庭的各类消费支出数据、收入数据、城乡身份等微观家庭信息数据,以及各个家庭对应的家庭编码信息,可以一一匹配对应形成面板数据。本节使用 2012 年、2014 年和 2016 年三期的家庭追访数据,并将手工收集的省级司法保护数据与其合并[②],保留家庭消费和收入为正的样本,删除消费和收入数据中 1% 的最高和最低的异常值,并且保留户主年龄在 18 岁以上的家庭,得到 24951 个样本。

(四) 描述性统计

表 4.16 是主要变量的描述性统计[③]。司法保护指数均值为 26.5710,最小值为 9.5340,最大值为 46.1400,最大值是最小值的近 5 倍,说明各省份的司法保护水平存在较大差异。样本中家庭人口规模平均为 3.9070 人,户主年龄平均为 51.6170 岁,平均受教育年限约为 6.8380 年,男性户主在样本中的占比为 53.20%,88.70% 的户主处于有配偶状态,户主的健康状况均值为 3.2730,处于比较健康状态,样本中 45.60% 的家庭来自城镇。

表 4.16　　　　　　　　主要变量的描述性统计

变量名称	含义及赋值	样本量	均值	标准差	最小值	最大值
家庭人均消费	家庭八大类消费加总除以家庭人口规模,取对数	24951	1.9450	0.9080	0.0130	6.9300

---

① 由于家庭追踪调查是针对前一年的,本节对年龄作减 1 的处理。

② 由于家庭追踪调查都是基于前一年的具体情况,所以本节匹配的是 2011 年、2013 年和 2015 年的司法数据。

③ 本节部分变量名与第四章第一节类似,区别在于本节变量大部分为微观变量,本节变量名采用中文表示,以便更好地与第四章第一节有所区别。

续表

变量名称	含义及赋值	样本量	均值	标准差	最小值	最大值
司法保护（4指标）	4指标司法保护总指数	24951	26.5710	4.9080	9.5340	46.1400
司法公正（4指标）	4指标司法保护总指数中的公正分指数	24951	12.7530	4.3300	−0.6150	20.6030
司法效率（4指标）	4指标司法保护总指数中的效率分指数	24951	13.7550	3.5590	0.5940	27.9720
司法保护（樊纲）	樊纲版司法保护分省份指数	24951	5.3420	3.4500	0.7100	16.5650
司法保护（6指标）	6指标司法保护总指数	24951	3.2460	2.2370	−0.6680	9.1520
家庭人均储蓄	家庭人均储蓄，取对数	24951	1.0800	1.2640	0	6.5720
家庭人均纯收入	家庭人均纯收入，取对数	24951	2.0030	1.0060	0	8.1340
家庭人口规模	家庭成员的人数	24951	3.9070	1.8200	1	19
城乡分类	城镇＝1，乡村＝0	24951	0.4560	0.4980	0	1
户主年龄	调查前一年的年龄（岁）	24951	51.6170	12.8410	15	93
户主年龄平方	户主年龄平方/100	24951	28.2920	13.6120	2.25	86.49
户主健康状况	非常健康＝1，很健康＝2，比较健康＝3，一般＝4，不健康＝5	24951	3.2730	1.2100	1	5
户主性别	男＝1，女＝0	24951	0.5320	0.4990	0	1
户主受教育年限	文盲/半文盲＝0，小学＝6，初中＝9，高中/中专/技校/职高＝12，大专＝15，大学本科＝16，硕士＝19，博士＝22	24951	6.8380	4.6120	0	19
户主当前婚姻状态	已婚、同居＝1，未婚、离婚、丧偶＝0	24951	0.8870	0.3170	0	1
GDP规模	用各省平减指数平减，取对数	24951	8.4510	0.6900	6.6620	9.7830

二 实证分析

（一）基准模型分析结果

表 4.17 报告了基本模型的回归结果。列（1）中没有加入任何控制变量，司法保护在 1% 的水平下显著为正。列（2）是加入户主、家庭及省份层面的控制变量之后的 OLS 回归结果，司法保护同样在 1% 的水平下显著，且系数为正。进一步地，列（3）在列（2）的基础上同时控制了时间效应与省份效应，司法保护的估计系数下降到 0.0084，但依然在 1% 的水平下显著，再一次证明了假设 3.1。就整体而言，司法保护的改善显著促进了居民消费，司法保护指数增加 1 个单位，家庭人均消费能够增长 0.84%。

从控制变量来看，户主的个体特征与家庭特征对居民消费增长大多有显著的影响。家庭人均储蓄与家庭人均纯收入对居民消费有显著正向影响，与预期相符。家庭规模对家庭人均消费有负向作用，家庭人口越多，则家庭压力越大，进而平均消费越少。户主受教育年限越长，家庭人均消费越多，这可能是因为受教育水平更高的家庭，其消费水平更高。居民消费与户主年龄成反比，但与户主年龄的平方成正比，说明年龄与消费之间存在"U"形关系，这是因为年轻人的物质消费要求和欲望较高（靳永爱，2014），而老年人对医疗、护理和生活照料服务的消费需求增多（陈卫民和施美程，2014）。女性户主的家庭人均消费相对更高，反映了消费行为的性别差异。除此之外，由于消费基数的差异，城镇家庭的人均消费比农村家庭更多。

表 4.17　　　　　　　　基准回归结果

	（1）	（2）	（3）
司法保护（4 指标）	0.0150*** (0.0015)	0.0115*** (0.0010)	0.0084*** (0.0010)
家庭人均储蓄		0.0545*** (0.0042)	0.0557*** (0.0042)
家庭人均纯收入		0.3498*** (0.0065)	0.3321*** (0.0066)
家庭人口规模		−0.0632*** (0.0027)	−0.0625*** (0.0027)

续表

	（1）	（2）	（3）
城乡分类		0.1860*** （0.0105）	0.2014*** （0.0105）
户主年龄		-0.0131*** （0.0026）	-0.0117*** （0.0025）
户主年龄平方		0.0101*** （0.0024）	0.0088*** （0.0024）
户主健康状况		0.0293*** （0.0037）	0.0284*** （0.0037）
户主性别		-0.0361*** （0.0100）	-0.0451*** （0.0100）
户主受教育年限		0.0159*** （0.0012）	0.0172*** （0.0012）
户主当前婚姻状态		0.0286* （0.0161）	0.0304* （0.0160）
GDP规模		-0.45293*** （0.0086）	-0.5627*** （0.0127）
Year	否	否	是
Area	否	否	是
_Cons	1.5457*** （0.0393）	5.6940*** （0.1024）	6.0518*** （0.1321）
N	24951	24951	24951
R^2	0.0066	0.5443	0.5541

注：括号内为家庭层面的聚类稳健性标准误，下同。

（二）稳健性检验

为了确保上述实证结论的可靠性，我们进行了以下稳健性检验。

1. 变量替换

考虑到司法保护对于居民消费的滞后性影响，本节采用滞后两期及当期三年平均的司法保护替换基准模型中的 JP_{jt} 进行稳健性检验，表4.18列（1）的回归结果表明，司法保护移动三年平均的估计系数为0.0095且在1%水平下显著为正。

此外，本节还使用包含办案数量的司法保护（6指标），以及中国市场化指数中的"市场中介组织的发育和法律制度环境"分指数来进

79

行稳健性检验，表 4.18 列（2）和列（3）的结果与基准回归基本一致，表明本节的研究结论具有稳健性。

表 4.18　　稳健性检验：关键解释变量替换

	（1）	（2）	（3）
司法保护（4 指标）移动三年平均	0.0147*** （0.0011）		
司法保护（6 指标）		0.0220*** （0.0041）	
司法保护（樊纲）			0.0492*** （0.0020）
Controls	是	是	是
Year	是	是	是
Area	是	是	是
_Cons	6.0901*** （0.1320）	6.1762*** （0.1313）	7.1086*** （0.1431）
N	24951	24951	24951
R^2	0.5567	0.5527	0.5682

2. 工具变量法

虽然前文初步验证了司法保护与居民消费之间的正向关系，但这一关系可能会受到潜在的反向因果等内生性问题的影响，居民消费的增加可能会导致消费者侵权案件的增多，从而促使法院加强消费者权益的司法保护。为了缓解内生性问题可能带来的估计偏误，本节借鉴 Giannetti 等（2015）、许伟和陈斌开（2016）、蔡卫星等（2019）等的思路，利用一个有关消费者权益司法保护的外生性政策冲击来构造工具变量。2014 年 3 月 15 日，由全国人大修订的新《消法》正式实施，新《消法》加强了对消费者权益的保护，完善了原有法律的不足。《消法》大修是由政府在宏观层面上推动的，可以认为《消法》大修具有良好的外生性。本节使用反映新《消法》实施的虚拟变量（在 2014 年之前取值为 0，在 2014 年之后取值为 1）与样本初始年份（2010 年）各省份人均公共安全支出的交互项作为司法保护的工具变量。

第四章 | 司法保护影响居民消费的实证分析

此外，本节还借鉴吴超鹏和唐菂（2016）、魏浩和巫俊（2018）以及 Ang 等（2014）的做法，选用英国租界作为司法保护的另一个工具变量。如果清朝晚期到民国初期某省份有英国租界取 1，否则取 0。之所以选择该指标作为各省份司法保护的工具变量有两个主要原因：①英国是世界上最早的宪法国家，晚清时期英国人根据英国的行政和法律制度来管理在中国的租界，因此若某省份存在过英租界，由于历史渊源，该省份的司法保护可能更好，满足相关性条件。②清朝晚期到民国初期某省份是否存在英国租界是历史事件，与样本期时间间隔较远，直接联系较弱，满足外生性条件。

使用工具变量法的前提是存在内生解释变量，将工具变量回归结果与前文的基准结果进行比较，并对变量司法保护的外生性进行豪斯曼检验。如表 4.19 Panel B 的结果所示，两种回归方法所得到的系数存在系统性差异，说明司法保护变量确为外生变量，使用工具变量法进行内生性处理是合理的。

为保证工具变量的科学性，我们还针对工具变量回归进行了一系列的检验。表 4.19 Panel A 的列（1）和列（2）分别是工具变量的一阶段和二阶段的回归结果。在一阶段回归结果中，F 统计量为 207.03，远大于 10，因此不存在弱工具变量问题。过度识别检验结果也显示，在 1% 的显著性水平下不能拒绝原假设，因此可以认为两个工具变量具有较好的外生性。二阶段回归结果显示，司法保护的估计系数在 1% 的水平下显著为正，说明在考虑内生性问题后，司法保护仍然对居民消费具有显著的促进作用，表明本节的估计结果可靠。与基准回归结果的系数（0.0084）相比，工具变量回归系数更大（0.1061），说明未考虑内生性问题时，司法保护对居民消费的促进作用被低估了。

表 4.19　　　　　　　　　　工具变量估计结果

Panel A	工具变量回归结果	
	（1）一阶段	（2）二阶段
司法保护（4 指标）		0.1061*** (0.0048)

续表

Panel A	工具变量回归结果		
		（1）一阶段	（2）二阶段
工具变量1：消法大修×人均公共安全支出		0.3962*** (0.1376)	
工具变量2：英租界		2.8439*** (0.0894)	
F 检验		207.03 ($p=0.0000$)	
过度识别检验			0.3269 ($p=0.5675$)
Controls		是	是
Year		是	是
Area		是	是
_Cons		16.5841*** (0.9025)	4.9464*** (0.1476)
N		24951	24951
R^2		0.1448	0.3040
Panel B	豪斯曼检验结果（原假设：回归系数无系统性差异）		
卡方	5552.19	P 值	0.0000

3. 倾向得分匹配法

为进一步验证研究结果的稳健性，本节采用倾向得分匹配法（Propensity Score Matching，PSM）估计司法保护对居民消费的"处理效应"。以样本期内各省司法保护指数的平均数为基准，将排名前10省份的样本定义为高司法保护组（处理组），其余样本为低司法保护组（控制组）。在 PSM 回归中，协变量的选取应满足条件独立、平衡性假定和共同支撑假定。在参照贺达和顾江（2018）、祝仲坤和冷晨昕（2017）协变量选取方法的基础上，本节选取家庭人均储蓄、家庭人均纯收入、家庭人口规模、户主的年龄、健康状况、性别、受教育年限及婚姻状态作为协变量。

在总共25087个观测值中，控制组共有35个，处理组共有2个不在共同取值范围中,其余 25050 个观测值都在共同取值范围中,因此进行倾向得分匹配仅仅会损失少量样本。从表 4.20 的平衡性检验中可以看出,在匹配之后,各变量的标准化偏差都小于 10%,并且大多数 t 检验的结果不拒绝处理组和控制组无显著差异的原假设,说明经过倾向得分匹配,高司法保护组和低司法保护组的特征差异得到较大程度的消除。

表 4.20　　　　　　　　　　平衡性检验

协变量	匹配前均值 处理组	匹配前均值 对照组	匹配后均值 处理组	匹配后均值 对照组	偏差率%	t 检验 t	t 检验 p>|t|
家庭人均储蓄	1.5713	0.9479	1.5704	1.5667	0.3	0.13	0.900
家庭人均纯收入	2.4510	1.8856	2.4492	2.4618	−1.3	−0.63	0.529
家庭人口规模	3.5678	3.9977	3.5684	3.5712	−0.2	−0.09	0.930
户主年龄	53.0800	51.2060	53.0750	52.8560	1.7	0.86	0.388
户主健康状况	3.3085	3.2631	3.3084	3.3058	0.2	0.11	0.909
户主性别	0.5033	0.5388	0.5033	0.5137	−2.1	−1.07	0.287
户主受教育年限	7.3478	6.7106	7.3478	7.2827	1.4	0.70	0.485
户主婚姻状态	0.8710	0.8913	0.8710	0.8710	0.0	−0.01	0.988

将处理组与对照组进行 1∶4 匹配,得到的 ATT 估计值为 0.1324,对应的 t 值为 8.33,大于 1.96 的估计值,即司法保护对家庭人均消费的平均处理效应显著为正,表明在样本期内,司法保护水平的提高引致了处理组省份家庭人均消费的增长,这表明本节估计结果具有可靠性。

4. 增加控制变量

虽然本节在基准模型的基础上加入了一系列个人、家庭和省级层面的控制变量,但仍可能存在遗漏变量。因此,本节进一步控制了政府支出比重、基础设施水平等宏观控制变量,估计结果见表 4.21。

(1) 政府支出比重。地方政府支出规模的扩大有利于提高居民消费水平(靳涛和陶新宇,2017),地方政府总财政支出的增加会促进地区经济的发展,提高地区的居民收入水平,进而提高该省份的居民消费水平。在表 4.21 列 (1) 的回归中,加入地方政府财政支出占 GDP 的比重这一变量,此时,关键解释变量的估计系数为 0.0078,与基准回归结果（0.0084）基本一致。

（2）基础设施水平。基础设施建设及改善能够创造出更多的就业和收入机会，从而对居民消费行为产生影响。为了控制基础设施水平对估计偏误的影响，在表4.21列（2）的回归中，将各省份基础设施水平作为控制变量纳入模型，变量构建参考周晓艳和韩朝华（2009）的做法，将各省份的铁路里程、公路里程、水运里程加权合计成综合里程，再除以各省的国土面积，得到每百万平方千米中的综合交通设施里程数。回归结果发现，我们的关键解释变量仍然在1%的水平下显著为正。

在表4.21列（3）的回归中，即使同时控制了上述遗漏变量，司法保护的估计系数依然显著为正，说明基准回归的结果是可靠的。

表4.21 稳健性检验（续）：增加新的控制变量以及替换被解释变量

被解释变量	(1) 广义消费	(2) 广义消费	(3) 广义消费	(4) 狭义消费
司法保护	0.0078*** (0.0009)	0.0024** (0.0010)	0.0038*** (0.0010)	0.0081*** (0.0010)
政府支出比重	3.3045*** (0.1434)		3.0684*** (0.1441)	
基础设施水平		0.9305*** (0.0719)	0.6164*** (0.0705)	
Controls	是	是	是	是
Year	是	是	是	是
Area	是	是	是	是
_Cons	3.5486*** (0.1649)	6.8036*** (0.1450)	4.2256*** (0.1821)	5.3540*** (0.1294)
N	24951	24951	24951	24951
R^2	0.5679	0.5582	0.5696	0.5429

此外，本节的研究重在讨论司法保护对居民消费行为的影响，而教育与医疗保健支出主要受到医疗和教育等制度改革的影响，因此，本节借鉴国内同类文献的处理方法（何立新等，2008；杨汝岱和陈斌开，

2009）对消费进行重新界定，采取狭义标准，将消费定义为除教育支出和医疗支出以外其他六大项的总和。表 4.21 列（4）的回归结果显示，关键解释变量的估计系数为 0.0081，与基准回归结果基本一致。

（三）机制分析

前文的回归结果表明，司法保护对居民消费的确起到了显著的促进作用，接下来我们检验具体的影响机制，即司法保护是否通过居民收入、家庭借贷和社会信任间接影响了居民家庭消费。

本节基于一元并行多重中介模型对司法保护影响居民消费的不同渠道进行分析，具体模型构建如下：

$$Consume_{ijt}=a_0+a_1JP_{jt}+a_2ContralA_{ijt}+T_t+D_j+\varepsilon_{ijt} \quad (4.5)$$

$$Income_{ijt}=b_0+b_1JP_{jt}+b_2ContralB_{ijt}+T_t+D_j+\varepsilon_{ijt} \quad (4.6)$$

$$Debt_{ijt}=c_0+c_1JP_{jt}+c_2ContralC_{ijt}+T_t+D_j+\varepsilon_{ijt} \quad (4.7)$$

$$Trust_{ijt}=d_0+d_1JP_{jt}+d_2ContralD_{ijt}+T_t+D_j+\varepsilon_{ijt} \quad (4.8)$$

$$Consume_{ijt}=e_0+e_1JP_{jt}+e_2Income_{ijt}+e_3Debt_{ijt}+e_4Trust_{ijt}+$$
$$e_5ContralA_{ijt}+T_t+D_j+\varepsilon_{ijt} \quad (4.9)$$

其中，$Income_{ijt}$ 表示居民收入，将家庭工资性收入、经营性收入、财产性收入、转移性收入及其他收入进行加总，除以家庭人口规模，再用 CPI 指数平减，取自然对数。$Debt_{ijt}$ 是家庭借贷规模，借鉴伍再华等（2017）的做法，将总房贷与非房贷的金融负债之和除以家庭人口规模，再用 CPI 指数平减，取自然对数，值越大，家庭的借贷规模越大。$Trust_{ijt}$ 表示社会信任，用 CFPS 调查问题"对陌生人的信任程度能打几分"的回答来表示，0 分表示非常不信任，10 分表示非常信任。$ControlA_{ijt}$、$ControlB_{ijt}$、$ControlC_{ijt}$、$ControlD_{ijt}$ 分别是针对居民消费、居民收入、家庭借贷规模、社会信任的控制变量。式（4.5）相较于式（4.4）来说控制变量不同，$ControlA_{ijt}$ 比 X_{ijt} 减少了人均家庭纯收入与人均家庭净资产变量，因为这两个变量与中介变量有较强的相关性。

回归结果如表 4.22 所示，总体中介效应为 0.0067（0.0194×0.2390+0.0158×0.1210+0.0218×0.0047），采用多元德尔塔法检验其显著性，计算可得 Z=12.32，总体中介效应在 1% 水平下显著，说明将居民收入、家庭借贷和社会信任三个变量同时作为中介变量是合理的，证明了假设 3.3 和假设 3.4，并再次印证了假设 3.5。司法保护对居民消费的直接效应为0.0080，对应Z值为6.62，在1%水平下显著，说明在剔除中介效应之后，司法保护水平的提高本身也会促进居民消费。经由居民收入、家庭借贷、社会信任的中介效应分别为0.0046、0.0019、0.0001，均在1%水平下显著，在总体中介效应中分别占比69.71%、28.75%和1.54%。对不同中介效应进行比较，计算结果表明，个别中介效应之间在1%水平下均存在显著差异，说明在微观层面上居民收入的中介效应最大，家庭借贷次之，社会信任的中介作用最小。

表 4.22　　　　　　　　　　中介效应分析

被解释变量	(1) 家庭人均消费	(2) 居民收入	(3) 家庭借贷	(4) 社会信任	(5) 家庭人均消费
司法保护	0.0148*** (0.0012)	0.0194*** (0.0014)	0.0159** (0.0023)	0.0218*** (0.0032)	0.0063*** (0.0013)
居民收入					0.2390*** (0.0081)
家庭借贷					0.1210*** (0.0059)
社会信任					0.0047* (0.0027)
Controls	是	是	是	是	是
Year	是	是	是	是	是
Area	是	是	是	是	是
_Cons	8.3253*** (0.1391)	6.8462*** (0.1601)	5.0017*** (0.2452)	0.1289 (0.4095)	6.1663*** (0.1633)
N	24951	24951	13600	24388	13363
R^2	0.4634	0.4084	0.4102	0.0366	0.5647

三　进一步分析

（一）司法保护与分项收入

微观机制分析的结果表明居民收入的中介效应最大，为进一步探讨司法保护对居民收入的结构性影响，本节将工资性收入、经营性收入、财产性收入、转移性收入作为被解释变量，对司法保护进行回归，结果见表 4.23。OLS 和 2SLS 回归都表明司法保护对居民的工资性收入、财产性收入和转移性收入均存在显著的正向影响，但有趣的是，司法保护对居民经营性收入的影响不确定甚至有一定抑制作用。可能的解释是：①司法保护通过依法规范企业的用工行为，引导劳动者通过合法途径维护自身合法权益，保护了劳动者权益，保障甚至提高了劳动者的工资性收入；②司法保护的主要功能在于产权保护和契约保护，如果财产的所有权和转让权得到有效保护，将提升居民拥有资产的愿望，从而增加了财产性收入；③司法保护还通过对政府行为的有效监督，抑制转移支付中的"寻租"行为，确保了低收入家庭的转移性收入；④增加经营性收入必须投入更多的精力和资金，一方面，司法保护有利于营造良好的劳动力市场环境，人们更倾向于获得更稳定的工资性收入，挤占了人们从事经营性活动的时间；另一方面，良好的司法保护有助于保障人们的财产性收入，使人们将更多的家庭资金配置于资产而不是用于扩大经营性活动。因此，司法保护对居民工资性收入和财产性收入的促进作用可能对居民的经营性收入产生了"挤出效应"。

表 4.23　　　　　　　　　司法保护与分项收入的关系

被解释变量	(1)	(2)	(3)	(4)	(5)	(6)	(7)	(8)
	工资性收入		经营性收入		财产性收入		转移性收入	
	OLS	2SLS	OLS	2SLS	OLS	2SLS	OLS	2SLS
司法保护	0.0189*** (0.0018)	0.1236*** (0.0081)	−0.0060*** (0.0011)	0.0009 (0.0048)	0.0075*** (0.0008)	0.0330*** (0.0032)	0.0221*** (0.0017)	0.0962*** (0.0068)
Controls	是	是	是	是	是	是	是	是
Year	是	是	是	是	是	是	是	是
Area	是	是	是	是	是	是	是	是
_Cons	3.6109*** (0.2106)	1.6138*** (0.2773)	2.8841*** (0.1487)	2.7510*** (0.1664)	0.3432*** (0.0640)	−0.1425 (0.0870)	3.0576*** (0.1620)	1.6449*** (0.2181)
N	24951	24951	24951	24951	24951	24951	24951	24951
R^2	0.1922	0.0040	0.1614	0.1597	0.0423	0.0567	0.2826	0.1342

（二）不同司法保护维度对居民消费的差异性影响

为进一步考察司法保护的不同维度对家庭消费影响的差异，表

4.24列（3）报告了将司法公正、司法效率分指数作为解释变量加入到模型中的回归结果，考虑到可能存在的共线性问题，表4.24列（1）和列（2）分别将司法公正和司法效率纳入模型。结果表明，与第四章第一节宏观数据分析中表4.15的结果一致，司法公正对居民消费的影响显著为正，而司法效率却对居民消费有显著的负向影响，司法公正系数的绝对值明显大于司法效率系数的绝对值，因此司法保护总指数对居民消费表现为正的净效应。可能的解释是，公正与效率在价值和地位方面并不是同等的，司法效率必须以司法公正为基础和前提，公正是司法的本质（Levine and Hughes, 2005），离开了司法公正，所谓的司法效率在本质上必定是反效率、高成本的（孙长永, 2018）。虽然经过法院系统自上而下的努力，历年来各省法院的审限内结案率普遍达到95%以上（左卫民, 2008），但某些高结案率的真实性遭到普遍质疑，可能存在人为追求高结案率而不顾审判质量使一些案件"被结案"的情况，另外，审限内结案率也无法反映"审限内的拖延"，即法定期限内迟滞案件处理的现象。

表 4.24　　　　　　　不同司法保护维度对居民消费的影响

	（1）	（2）	（3）
司法公正	0.0249*** (0.0013)		0.0246*** (0.0013)
司法效率		-0.0103*** (0.0012)	-0.0094*** (0.0012)
Controls	是	是	是
Year	是	是	是
Area	是	是	是
_Cons	6.6155*** (0.1362)	6.4621*** (0.1381)	6.8982*** (0.1425)
N	24951	24951	24951
R^2	0.5613	0.5536	0.5624

（三）司法透明度与市场法律中介组织的调节作用

司法保护指数主要是以法院工作绩效为基础构造的，由于社会公众并不具有司法机关内部人员所掌握的详尽信息,对于信息获取也具有滞后性,存在信息不对称的现象,将对司法公信力造成影响。而提升司法公信力不但需要司法机关提高自身信用,更需要将司法信息更多地传递给社会大众,依靠社会大众的认可来实现(闫博慧,2016)。司法公开将司法活动置于人民的监督之下,有助于提高司法人员的办案质量和业务水平(崔永东,2019),从而有效地减少司法腐败,增强司法公信力。因而,相对于司法透明度较低的省份,处于司法透明度较高省份的家庭获得的司法信息更加充分,更能降低消费的不确定性,司法保护的消费促进效应更大。

另外,现代社会中律师等市场法律中介组织是联系当事人和司法机关的纽带,可以弥补公共司法资源的不足。由于社会公众在面对和处理法律事务时知识、能力和经验等方面有所缺失,市场法律中介组织凭借其掌握的专业知识可以为市场主体提供法律服务,促成交易的成功(周洲等,2019)。而且,市场法律中介组织还能够提高案件审理质量和防止冤案错案发生,对司法保护程度的提升有着重要意义(陈光中和姜丹,2017)。

为了检验司法透明度与市场法律中介组织对司法保护影响居民消费的调节作用,本节在式(4.4)中加入司法保护与调节变量的交互项,构建了如下实证模型:

$$C_{ijt}=\beta_0+\beta_1 JP_{jt}+\beta_2 JP_{jt}\times Moderator_{jt}+\beta_3 Moderator_{jt}+\beta_4 X_{ijt}+T_t+D_j+\varepsilon_{ijt}$$

(4.10)

式(4.10)中,$Moderator_{jt}$代表调节变量,包括司法透明度和市场法律中介组织,各省份的司法透明度数据来自《中国司法透明度(2011—2016)》,市场法律中介组织用各省份律师人数除以当地的GDP 水平(平减后)来衡量,并取对数。由于司法透明度和市场法律中介组织均为连续型变量,因此对模型中的交互项进行了中心化处理。

表4.25 的回归结果表明,司法透明度和市场法律中介组织对司法保护和消费之间的关系起到了正向调节作用。市场法律中介组织越发达、司法透明度越高的省份,司法保护对居民消费的促进作用就更加显著。

表 4.25　　　　司法透明度与市场法律中介组织的调节作用

	（1）	（2）
司法保护	0.0026*** (0.0010)	0.0068*** (0.0010)
司法保护×司法透明度	0.0013*** (0.0001)	
司法保护×市场法律中介组织		0.0117*** (0.0036)
司法透明度	0.0075*** (0.0004)	
市场法律中介组织		0.0781*** (0.0205)
Controls	是	是
Year	是	是
Area	是	是
_Cons	6.3094*** (0.1345)	6.0615*** (0.1317)
N	24789	24951
R^2	0.5717	0.5549

（四）司法保护对居民消费结构的影响分析

"消费升级"是中国经济高质量发展的重要支撑。消费升级是一个具有中国特色的概念，用来反映消费结构以及消费质量的变化。国内学者通常采用消费结构的变化来描述和衡量消费升级，主要有"物质—服务"分析框架和"生存—发展—享受"分析框架。由于 CFPS 数据库中的居民消费支出具体包括衣着鞋帽、食品、居住、交通通信、家庭设备及日用品、文教娱乐、医疗保健以及其他消费性支出八大类，有利于采用"生存—发展—享受"分析框架。为进一步考察司法保护对居民消费结构的影响，本节采用第四章第一节宏观分析中的相同分类方法，参考向玉冰（2018）的做法，将八大类消费分为生存型消费、发展型消费和享受型消费。生存型消费包括衣着鞋帽、食品和居住支出三类；发展型消费包括文教娱乐和医疗保健支出；享受型消费包括家庭设备及日用品和交通通信支出。另外，第四章第一节宏观分析中我们以各类消费占比进行了结构分析，本节我们采用各类消费的绝对值，试图从不同视角进行结构分析,我们将各项消费支出根据家庭规模转化为人均支出。表4.26列(1)至列(6)汇报了司法保护对于三大类消费的影响,影响系数均显著为正,其中司法保护对生存型消费的影响最大,这一结论与表4.11的结果并不矛盾,因为司法保护对所有类型消费都有促进作用,这一点与多数既有文献的结论一致,但是司法保护对生存型消费的提升效果最大,从消费占比来看,非生存型消费的占比相应地有所下降。首先,如表4.27所示,无论城镇还是农村,生存型消费在样本期内的占比均在50%以上,表明中国居民消费现阶段仍以生存型消费为主。随着近年以来物价的上涨,特别是房价的过快上涨,城乡居民生存型消费的成本不断上升,对享受型消费支出和发展型消费支出产生了一定的挤出效应(唐琦等,2018)。其次,居民生存型消费也在不断地提档升级,而"高端生存型消费"对司法保护环境变化的敏感性更高。

表 4.26　　　　　　　司法保护对居民消费结构的影响

被解释变量	(1) 生存型消费 OLS	(2) 生存型消费 2SLS	(3) 发展型消费 OLS	(4) 发展型消费 2SLS	(5) 享受型消费 OLS	(6) 享受型消费 2SLS
司法保护	0.0084*** (0.0009)	0.1052*** (0.0061)	0.0042*** (0.0010)	0.0462*** (0.0051)	0.0044** (0.0009)	0.0544*** (0.0047)
Controls	是	是	是	是	是	是
Year	是	是	是	是	是	是
Area	是	是	是	是	是	是
_Cons	5.0730*** (0.1198)	3.9767*** (0.1789)	3.1799*** (0.1289)	2.7047*** (0.1463)	2.0479*** (0.1120)	1.4817*** (0.1363)
N	24951	24951	24951	24951	24951	24951
R^2	0.5236	0.2211	0.2487	0.1787	0.3502	0.2374

表 4.27　　　　　　城乡居民各类消费所占比重　　　　　　单位:%

	类别	2011年	2013年	2015年
城镇	生存型消费	58.02	61.70	59.74
	发展型消费	19.85	19.43	20.84
	享受型消费	18.39	17.39	17.79

续表

	类别	2011年	2013年	2015年
农村	生存型消费	58.04	56.29	54.75
	发展型消费	20.79	22.58	23.41
	享受型消费	17.79	20.00	20.63

（五）消费水平异质性背景下司法保护对家庭人均消费的影响

分位数回归是按照因变量的不同条件分位数进行回归，可以更详细地描述变量的统计分布。由于不同的分位点表现出每个家庭所处的不同消费分层位置，因此分位数回归还能够更加深入地考察司法保护对消费分层的影响。

根据本节样本的消费水平分布，选择消费支出的分位点分别为10%、30%、50%、70%、90%，对应最低消费阶层、中低消费阶层、中等消费阶层、中高消费阶层和最高消费阶层五个家庭消费层级。

本节以家庭人均消费性支出为因变量，以司法保护为核心变量，再加入控制变量，建立分位数回归分析模型，分位数回归结果见表4.28。

表4.28　消费水平异质性下司法保护对居民消费的分位数回归

	(1)	(2)	(3)	(4)	(5)
	最低消费家庭	中低消费家庭	中等消费家庭	中高消费家庭	最高消费家庭
司法保护指数	0.0019* (0.0010)	0.0061*** (0.0009)	0.0074*** (0.0009)	0.0102*** (0.0010)	0.0154*** (0.0018)
Controls	是	是	是	是	是
Year	是	是	是	是	是
Area	是	是	是	是	是
_Cons	4.2780*** (0.1190)	5.1671*** (0.1140)	5.7628*** (0.1111)	6.5487*** (0.1270)	8.1765*** (0.2188)
N	24951	24951	24951	24951	24951
R^2	0.2980	0.3560	0.3717	0.3649	0.3257

从总体上来看，司法保护对居民消费有着非常显著的影响，与表4.13和表4.14的结果类似，随着分位点从低到高，司法保护对家庭人

均消费的影响逐步增加，系数从 Q（0.1）分位点的 0.0019 单调递增至 Q（0.9）分位点的 0.0154，表明司法保护对高消费阶层（高端分位数）的促进效应大于低消费阶层（低端分位数）。

（六）司法保护对居民消费影响的城乡异质性分析

考虑到中国城乡二元经济结构，本节基于户口类型将样本分为城镇家庭和农村家庭，进一步检验司法保护对居民消费的影响是否存在城乡差异。本节在式（4.4）中加入司法保护与城乡虚拟变量的交互项，构建了如下实证模型：

$$C_{ijt} = \beta_0 + \beta_1 JP_{jt} + \beta_2 JP_{jt} \times urban_i + \beta_3 urban_i + \beta_4 X_{ijt} + T_t + D_j + \varepsilon_{ijt} \quad (4.11)$$

其中，X_{ijt} 为不包含 $urban_i$ 的控制变量集。表 4.29 列（1）的回归结果表明，司法保护对于城乡居民消费的影响具有异质性，司法保护对农村居民消费的处理效应为-0.0009 且不显著，而对城镇居民消费的处理效应显著为正，这一结论也与表 4.10 的结果一致。除了第四章第一节中分析的商品价格上升带来的预算约束问题之外，维权意识以及维权成本的城乡差异也是重要因素。首先，现阶段农村消费者的法律意识依然淡薄、诉讼能力低下（潘怀平，2013）。中国社会中还广泛存在"厌讼"的观念，特别是在思想观念相对传统的农村，司法诉讼并不是传统的纠纷解决模式，当遇到消费纠纷时，一般情况下农村居民与经营者先私下协商解决，自行协商不成再找双方认可的权威人物或德高望重者居中裁决，诉讼往往是迫不得已的最后选择。其次，中国市场法律中介组织在城乡之间的发展不够均衡，农村地区法律服务水平较低（王福华，2018），农村居民进行消费维权的成本更高。而农村居民的收入水平相对较低，在理性计算的基础上，农村居民在消费权益受到损害时，更有可能放弃维护自己的权利。因此，农村消费者和城镇消费者在享受司法保护方面是不均衡的，司法保护对城镇居民消费支出的作用更大。

（七）教育水平异质性下司法保护对居民消费的影响

为了考察司法保护对居民消费的影响是否随家庭受教育程度不同而存在差异，本节以户主的受教育水平来表征家庭受教育程度，首先将样本根据户主的受教育年限进行排序，将高于中位数的定义为高教育水平，反之则定义为低教育水平，设置户主受教育程度的虚拟变量。其次，在式（4.4）的基础上进一步加入了司法保护与户主受教育程度的交互项，实证模型如下：

$$C_{ijt}=\beta_0+\beta_1 JP_{jt}+\beta_2 JP_{jt}\times Edu_i+\beta_3 Edu_i+\beta_4 X_{ijt}+T_t+D_j+\varepsilon_{ijt} \qquad (4.12)$$

其中，X_{ijt}不包括与Edu_i相关的户主受教育水平年限变量。表4.29列（2）的回归结果表明，司法保护对低教育水平家庭居民消费的处理效应为0.0061，对高教育水平家庭居民消费的处理效应为0.0131（0.0061+0.0070），在1%水平均显著为正。相比低教育水平家庭而言，司法保护更能促进高教育水平家庭的居民消费。可能的解释是，受教育程度越高的家庭，其消费决策技能、商品的使用和维权技能会相应地提高（张学敏和田曼，2009），其法律知识也更丰富，维权意识更强，在遇到假冒伪劣商品时，会更积极地通过法律途径去维护自身的合法权益。此外，受教育水平高的家庭往往具有更高的边际消费倾向（周弘，2011；尚昀和臧旭恒，2016）。因此，司法保护对高教育水平家庭消费的促进效应更加明显。

表4.29　司法保护与家庭人均消费：城乡与受教育水平的异质性

	（1）	（2）
司法保护	−0.0009 （0.0014）	0.0061*** （0.0011）
司法保护×城镇	0.0187*** （0.0019）	
司法保护×高教育水平		0.0070*** （0.0021）
城镇	−0.2925*** （0.0517）	0.2108*** （0.0104）
高教育水平		−0.0493 （0.0551）
Controls	是	是
Year	是	是
Area	是	是
_Cons	6.2703*** （0.1347）	6.1703*** （0.1336）
N	24951	24951
R^2	0.5565	0.5526

第三节 小结

我们就司法保护对中国居民消费的影响进行了深入的理论探讨与实证检验。我们分别利用1998—2016年中国省级面板数据和三期中国家庭追踪调查（CFPS）数据，实证研究了司法保护与中国居民消费之间的关系，而且宏观和微观的实证结果能够相互印证，说明我们的研究结果真实可信。

（1）就总体而言，司法保护对居民消费有直接和间接的促进效应，司法保护对中国居民消费的正向影响以直接促进效应为主。在宏观层面，司法保护可以通过影响科技创新和社会信任间接促进消费增长，其中，科技创新是司法保护间接影响居民消费的主要宏观途径。在微观层面，司法保护通过提高居民收入、家庭借贷规模、社会信任促进了样本期的居民消费，强化司法保护带来的增收效应对居民消费的微观影响最大。

（2）在各分项收入中，司法保护主要通过增加工资性收入、转移性收入和财产性收入进而促进居民消费，但司法保护对居民的经营性收入产生了一定的"挤出效应"。

（3）相比司法效率，司法公正对居民消费的促进作用更加显著；市场法律中介组织、司法透明度等因素对司法保护和居民消费的关系起到了显著的正向调节作用。

（4）司法保护影响中国居民消费方面具有城乡差异性。司法保护对城镇居民家庭、高教育水平家庭的消费促进作用更强。司法保护有助于增加城镇居民消费，但由于收入预算约束的影响，司法保护对当前的农村居民消费具有一定的抑制作用。

（5）司法保护对生存型消费、发展型消费和享受型消费三大类消费支出均起到显著的促进作用，但对生存型消费的增长效果最大；司法保护有助于增加城乡居民生存型消费占比并降低非生存型消费占比，且对农村居民生存型消费占比的提升效应更大，同时对农村居民的非生存型消费占比的挤出效应也更明显。

（6）司法保护对居民消费的影响与居民的消费水平有关。随着居民消费水平的提升,司法保护对于居民消费的促进作用将更加明显(或者抑制效应更小)。

(7) 司法保护对居民消费的影响存在区域差异。无论是整体还是分城乡,相比内陆省份,司法保护对沿海省份居民消费的正向影响更加显著。

与既有文献相比,我们的贡献主要包括以下三个方面:①从理论和实证两个层面探究司法保护如何影响中国居民消费,拓展了消费理论的研究视角,为中国居民消费低迷问题的解决引入了一条新思路。②通过引入多重中介效应模型,研究司法保护对居民消费的影响机制,加深了对司法保护影响居民消费内在规律的认识和理解。③从消费结构、省份差异等多个角度考察司法保护改善对居民消费的异质性影响,不仅丰富和深化了法经济学的研究成果,也为如何完善司法保护从而更有效地促进居民消费提供了新鲜的经验证据。

第五章

企业创新与消费

近年来，中国的创新能力不断增强，科技创新成果质、量齐升，中国的研发经费支出从 2006 年的 3003.1 亿元增长到 2018 年的 19677.9 亿元，年均增长 17%，世界排名从第 6 位上升至第 2 位。其中，各类企业研发经费支出 15233.7 亿元，所占比重为 77.4%，因此，企业创新是中国创新活动的主力军。本章聚焦于企业创新层面，分析和检验企业创新对消费增长产生的影响。

第一节 企业创新影响消费的理论分析

党的十九届五中全会明确指出，把实施扩大内需战略同深化供给侧结构性改革有机结合起来，以创新驱动、高质量供给引领和创造新需求。消费升级是一个需求侧和供给侧相互匹配、不断向上发展的动态过程，在构建新发展格局的背景下，协同供给侧改革与需求侧管理两个层面是有效推动内需扩张的科学举措（孙久文和李承璋，2022），应当从供需两侧推进消费升级。在多元化时代里，消费需求个性化、多样化和差异化的特征日益明显，异质性需求的"长尾效应"日渐显著，对企业的产品和服务质量创新提出了更高的要求也带来了新的机遇。然而，现阶段中国企业自主创新能力尚有不足，限制了高质量产品的生产能力，产品质量滞后于居民需求，导致消费者的中高端需求外溢。另外，既有研究更多关注消费需求如何影响企业创新。例如，学术界关于企业创新的动力来源存在"技术推动说"和"需求拉动说"，其中，20 世纪 60 年代开始兴起的"需求拉动说"认为（Schmookler, 1962; Griliches and Schmookler, 1963), 企业的盈利动机是创新的主要动力来源, 因为第三次工业革命以后, 各类技术变革越来越多地体现出需求端的指向性, 被称为"指向性的技术创新"(Acemoglu, 1998)。从微观层面来说, 由于消费者的偏好是异质性的, 企业会不断地进行创新以满足不同消费者的需求, 而整体收入增加与收入分配结构变迁推动了相关产品市场规模的扩大、产品多元化和质量的提升, 即促进了企业生产创新(Zweimüller, 2000b)。因此, 既有文献对企业创新如何影响消费的实证研究相对较少, 忽视了企业创新对消费的牵引作用, 无法全面揭示微观企业的创新动机(吕铁和黄娅娜, 2021)。

企业创新是从供给侧分析消费的切入点, 企业创新对消费需求具有推动作用。一方面, 企业创新依靠消费需求的不断变化来提供新产品, 从而创造消费动力, 不断开创消费新领域; 另一方面, 企业创新不是简单地满足市场需求, 可以主动创造需求, 消费者在之前可能并没有预期需求, 或者并不十分清楚自己的潜在需求, 需要企业创新产品来创造市场需求。Zweimüller (2000b) 认为, 当收入达到一定水平时, 企业创新将成为刺激消费增长的重要力量。孙早和许薛璐(2018)认为, 企业创新是拉动居民扩大中高端消费、实现消费结构升级的必然要求, 国内长期存在的无效供给过剩与有效供给不足的矛盾制约了消费进一步升级。

第一, 企业创新能够带来消费内容的优化。随着技术变革, 新技术被不断应用到新产品开发和生产的过程中, 高品质、高附加值的新产品和新消费模式不断涌现, 在市场上逐步替代低端劣质的产品。新技术也催生了新消费场景, 增强了消费的体验感, 成为刺激消费的利器。总之, 产品市场的变化让消费者有了更优的消费选择, 发挥了"创新效应", 对优化消费内容起到了关键作用。

第二, 企业创新促使居民消费结构被动变迁。随着技术水平的提高, 消费者将产生新的需要, 与"结构自主变迁"不同的是, "结构被动变迁"代表消费者为适应当下经济社会的生产生活范式, 其消费结构被动变化的过程, 而不同阶段的生产生活范式是由当前企业创新水平决定的。

另外, 企业创新可以被分为"内部创新"(工艺创新)和"外部创新"（产品创新）（Akcigit and Kerr，2018），两者共同构成了企业创新活动的主要内容。工艺创新是企业改进已有的生产过程和流程，或者采用全新的生产制造方式，是一种过程创新，表明企业在整个生产过程中提高了生产效率（Caldera，2010）；产品创新是指引进最新的产品生产技术来创建新产品和开拓新市场。首先，工艺创新属于"默默无闻"的创新，是创新活动的基础，相当于企业"苦练内功"。工艺创新可以使生产更加高效，使企业拥有较高的全要素生产率，意味着相同劳动和资本投入下可以生产出更多的产品，从而使单位产品可以获得更低的生产成本。因此，企业的产品也拥有更低的价格，促进消费需求的增加。其次，虽然工艺创新是产品创新的基础和前提，但产品创新更容易引人注目，是企业创新活动的显性表征。产品创新意味着增加新产品的数量，增加产品差异化，提高顾客的偏爱与忠诚度，带来更多的消费行为，为企业带来丰厚的新产品销售收入。

综上所述，本节提出以下假设：

假设5.1：企业创新能够促进消费增长。

那么，如何进行企业创新才能更好地促进消费增长？在科技进步飞速发展的当下，各种新技术层出不穷，创新活动需要越来越多的资源予以支撑，而企业的资源是有限的，企业在创新方面普遍面临资金约束的问题。于是，从节约创新成本的角度出发，越来越多的企业选择从外部引进技术，从外部引进技术有诸多优点：①符合专业分工细化的发展趋势，企业专注于核心技术的自研，非核心技术从外部更专业的机构引进；②缩短研发时间，适应快速变化的市场需求；③降低创新风险，减少创新成本。然而，企业引进技术不能盲目求多求新，否则容易"贪多嚼不烂"，耗费大量资金引进的技术无法发挥应有价值，沦为企业创新活动的"装饰品"，导致企业陷入创新陷阱。因此，应重视对引进技术的消化吸收，对引进技术进行消化吸收是为了再创新，为了推动企业技术进步，提高企业自主创新能力和技术竞争力。

据此，本节提出以下假设：

假设5.2：企业创新中重视引进技术的消化吸收更能够促进消费增长。

第二节 企业创新影响消费的实证检验

一 研究设计

（一）模型设定

为探究企业创新对居民消费的影响，本节构建以下基本回归模型：

$$C_{it} = \alpha + \beta INNOVATION_{it} + \gamma X_{it} + Provin_i + Year_t + \varepsilon_{it} \tag{5.1}$$

其中，C_{it} 代表第 i 省第 t 年的居民消费水平，$INNOVATION_{it}$ 代表第 i 省第 t 年的企业创新水平，X_{it} 为控制变量向量，代表影响居民消费的其他因素，α 为常数项，β、γ 为弹性系数，$Provin_i$ 代表个体固定效应，$Year_t$ 代表年份固定效应，ε_{it} 是随机扰动项。

（二）变量说明

1. 被解释变量

仍然选取各省份的人均居民消费（居民消费总额/常住人口）来衡量居民消费水平（$\ln C$），并且进行对数处理，以消除异方差等因素的影响。

2. 核心解释变量

宏观的企业创新水平衡量是本研究实证分析的难点。第四章中我们以地区专利产出水平作为地区创新水平的衡量，为了丰富及相互印证实证检验结果，本节从企业创新质量角度衡量地区企业创新水平。首先，产品创新是企业创新活动的主要表现，产品创新中也蕴含了工艺创新的成果，因此余泳泽等（2020）选择中国工业企业数据库中的新产品产出与产品总产出的比值作为微观企业创新产出的代理变量，参照其思路，我们以各省份每亿元 GDP 的大中型工业企业[①]开发新产品经费（万元）作为代理变量之一，即"大中型工业企业开发新产品经费（万元）/GDP（亿元）"，并取对数（$\ln NEW\_PRODUCT$）。其次，在激烈的国际市场竞争中，企业出口金额代表了企业产品在国际市场的竞争力，也反映了企业产品创新和工艺创新的综合质量，因此我们以各省份规模以上工业企业的"出口交货值/主营业务收入"（$OUTPUT$）作为

[①] 2011 年以后统计口径改为各地区规上工业企业。

企业创新水平的另一个替代变量。

3. 控制变量

仍然采用第四章省级数据宏观实证分析中的控制变量，包括经济发展水平、储蓄率、城乡收入差距、物质资本投入、产业结构、房价水平、幼儿抚养比、老年抚养比和城镇化率，并进行了相应的平减处理、消胀处理和对数处理，具体的变量含义及计算方法参见前述第四章的表4.1。

(三) 数据来源

为了和第四章的实证分析相对应，仍然选取1998—2016年中国大陆除西藏以外30个省份的面板数据作为样本，使用STATA15软件进行回归估计。企业创新的宏观数据来自《中国科技统计年鉴》；其余数据均来自《中国统计年鉴》。

(四) 描述性统计

表5.1报告了主要变量的描述性统计结果，其他控制变量的描述性统计结果可参见第四章的表4.3，在此不再赘述。样本期间各省份每亿元GDP中大中型工业企业的新产品开发经费（取对数后）的最小值为0.8621，最大值为6.9515；规模以上工业企业出口交货值占主营业务收入比重的最值之差也高达0.7480，表明企业创新水平在不同省份和年份之间仍存在很大差距。

表5.1　　　　　　　　主要变量的描述性统计

变量名称	变量含义	样本数	均值	标准差	最小值	最大值
$\ln C$	居民消费	570	7.3931	0.7382	5.9641	10.4533
$\ln NEW\_PRODUCT$	大中型工业企业的新产品开发经费情况（取对数）	570	4.2799	0.9455	0.8621	6.9515
$OUTPUT$	规模以上工业企业的出口交货值比重	570	0.2119	0.1946	0	0.7480

二　企业创新与居民消费的实证分析

我们仍然使用Driscoll-Kraay标准误估计法对固定效应模型进行稳健型估计。表5.2列（1）和列（2）的基准回归结果表明，企业创新的系数显著为正，说明在样本期内提高企业创新能够促进中国居民消费增长，验证了假设5.1。为了验证回归结果的可靠性，我们进行如下的稳健性检验：第一，考虑到内生性问题的影响，我们使用企业创新变量的滞后一期作为工具变量，采用工具变量法进行稳健性检验，列（3）和列（4）的结果表明企业创新与居民消费之间仍存在显著的正向关系。第二，技术市场中的技术流向也能够反映各省份企业创新的动力，如果某省份企业技术创新的意愿强烈，那么在财力允许的前提下会从技术市场购买所需技术，从而提升企业的创新能力。因此，我们进一步更换企业创新的衡量方式，用技术市场技术流向地域（合同金额）反映各省份企业创新水平。为剔除各省份经济发展规模差异的影响，用每亿元GDP中技术市场技术流向合同金额（万元）表示，并取对数（ln$JSLX\_GDP$），列（5）的回归结果仍未发生本质性改变。

表5.2　　　　　　　　企业创新与居民消费的分析结果

被解释变量	OLS		2SLS		OLS
	(1)	(2)	(3)	(4)	(5)
	ln$C$	ln$C$	ln$C$	ln$C$	ln$C$
ln$NEW\_PRODUCT$	0.0087* (0.0047)		0.0334*** (0.0128)		
$OUTPUT$		0.0898*** (0.0234)		0.0902*** (0.0289)	
ln$JSLX\_GDP$					0.0146*** (0.0048)
ln$PERGDP$	0.2377*** (0.0610)	0.2293*** (0.0617)	0.2700*** (0.0430)	0.2572*** (0.0422)	0.2279*** (0.0621)
CXL	-0.7687*** (0.0396)	-0.7585*** (0.0445)	-0.7613*** (0.0358)	-0.7431*** (0.0347)	-0.7704*** (0.0393)
lnGAP	0.2248*** (0.0748)	0.2342*** (0.0771)	0.2894*** (0.0299)	0.3001*** (0.0297)	0.2210** (0.0782)
ln$WZZB$	0.0718*** (0.0219)	0.0690** (0.0253)	0.0706*** (0.0235)	0.0598*** (0.0230)	0.0685*** (0.0223)

续表

被解释变量	OLS (1) lnC	OLS (2) lnC	2SLS (3) lnC	2SLS (4) lnC	OLS (5) lnC
STRUCTURE	0.0374 (0.0896)	0.0195 (0.0846)	0.1123* (0.0659)	0.0771 (0.0651)	0.0227 (0.0889)
lnHOUSE	0.0819** (0.0320)	0.0658** (0.0311)	0.0800*** (0.0202)	0.0618*** (0.0203)	0.0797** (0.0316)
CHILD	0.2556** (0.1146)	0.2703** (0.1115)	0.2541** (0.1061)	0.2559** (0.1040)	0.2527** (0.1110)
OLD	-0.2802 (0.1962)	-0.2439 (0.1657)	-0.2607 (0.2081)	-0.1980 (0.2026)	-0.2764 (0.1873)
URBAN	0.1222** (0.0464)	0.1180** (0.0508)	0.0894*** (0.0336)	0.0700** (0.0328)	0.1235** (0.0471)
_Cons	2.8073*** (0.7244)	2.9302*** (0.7604)	1.9747*** (0.3728)	2.2752*** (0.3482)	2.9111*** (0.7323)
R^2	0.9916	0.9917	0.8922	0.8925	0.9916
N	570	570	540	540	570
F			71.43	73.59	

注：括号内为标准误；*、**、***分别表示10%、5%、1%的显著性水平；下同。

三　进一步分析

为验证假设5.2，①本节以各省份每亿元GDP中规上企业购买国内技术经费（万元）（lnGMGN_GDP）以及每亿元GDP中规上企业技术引进经费（万元）（lnJSYJ_GDP）作为企业技术引进的两个替代变量，取自然对数；②以消化吸收经费占技术引进经费比重衡量企业消化吸收引进技术的程度（XHXS_JSYJ）。将上述变量分别代入式（5.1）进行回归分析，结果如表5.3所示，企业从外部引进技术的多少对消费增长的影响并不显著，而企业消化吸收引进技术的程度却对消费增长具有显著的正向作用，企业进行技术改造也能够促进消费的增长，上述结果验证了假设5.2。如果企业只重视技术引进而忽视技术消化吸收，则引进的技术难以转化为实际生产力，只有充分消化吸收引进技术才能对企业创新活动产生实质性影响，进而提高市场供给质量，促进消费增长。

表 5.3　　　　　　　　　　进一步分析结果

被解释变量	OLS		
	(1)	(2)	(3)
	lnC	lnC	lnC
ln*GMGN_GDP*	-0.0011 (0.0024)		
ln*JSYJ_GDP*		0.0003 (0.0024)	
XHXS_JSYJ			0.0002* (0.0001)
Controls	是	是	是
_Cons	2.8570*** (0.7061)	2.8833*** (0.7262)	2.8750*** (0.7101)
R^2	0.9915	0.9915	0.9915
N	570	570	570

第三节　小结

消费和创新作为中国经济向高质量发展转变的两大引擎,对中国经济发展起着不可替代的作用。因此企业如何以创新驱动来提升产品和服务质量,从而更好地促进消费增长及消费升级是亟待研究的课题。本节利用 1998—2016 年中国省级面板数据,从宏观层面实证检验了企业创新对中国居民消费增长的影响。研究结果表明,增强企业创新能力有利于促进国内消费增长,提升企业创新水平是实现双循环格局的重要抓手。企业应从战略层面充分认识到不断创造消费需求的重要性,始终以消费者为中心,将创新作为企业经营转型和管理转型的主要抓手,不断创造新的消费需求,不断为消费者创造新的价值体验,不断创造与消费者沟通的新渠道。另外,企业创新过程中单纯的技术引进对消费增长的直接促进作用不显著,只有注重引进技术的消化吸收,才能将引进的技术真正用于既有产品的升级改造或新产品的开发,从而提高产品满足消费者的效能,促进消费的增长。

第六章
司法保护与企业创新

第一节 问题提出

作为推动经济高质量发展的重要驱动力，企业创新是中国实施质量强国战略的中坚力量，而加强对创新质量的重视程度则是提升中国企业创新能力的必然选择。在新一轮科技革命高速发展的背景下，全球创新活动已然步入新一轮爆发期，新能源、新材料、新信息、新生物技术等方面取得多点突破，这带来了国际竞争与合作格局的重新洗牌。近年来，中国在创新方面的进步举世瞩目，中国创新投入的规模和增速已进入世界前列，研发支出从2006年的0.3万亿元增长到2019年的2.17万亿元，年均增长16.4%；专利申请数量持续保持全球领先地位，2019年中国国际专利申请总数超越美国跃居全球第一，中国已成为知识产权大国。然而，中国企业创新质量的"短板"仍然十分突出，与发达国家之间仍存在较大差距，专利产出多为低价值、易模仿的非发明专利。根据国家知识产权局最新公布的数据，2019年中国发明专利的申请量为140.1万件，同比下降了9%（见图6.1），发明专利的授权率仅44%，创近年新低，企业创新能力不足、创新质量低下等一系列问题严重制约了科技创新对中国经济高质量发展的拉动作用。除受企业自身创新能力和外部环境的限制外，部分企业为享受各种政府优惠政策而采取的研发操纵行为也是导致企业非发明专利产出增加的重要原因（杨国超等，2017）。然而，非发明专利对中国经济发展的边际作用正在逐渐减小（毛昊等，2018），政府迫切需要强化对发明专利的政策倾斜，引导市场和企业提高对发明专利的重视程度，实现企业创新质量的稳步提升。为此，国务院在《2020年深入实施国家知识产权战略加快建设知识产权强国推进计划》中明确提出"强化知识产权质量导向，推动地方全面取消实用新型、外观设计和商标申请注册环节的资助与奖励"，中国证券会2020年发布的《科创属性评价指引（试行）》也将发明专利作为科创板科创属性评价的主要指标之一。因此，"高质量的发明专利才有高价值"已成为越来越多企业的共识。那么，如何才能更有效地促进企业提高创新质量？除政府的积极引导和大力扶持以外，依靠市场的力量促进企业创新活动的内生性提档升级才是根本之道，为此，更加需要强有力的司法保护为企业的创新活动保驾护航。

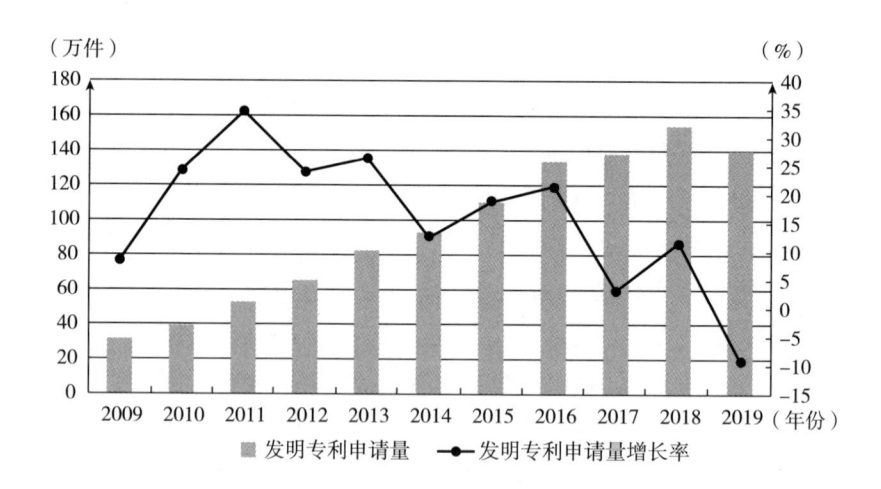

图 6.1　2009—2019 年中国发明专利申请量与增长率

资料来源：国家知识产权局。

第二节　司法保护影响企业创新的文献综述

虽然司法保护能否以及如何影响企业创新是"法与创新"领域的核心问题，但迄今为止的法与创新研究大多以知识产权保护为切入点，且争议颇多。主流观点一般强调知识产权保护对技术进步的促进作用（Arrow，1962；Basu and Weil，1998），而以 Helpman 为代表的一些学者则认为，过强的知识产权保护会提高技术扩散成本而抑制创新意愿。还有一些学者发现知识产权保护与技术创新之间可能存在非线性关系（Shapiro，2001；Donoghue and Zweimüller，2004），并提出了"最优知识产权假说"（Park，2008）。Branstetter 等（2006）、Allred 和 Park（2007）等学者的研究表明，由于发展阶段的差异，知识产权保护与发达国家企业创新之间呈现"U"形的变化关系，但可能抑制或并不会影响发展中国家的企业创新。就国内相关研究而言，近年来的大多数研究主要强调知识产权保护对中国企业创新的促进作用（史宇鹏和顾全林，2013；尹志锋等，2013；吴超鹏和唐菂，2016），也有少数学者持相反观点，庄子银和丁文君（2013）认为，知识产权保护对中国企业创新呈现负向效应，高洁等（2015）发现，知识产权保护对企业的发明专利产出并没有显著影响。还有学者尝试从更多更广的角度去审视法与创新的关系，Levine（1998）认为，法律保护还能缓解政府对市场的过度干预，有利于营造公平的创新环境；温军（2011）、鲁桐和党印（2015）发现与投资者保护相关的法律有助于增加企业创新的资金和人员投入；潘越等（2016）针对专利侵权诉讼的研究认为，专利侵权诉讼能够激励原被告双方的企业创新；倪骁然和朱玉杰（2016）从劳动保护角度，发现《中华人民共和国劳动合同法》的实施对劳动密集型企业的创新活动具有显著促进作用。然而，无论是知识产权保护、投资者保护还是劳动保护，都只是司法保护中的一环，仅仅从单一角度进行分析可能低估司法保护对创新的影响，无法勾勒出法与创新关系的全貌，研发资金的筹集、研发设备和材料的交易、研发人员的雇用、研发成果的转让等环节同样会受到司法保护的影响，法与创新的相关研究急需向更深入、更全面的领域拓展。而且比较遗憾的是，针对企业创新，已有研究关注的重点一般在于企业的创新投入、创新产出和创新效率等方面，鲜有研究考察司法保护如何影响企业的创新质量，忽视了国家创新战略转变大背景下创新质量的重要地位，有可能使研究结论缺乏现实的指导意义。此外，司法保护作为中国宏观调控体系的重要组成部分，在对企业微观经济行为产生直接影响时，往往同时存在间接作用途径，即司法保护不仅能够直接影响企业提升创新质量的主观意愿，还可能作用于企业创新质量的其他重要影响因素，从而间接影响企业创新质量。

第三节　司法保护影响企业创新的理论分析

一　司法保护与企业创新质量

由于企业的研发活动具有高投入、周期长和回报不确定等风险，其交易成本往往异常高昂，如果缺乏有效的法律保护，企业创新行为会受到极大的抑制。很多学者认为司法保护对中国企业的创新具有明显的促进作用（纪晓丽，2011；杨进和张攀，2018），然而创新具有一定层次性，企业也有不同的创新动机，司法保护对企业创新的作用也可能存在一定的偏向性。首先，技术含量较高的发明专利具有更大的经济价值（龙小宁等，2018），一旦遭到侵权，企业将承担巨大的经济损失，所以更依赖司法保护来阻止侵权行为发生或避免损失进一步扩大，相对而言，实用新型和外观设计专利由于技术难度较小和模仿门槛低，难以从法律的角度准确判断侵权与否，且通过法律诉讼维权的成本与专利本身的经济价值不对等，因此实用新型和外观设计的专利所有者较少选择通过法律途径止损（周洲等，2019）。其次，从企业创新的动机来看，企业进行创新行为的目的通常包括推动企业技术进步以保持竞争优势、迎合政府政策以获取更多利益等，因此黎文靖和郑曼妮（2016）将企业创新分为实质性创新和策略性创新，分别代表高价值、高质量的发明专利以及技术水平较低的实用新型专利和外观设计专利。而不同类型的创新对司法保护的依赖性存在一定差异，韩美妮和王福胜（2016）认为，有效的司法保护对企业的发明专利产出有明显的促进作用，而高洁等（2015）以及易倩和卜伟（2019）分别从省份知识产权保护水平和知识产权执法力度的角度进行研究发现，司法保护对非发明专利的促进作用显著大于对发明专利的促进作用。由此可见，司法保护对企业不同类型创新的影响存在不确定性，还需要进一步的理论分析和实证检验。

笔者认为，受创新固有的层次性、国家发展战略变化以及企业预算约束等因素的影响，企业的创新动机可能相应地发生转变，司法保护与企业不同类型创新以及创新质量之间的关系也会发生相应的变化。首先，由于实质性创新和策略性创新所蕴含的技术含量、前期成本和经济价值存在较大差异，所以一旦发生专利侵权行为，开展实质性创新的企业将蒙受巨额损失，因此这类企业亟须寻求法律的庇护来维护自身的合法权益，努力减少侵权行为给企业带来的负面影响。其次，近年来，中国的国家发展战略逐渐由建设创新大国向打造世界科技创新强国转变，政府陆续出台相关文件，支持企业开展高质量的实质性创新，加强专利的审查力度，提高中国的创新质量以推动经济高质量发展，而法律作为国家宏观政策的重要一环，也会更侧重于保护企业实质性创新。再次，由于资源具有稀缺性，企业的创新活动必然受到预算约束的限制。在国家日渐重视创新质量的大背景下，企业的创新选择会向实质性创新倾斜，进而对策略性创新产生"资源挤出效应"，司法保护对策略性创新的促进作用也会相应地减弱。最后，企业为迎合政府政策所采取的研发"粉饰"行为虽有利于增加企业的实用新型专利，在短期内提升企业的专利总数，但最终会造成企业对创新质量的长期忽视，而较高的司法保护水平可以通过加大对企业投资者和产权的保护力度，增加企业机会主义行为的成本，有效减少企业的研发"粉饰"行为，使企业将资源更多地投入高价值的实质性创新（杨国超等，2017）。

基于以上分析，本节提出以下假设：

假设6.1：在其他条件都相同的情况下，司法保护能够增加企业的实质性创新，减少策略性创新，从而提高企业的创新质量。

二 司法保护对企业创新质量的作用机制

由于企业创新质量的提升主要源于企业实质性创新产出数量的增加，所以司法保护与企业创新质量之间的关系可以通过实证考察司法保护对企业实质性创新的影响来近似代替。根据前文理论分析，司法保护能够直接提振企业实质性创新的意愿，除此以外，司法保护是否还能通过间接途径影响企业的实质性创新行为？既有研究表明，企业创新质量提升往往面临"融资约束""技术储备不足""信息不对称"三个大难题，因此我们将以资金效应、技术效应和信息效应为切入口，以企业实质性创新为主要研究对象，考察司法保护对企业创新质量的间接作用机制（见图6.2）。

（一）资金效应：缓解企业融资约束

企业创新需要持续的大量资金投入，研发过程中容易遭遇资金紧缺的难题（Hall and Lerner，2010），资源依赖理论认为，没有组织在发展

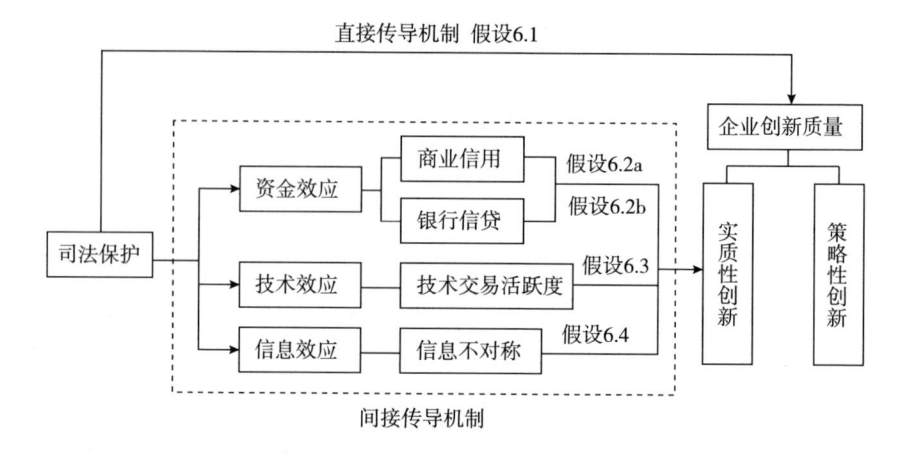

图6.2 司法保护影响企业创新质量的作用机制

资源方面是能够完全自给的，仅仅依靠企业自有资金难以满足创新资金需求，因此外部融资逐渐成为企业获取研发资金不可或缺的重要途径（解维敏和方红星，2011；谢家智等，2014）。根据优序融资理论，当企业投资活动面临内部资金不足时，一般首先选择债务融资作为主要资金来源，而银行信贷和商业信用是企业获取债务融资的主要渠道。一方面，以银行信贷为代表的债务融资可以有效缓解企业的资金约束，从而维持研发活动的正常进行（马光荣等，2014）。另一方面，非正规金融形式的商业信用可以延后企业购买中间投入品的货款支付时间，为企业带来短期的资金融通；商业信用还具有简便的融资手续和灵活的融资期限等特点，是企业获取外部融资的重要渠道（张杰等，2012；孙浦阳等，2014），进而缓解企业研发的资金压力。由于中国的金融市场尚不发达，而金融市场的发展离不开自由、平等竞争的市场经济秩序，司法保护能通过债权人的产权保护，优化资源配置，使银行更愿意增加信贷供给（张健华和王鹏，2012）。司法保护也可以通过加大契约保护，提高违约成本，减少商业信用中违约、毁约行为的发生，提高市场交易双方的信任度，进而提升商业信用的可获得性。相对而言，企业实质性创新更需要高额、稳定、长期的资金供给，而司法保护可以通过资金效应有效缓解企业实质性创新面临的资金短缺困境，减少研发资金约束对企业创新质量的抑制作用。

基于以上分析，本节提出以下假设：

假设6.2a：司法保护可以通过推动商业信用来促进企业创新质量的提升。

假设6.2b：司法保护有助于帮助企业获取银行信贷从而促进企业创新质量的提升。

（二）技术效应：活跃技术市场交易

研发活动不能"闭门造车"，高质量的研发活动往往需要来自组织外部的新技术信息，而外部的新技术信息主要来自技术交易市场中的交易和信息交流所产生的技术知识外溢（蔡虹和张永林，2008），技术交易市场有助于提高技术资源配置效率，而技术交易市场规模和活力则反映了一个地区的科技创新与转化能力（张欣炜和林娟，2015）。庄子银和段思淼（2018）发现，技术交易市场能显著影响企业创新，对实质性创新的促进作用最大。技术交易市场主要通过提供企业创新所需的外部知识，以及引导企业开展以市场需求为导向的创新活动，从而提高企业的研发能力。一方面，随着知识经济时代的到来，从技术交易市场获取研发所需的技术知识变得更加容易（Granstrand et al.，1992），可以帮助企业克服自身研发技术能力的不足。另一方面，创新受到市场需求的引导和制约（Schmookler，1966），以市场为导向、满足市场需求的创新本身就是高质量的创新，而连接着技术商品供求两端的技术交易市场，由于具有降低创新风险和信息传递的功能，可以同时提高市场上卖方的技术供给意愿以及买方对技术商品的需求，进而推动企业创新质量的提升（谭开明和魏世红，2009）。然而，技术交易市场的正常运行离不开良好的司法保护，技术交易的本质是知识产权和利益的转移，同普通商品交易相比，技术交易对契约保护环境的依赖性和要求更高，因此，只有在技术交易双方的权益都得到较好保护时，技术交易才能顺利有序地进行（胡凯等，2012）。因此，司法保护有助于营造和维持良好的技术交易市场环境，激发技术市场活力，通过技术效应补齐企业的研发能力短板，引导企业开展以市场为导向的高质量创新，推动企业创新质量稳步提升。

基于以上分析，本节提出以下假设：

假设6.3：司法保护有助于活跃技术市场交易从而促进企业创新质量的提升。

（三）信息效应：减少研发信息不对称

由于企业创新活动具有内在不确定性、高风险性、高专业性等特点，使财务报表对企业研发信息的表达通常不充分，企业和外部投资者之间在创新活动方面容易产生信息不对称（徐欣和唐清泉，2010）。此外，为了实现自身利益的最大化，企业中普遍存在过度的盈余管理行为，造成企业会计信息失真，从而进一步加剧企业内外的信息不对称。尤其对于企业实质性创新而言，这种信息不对称会导致外部投资者低估企业高质量研发项目的价值（Holmstrom，1989），抑制企业管理层以及研发人员的研发热情，降低企业的研发意愿（Manso，2011）；投资者因信息不对称产生的逆向选择还会提升企业研发资金的获取难度，提高企业的资本成本（Myers and Majluf，1984），加剧企业融资约束程度，迫使企业削减或放弃实质性创新的资金投入，不利于企业创新质量的提升。而良好的司法保护能够有效规范企业的会计信息披露，对违反信息披露要求的违法违规行为加以惩戒（方红星等，2017），可以显著提升企业信息披露的质量和透明度（Francis and Wang，2008；何平林等，2019），抑制企业的盈余操纵行为（Francis et al.，2016），加强市场监管者、分析师和外部投资者对企业不恰当盈余管理的识别（Doukakis，2014），缓解信息不对称，降低融资成本（陈钦源等，2017；余明桂等，2017）。此外，信息不对称的缓解还能为企业吸引协同创新的合作伙伴（Häussler et al.，2009），推进合作共赢的技术研发模式，加速企业创新质量提档升级。

基于以上分析，本节提出以下假设：

假设6.4：司法保护有助于缓解信息不对称从而促进企业创新质量的提升。

第四节 司法保护影响企业创新的实证检验

一 研究设计

（一）样本选择与数据来源

本节以2009—2016年中国沪深两市制造业上市公司为样本，企业创新质量数据来自国泰安（CSMAR）数据库和中国国家知识产权局专利数据库；司法保护数据来自《中国分省份市场化指数报告（2018）》；上市公司财务报表数据来自国泰安（CSMAR）数据库。由于2008年爆发了国际金融危机，导致全球经济大衰退，对中国企业的创新行为有较大影响，为最大限度剔除其他外部冲击对企业创新的影响，选择2009年作为研究的起始年份。并且以2012年的《上市公司行业分类指引》为标准，采取两位代码行业分类，将制造业分成了29个大类。

此外，对样本进行了如下筛选：①剔除ST或*ST企业；②剔除主要变量缺失的样本观测值，最终得到10143个观测值。对所有连续变量进行上下1%的缩尾处理，从而缓解样本离群值的影响。

（二）模型设定与变量说明

参考魏浩和巫俊（2018）的模型，构建如下计量模型：

$$Innovation_{ijt} = \alpha_0 + \alpha_1 Law_{jt-1} + \alpha_2 Control_{ijt-1} + \mu_t + \mu_h + \varepsilon_{ijt} \qquad (6.1)$$

其中，下标 i 表示企业、下标 j 表示省份、下标 t 表示年份。$Innovation_{ijt}$ 代表 j 省的 i 企业在第 t 年的企业创新，分别从实质性创新（$\ln R\&Di$）、策略性创新（$\ln R\&Dud$）和创新质量（$\ln Index$）三个维度来衡量企业创新。Law_{jt-1} 代表 j 省 $t-1$ 年的司法保护水平，$Control_{ijt-1}$ 代表企业层面的控制变量矩阵，μ_t 代表时间固定效应，μ_h 代表行业固定效应，ε_{ijt} 为随机扰动项。为了降低内生性影响，将所有自变量取滞后一期。

1. 被解释变量

从企业创新的类别及其加权得分值两个维度来衡量企业创新质量（Faleye et al., 2014）。首先，使用专利申请量作为创新产出的代理变量。相比专利授权量，专利申请量更能真实地体现企业的创新意愿和研发能力，而且，专利最终能否获得授权，存在较强的时滞性和不确定性（齐绍洲等，2017）。另外，技术含量和经济价值较高的发明专利更能体现企业的创新质量，因此我们参考黎文靖和郑曼妮（2016）的做法，将企业创新分为实质性创新（$\ln R\&Di$）和策略性创新（$\ln R\&Dud$）两类，并通过分析比较法律保护对企业创新数量和结构的不同影响来综合判断企业创新质量是否得到了有效提升。同时，基于专利数据的右偏分布特征，将实质性创新和策略性创新申请量加1取自然对数（Tan et al., 2014）。

其次，创新质量体现了企业创新活动的商业价值和社会价值，参考申宇等（2017）的做法，将各类专利申请量的加权得分值作为创新质量的代理变量。根据专利的技术含量和申请的难易程度，分别对发明专利、实用新型专利和外观设计专利赋予 5 分、3 分和 1 分的权重并加总，再对其进行对数化处理，得到企业的创新质量指标（lnIndex）。为消除样本选择性偏误的影响，将企业创新质量的缺失值均替换为零值（Hirshleifer et al.，2013；Seru，2014）。

2. 解释变量

中国的司法保护以宪法为核心，以立法保障与司法保障为主要内容，立法保障将公民权利以法律形式确认下来，而司法保障通过对各种侵权行为进行法律制裁，从而保障公民的权利。相对于立法，法律在执行过程中会面临更多的不确定性，因此更需要通过提升执法的公正和效率、执行力度以及透明度等方式加以完善。我们使用《中国分省份市场化指数报告（2018）》中的各省份历年"市场中介组织的发育和法律制度环境"分指数作为司法保护（Law）的代理变量。在稳健性检验中，我们也使用 6 指标司法保护指数和 4 指标司法保护指数作为司法保护的衡量，以此最大限度地保证实证结果的可靠性。此外，我们将在异质性分析部分围绕司法保护的不同维度进一步探讨司法保护影响企业创新质量的深层次作用机理。

3. 控制变量

借鉴 Chang 等（2015）、张璇等（2017）等的做法，选取控制变量（Control）如下（见表 6.1）：①企业年龄（ln_firmage）：使用样本企业当年所处自然年份减去企业注册年份加 1 取对数表示。②成长机会（MB_ratio）：采用企业账面市值比来衡量。③企业资本结构（Lev）：使用资产负债率来反映。④现金资产比率（Cashassets_ratio）：使用现金资产占企业总资产比率作为代理变量。⑤成长能力（Salesgrowth）：使用企业营业收入同比增速作为企业未来成长机会的代理变量。⑥盈利能力（ROA）[①]：使用企业总资产收益率度量。⑦行业竞争度（HHI5）：使

[①] 选用 ROA 而非净资产收益率（ROE）是因为 ROE 反映的是仅由股东投入的资金所产生的利润率，ROA 则综合考虑了股东和债权人共同的资金所产生的利润率，更能全面反映企业对资产的利用情况。

用赫芬达尔指数作为代理变量。⑧企业资本密集度（ln_firmedpp）：使用企业人均固定资产净额作为企业资本密集度的代理变量，并取自然对数。此外，我们还控制了年度与行业固定效应。

表 6.1　　　　　　　　　　变量定义

变量名称	变量含义	计算方法
lnR&Di	实质性创新	ln（发明专利申请量+1）
lnR&Dud	策略性创新	ln（实用新型专利申请量+外观设计专利申请量+1）
lnIndex	创新质量	ln（5×发明专利+3×实用新型专利+1×外观设计专利+1）
Law	司法保护	王小鲁和樊纲 2018 年公布的"市场中介组织的发育和法律制度环境"分指数
ln_firmage	企业年龄	ln（成立年数+1）
MB_ratio	成长机会	总资产/市值
Lev	企业资本结构	总负债/总资产
Cashassets_ratio	现金资产比率	现金资产/总资产
Salesgrowth	成长能力	（营业收入本年金额-营业收入上年金额）/营业收入上年金额
ROA	盈利能力	利润/总资产
HHI5	行业竞争度	行业赫芬达尔指数，每一行业内所有企业市场占有率的平方和，依据证监会二级行业内企业销售收入计算
ln_firmedpp	企业资本密集度	ln（企业人均固定资产净额），用各省份 1952 年为基期的固定资产投资价格指数平减
Year	年度	年度虚拟变量
Ind	行业	行业虚拟变量，将制造业细分为 29 个行业

（三）描述性统计

从表 6.2 的描述性统计可以发现，实质性创新数量和策略性创新数量的最大值分别为 8911（对数值为 9.0952）和 11196（对数值为 9.3234），均值分别为 37（对数值为 2.1601）和 44（对数值为 2.4223），最小值均为 0，表明制造业企业的专利申请量差异很大，实质性创新的最大值和均值都不及策略性创新，说明中国制造业企业的创新能力参差不齐,且已有创新更多集中于实用新型专利和外观设计专利等技术含量和研发难度较低的策略性创新,缺乏更具实际价值的发明创新。

表 6.2　　　　　　　　　　描述性统计

变量名称	观测值	均值	标准差	最小值	最大值
$lnR\&Di$	10143	2.1601	1.4473	0.0000	9.0952
$lnR\&Dud$	10143	2.4223	1.5742	0.0000	9.3234
$lnIndex$	10143	4.3164	1.6967	0.0000	11.3459
Law	10143	8.6980	4.6283	-0.7000	17.2434
$ln\_firmage$	10142	2.6614	0.3975	1.3863	3.3673
MB_ratio	9864	0.5641	0.2253	0.1279	1.0607
Lev	10143	0.3960	0.2046	0.0445	0.8883
$Cashassets\_ratio$	10140	0.1862	0.1484	0.0142	0.6982
$Salesgrowth$	9356	0.1651	0.3618	-0.4601	2.1874
ROA	10143	0.0444	0.0509	-0.1396	0.1952
$HHI5$	10122	0.2648	0.0709	0.2009	0.5173
$ln\_firmedpp$	10142	2.0719	1.2615	0.4322	7.7923

二　实证分析

(一) 司法保护对企业创新质量的影响

表 6.3 的列 (1) 至列 (4) 汇报了司法保护对企业实质性创新和策略性创新的具体效应。由列 (1) 和列 (2) 的估计结果可知,当不加入企业特征变量,仅控制年度和行业固定效应时,司法保护对企业实质性创新的估计系数为 0.0146,在 1% 的水平下显著为正;进一步控制企业规模、企业年龄、现金资产比率、资本结构和盈利状况等代表企业特征的控制变量后,司法保护对企业实质性创新的估计系数为 0.0183,仍在 1% 的水平下显著为正。该结果意味着司法保护水平每提高 1 个单位,企业下一年的发明专利申请量平均增加约 1.83%。同样,列 (3) 和列 (4) 的估计结果表明,司法保护对企业策略性创新的估计系数在 1% 水平下显著为负,司法保护对企业策略性创新的影响为抑制作用,司法保护水平每提高 1 个单位,将会使企业下一年的非发明专利申请量

平均减少约1.20%。从系数大小来判断,司法保护对企业实质性创新的促进作用要大于对策略性创新的抑制作用。另外,由表6.3列(5)和列(6)的回归估计结果可知,在加入企业特征变量前后,司法保护对企业创新质量变量的回归系数分别为0.0078和0.0085,分别均在10%和5%水平下显著为正,说明司法保护能够显著提高企业的创新质量。列(1)至列(6)的结果使假设6.1得到了验证,司法保护有助于企业创新质量提升主要源于企业创新结构的优化,即司法保护能有效抑制企业的研发粉饰行为,促使企业偏向于实质性创新,从而对策略性创新产生一定程度的"挤出效应",在总体上实现企业创新由简单数量积累到整体质量提升的重要转变。为了检验这一结论的稳健性,我们使用发明专利申请量占专利申请总量的比值作为企业创新质量的代理变量进行了稳健性检验,进一步证明司法保护有助于促进企业增加实质性创新,改善企业的创新结构,进而提高企业创新质量。其他控制变量的回归结果与理论预期基本一致,说明本节的实证结果比较可靠。

表6.3 基本回归结果

被解释变量	实质性创新		策略性创新		创新质量	
	(1)	(2)	(3)	(4)	(5)	(6)
L. Law	0.0146*** (0.0035)	0.0183*** (0.0036)	−0.0118*** (0.0035)	−0.0120*** (0.0036)	0.0078* (0.0040)	0.0085** (0.0040)
L. ln_firmage		−0.0708 (0.0437)		−0.1083** (0.0436)		−0.1212** (0.0483)
L. MB_ratio		0.9262*** (0.0919)		1.1793*** (0.0895)		1.2399*** (0.1026)
L. Lev		2.0072*** (0.1105)		1.7180*** (0.1056)		2.0002*** (0.1224)
L. Cashassets_ratio		0.4072*** (0.1376)		0.3468*** (0.1328)		0.3933*** (0.1525)
L. Salesgrowth		0.0519 (0.0482)		0.0273 (0.0471)		0.0641 (0.0532)
L. ROA		7.4226*** (0.3788)		6.7595*** (0.3849)		8.3025*** (0.4362)

续表

被解释变量	实质性创新		策略性创新		创新质量	
	(1)	(2)	(3)	(4)	(5)	(6)
L.HHI5		0.9556* (0.5267)		0.9320* (0.5263)		1.0960* (0.5812)
L.ln_firmedpp		-0.0849*** (0.0137)		-0.1540*** (0.0139)		-0.1403*** (0.0161)
Year	是	是	是	是	是	是
Ind	是	是	是	是	是	是
_Cons	1.6456*** (0.1253)	-0.2360 (0.2468)	1.6720*** (0.1336)	0.0467 (0.2467)	3.4722*** (0.1548)	1.5611*** (0.2739)
N	8215	7363	8215	7363	8215	7363
R^2	0.1021	0.2147	0.2319	0.3433	0.1392	0.2616

注：括号中为聚类标准误，*、**、***分别表示10%、5%、1%的显著性水平；下同。

值得注意的是，本节的主要研究结论与高洁等（2015）以2004—2009年上市公司数据为对象的研究结论有所不同，可能的原因是，无论国家还是企业，其创新活动通常经历由易到难、由量变到质变的发展过程，在企业创新总体仍处于起步阶段时，主要通过策略性创新快速提升企业的创新数量，实现技术知识和资金等"创新资本"的积累，司法保护也主要表现为对企业策略性创新的促进作用。2011年左右中国开始了由"创新大国"向"创新强国"的转变，国家越发重视创新质量的提升，策略性创新对中国企业发展的边际效用逐渐减弱，而且中国企业经过长期的技术知识和资本积累，也基本具备了开展实质性创新的实力，因此司法保护对企业创新质量的促进作用日益显著。

（二）稳健性检验

为了保证回归结果的稳健性，首先进行了内生性检验，然后又采取替换主要变量的衡量方法、更换样本范围等一系列方法重新进行了检验，以期获得更加稳健的结果。

1. 内生性问题

虽然我们已经对模型的主要解释变量和所有控制变量进行了滞后一

期处理，但仍然可能存在"反向因果"和"遗漏变量"偏误。主要有以下两个方面的原因：一方面，司法保护水平的提升有助于企业进行创新活动，与此同时，法律部门也可能给予创新成果丰富的企业以更多的司法保护，从而使司法保护与企业创新之间产生反向因果的关系；另一方面，虽然我们已控制了影响企业创新活动的一系列企业或行业特征变量，但是仍然可能存在诸如省份差异等影响企业创新质量的遗漏变量。为了缓解模型可能存在的内生性问题，我们主要采取了工具变量估计方法、倾向得分匹配（PSM）以及添加可能的遗漏变量等识别策略。

（1）工具变量法。参考吴超鹏和唐茚（2016）的做法，选取1922年中国各省份基督教大学数量作为主要解释变量司法保护（Law）的工具变量（Christian_Colleges）。基督教大学在宣传西方价值观方面发挥了重要作用，而西方价值观中包含了法治观念，基督教义也包含了尊重私有财产理念，有助于传播财产权利等普通法价值观。因此，该变量可以反映各省份对法律观念的历史暴露程度（Fang et al.，2015），与各省份司法保护水平相关联。

表 6.4 报告了 IV 回归的估计结果。在一阶段回归中，F 统计量为 2218.90，大于临界值 8.96（Stock et al.，2002），通过了弱工具变量检验，而且工具变量个数恰好等于内生变量个数，不需要再进行过度识别检验。同时，基督教大学工具变量对司法保护水平的影响显著为正。第二阶段回归中，司法保护的系数方向未发生显著改变，说明控制了可能存在的内生性问题后，司法保护仍对企业实质性创新和创新质量有显著正向影响，对技术含量较低的策略性创新的影响显著为负。

表 6.4　　　　　　　　　　工具变量回归结果

估计方法	第一阶段	第二阶段		
因变量类型	L. Law	实质性创新	策略性创新	创新质量
	(1)	(2)	(3)	(4)
L. Law		0.0217***	−0.0326***	0.0009*
		(0.0075)	(0.0074)	(0.0083)
Christian_Colleges	2.0079***			
	(0.0420)			

119

续表

估计方法	第一阶段	第二阶段		
Year	是	是	是	是
Ind	是	是	是	是
_Cons	是	是	是	是
N	7363	7363	7363	7363
R^2	0.3870	0.2152	0.3404	0.2621
Partial F-test of IVs	2218.90 (0.0000)			

注：F检验的括号中为P值，其余为稳健标准误。

（2）倾向得分匹配估计。以样本期内各省份司法保护水平的平均值为基准，分为高司法保护组（处理组）和低司法保护组（对照组），采用倾向得分匹配方法估计司法保护对企业创新的"处理效应"。在使用倾向得分匹配方法之前，先进行了平衡性检验，并参考主流文献的做法，选择协变量如下：企业年龄（ln_firmage）、成长机会（MB_ratio）、企业资本结构（Lev）、现金资产比率（Cashassets_ratio）、成长能力（Salesgrowth）、盈利能力（ROA）、行业竞争度（HHI5）、企业资本密集度（Assetint）和企业规模（ln_assets）。表6.5的检验结果显示大部分协变量都通过了平衡性检验，表明倾向得分匹配以后，对于受不同程度司法保护影响的企业而言，其特征差异在很大程度上得到消除，而且匹配以后仅损失少量样本。

表6.5 平衡性检验结果

协变量		均值		标准化偏差	t检验	
		处理组	对照组		t值	P值
L.ln_firmage	匹配前	2.6248	2.6843	-15.7	-6.18	0.0000
	匹配后	2.6257	2.6293	-0.9	-0.45	0.6560
L.MB_ratio	匹配前	0.5607	0.6029	-18.2	-7.42	0.0000
	匹配后	0.5612	0.5623	-0.5	-0.23	0.8200
L.Lev	匹配前	0.3938	0.4523	-28.7	-11.70	0.0000
	匹配后	0.3946	0.3926	1.0	0.50	0.6190

续表

协变量		均值		标准化偏差	t检验	
		处理组	对照组		t值	P值
L. Cashassets_ratio	匹配前	0.1810	0.1624	14.1	5.60	0.0000
	匹配后	0.1808	0.1780	2.1	1.03	0.3050
L. Salesgrowth	匹配前	0.1643	0.1539	2.9	1.18	0.2380
	匹配后	0.1648	0.1500	4.1	2.15	0.0320
L. ROA	匹配前	0.0467	0.0357	20.7	8.48	0.0000
	匹配后	0.0464	0.0447	3.2	1.67	0.0960
L. HHI5	匹配前	0.2661	0.2703	−5.6	−2.27	0.0230
	匹配后	0.2660	0.2639	2.8	1.40	0.1620
L. Assetint	匹配前	1.9259	2.1058	−14.3	−5.94	0.0000
	匹配后	1.9268	1.9245	0.2	0.11	0.9150
L. ln_assets	匹配前	7.9851	8.2384	−21.9	−9.00	0.0000
	匹配后	7.9858	7.9552	2.7	1.39	0.1640

PSM配对后的回归结果如表6.6所示，其中列（1）至列（6）分别报告了司法保护对企业创新质量采用1∶1匹配、邻近匹配（$k=4$）、卡尺匹配、半径匹配、核匹配以及局部线性回归匹配的估计结果。其中，ATT表示仅考虑高司法保护省份的平均处理效应，这也是我们最关心的结果。倾向得分匹配估计结果具有较好的一致性，且与基准模型较为接近，司法保护对企业实质性创新和创新质量的平均处理效应显著为正，对企业策略性创新的平均处理效应均不显著，表明样本期内司法保护对企业实质性创新的促进作用更为显著，进一步提高了企业的创新质量，符合本节的基本结论。

表6.6　　　　　倾向得分匹配回归估计结果

	1∶1匹配	邻近匹配	卡尺匹配	半径匹配	核匹配	局部线性回归匹配
	（1）	（2）	（3）	（4）	（5）	（6）
A 被解释变量：实质性创新						
未匹配	0.3193*** (0.0361)	0.3193*** (0.0361)	0.3193*** (0.0361)	0.3193*** (0.0361)	0.3193*** (0.0361)	0.3193*** (0.0361)

续表

	1:1匹配	邻近匹配	卡尺匹配	半径匹配	核匹配	局部线性回归匹配
	(1)	(2)	(3)	(4)	(5)	(6)
ATT	0.1582*** (0.0562)	0.2383*** (0.0464)	0.2368*** (0.0464)	0.2451*** (0.0434)	0.2277*** (0.0419)	0.2518*** (0.0562)
B 被解释变量：策略性创新						
未匹配	0.2390*** (0.0391)	0.2390*** (0.0391)	0.2390*** (0.0391)	0.2390*** (0.0391)	0.2390*** (0.0391)	0.2390*** (0.0391)
ATT	0.0152 (0.0604)	0.0351 (0.0500)	0.0336 (0.0500)	0.0532 (0.0468)	0.0524 (0.0452)	0.0511 (0.0604)
C 被解释变量：创新质量						
未匹配	0.3694*** (0.0411)	0.3694*** (0.0411)	0.3694*** (0.0411)	0.3694*** (0.0411)	0.3694*** (0.0411)	0.3694*** (0.0411)
ATT	0.1376** (0.0656)	0.2058*** (0.0545)	0.2032*** (0.0544)	0.2072*** (0.0509)	0.1997*** (0.0492)	0.2109*** (0.0656)
N	7303	7303	7303	7303	7303	7303

（3）加入宏观控制变量。借鉴高楠等（2017）的做法，在计量方程中进一步增加三个省级控制变量，减少遗漏变量问题对本节回归结果的影响，具体包括用人均GDP对数值衡量的省份经济发展水平（ln-PERGDP），选取第二产业产值占地区生产总值比重作为衡量指标的产业结构（Second），以及用单位面积公路里程衡量的基础设施水平（ln-traff）。检验结果如表6.7第一行所示，司法保护显著促进了企业实质性创新和创新质量，对策略性创新不存在显著影响，与本节的主要结论基本一致。

2. 其他稳健性检验

此外，我们还进行了以下稳健性检验（见表6.7）：①使用6指标司法保护指数替换自变量；②使用4指标司法保护指数替换自变量；③使用企业专利授权量作为企业专利申请量的代理变量；④使用企业发明创新占比作为企业创新质量的代理变量；⑤剔除三大一线城市（北京、上海、广东）企业样本；⑥剔除专利申请量为零的样本；⑦采用负二项分布估计方法。上述稳健性检验结果均表明，司法保护对企业实质性创新和创新质量的影响基本显著为正，对策略性创新的影响显著为负或不显著。由此可见，本节的基本结论稳健可靠。

表 6.7　　稳健性检验回归结果

稳健性检验类型		实质性创新 (1)	策略性创新 (2)	创新质量 (3)
加入宏观控制变量	增加三个省级控制变量（$N=7343$）$L.Law$	0.0103* (0.0053)	−0.0051 (0.0054)	0.0118* (0.0061)
其他稳健性检验	（1）使用6指标司法保护指数替换自变量（$N=7343$）$L.JP6$	0.0746*** (0.0234)	−0.0487** (0.0236)	0.0533** (0.0258)
	（2）使用4指标司法保护指数替换自变量（$N=7343$）$L.JP4$	0.0131*** (0.0031)	−0.0016 (0.0031)	0.0120*** (0.0035)
	（3）使用企业专利授权量替换因变量（$N=7363$）$L.Law$	0.0159*** (0.0032)	−0.0133*** (0.0035)	0.0049* (0.0037)
	（4）使用企业发明创新占比替换创新质量（$N=7114$）$L.Law$			0.0071*** (0.0007)
	（5）剔除北上广企业样本（$N=5345$）$L.Law$	0.0025* (0.0038)	−0.0224*** (0.0037)	−0.0063 (0.0043)
	（6）剔除专利申请量为零企业样本（$N=7114$）$L.Law$	0.0175*** (0.0035)	−0.0140*** (0.0035)	0.0059* (0.0035)
	（7）采用负二项分布估计方法（$N=7363$）$L.Law$	2.3700*** (0.7778)	−0.3348 (0.7031)	8.8661** (4.3345)

注：其他控制变量与基准模型一致，还控制了年份效应和行业效应。

（三）司法保护影响企业创新质量的机制检验

由于实质性创新是企业创新质量提升的主要来源，也是我们关注的重点，且受篇幅所限，我们将围绕司法保护与实质性创新之间的关系，从资金效应、技术效应、信息效应这三个维度来检验司法保护对企业实质性创新的间接影响途径，并将除此以外的剩余影响归结为司法保护作用于企业创新质量的直接途径。为考察不同影响途径之间是否存在差异，我们将基于一元并行多重中介模型展开中介效应研究。

1. 研究方法

根据温忠麟等（2004）构建的中介模型，自变量不仅可以直接作用于因变量，还能通过其他变量对因变量产生间接影响，当同时存在一个自变量和多个关系并列的中介变量时，则构成了一元并行多重中介模型，该模型可以合理估计和检验总体中介效应和个别中介效应，并对不同中介效应之间的差异进行比较。我们参考柳士顺和凌文铨（2009）等学者的做法，结合式（6.1）建立如下计量方程：

$$M_{ijtk} = \beta_0 + \beta_1 Law_{jt} + \beta_2 Control_{ijt} + \mu_t + \mu_h/\delta_p + \varepsilon_{ijt} \tag{6.2}$$

$$Innovation_{ijt} = \delta_0 + \delta_1 Law_{jt-1} + \sum_{k=2}^{n} \delta_k M_{ijt-1k} + \delta_6 Control_{ijt-1} + \mu_t + \mu_h + \varepsilon_{ijt} \tag{6.3}$$

其中，M_{ijtk} 表示分别代表资金效应、技术效应、信息效应的中介变量。一是资金效应：①商业信用（Comcredit），用企业应付账款、应付票据、预收账款之和与总资产的比值表示；②银行信贷（Debt），通过企业获得银行长期贷款与短期贷款之和同总资产的比值来衡量。二是技术效应：技术交易活跃度（Tech），由于企业层面技术交易变量难以获取，选取各省份的技术市场交易总量与 GDP 的比值来反映各省份技术交易的活跃程度。三是信息效应：已有的相关文献主要从上市公司的股价同步性、分析师关注度、上市公司规模和上市年限等角度衡量企业的信息不对称程度（江轩宇等，2017），其中属于第三方机构的分析师能够借助自己的专业性和独立性优势对企业创新信息进行挖掘和解读，并将其传递给投资者，增加投资者可获得的信息数量和质量，缓解企业内外的信息不对称程度（Womack，1996；潘越等，2011），因此我们使用企业的被分析师跟踪人数取对数来衡量信息不对称程度（lnAF），如果被分析师跟踪人数越多，说明信息不对称状况越轻。控制变量因 M_{ijtk} 的不同而有所差异，如果 M_{ijtk} 为省级层面变量，还控制了省份固定效应（δ_p）。此处，式（6.1）和式（6.3）中的 $Innovation_{ijt}$ 仅代表企业的实质性创新（lnR&Di），其他变量如式（6.1）所示。

步骤一，利用式（6.1）考察在没有中介变量的情况下司法保护对企业实质性创新的作用；步骤二，利用式（6.2），中介变量分别对司法保护进行回归；步骤三，将四个中介变量同时加入式（6.1）形成式

(6.3),企业实质性创新对司法保护和所有中介变量回归。Preacher 和 Ha（2008）认为，对于大样本数据可以使用路径系数乘积来检验多重中介效应，因此我们采用多元 delta 方法对总体中介效应以及不同中介效应的比较进行检验，而对于个别中介效应，仍然采用最常用的 Sobel 检验。

2. 中介效应分析与比较

首先，个别中介效应分析。①"资金效应"方面，如表 6.8 列（2）、列（3）和列（7）所示，司法保护经由促进企业获取商业信用和银行信贷途径的 Sobel 检验中的 Z 值分别为 2.0661 和 0.8403，前者通过了 1% 水平下的显著性检验，后者不显著。根据列（2）和列（7）的相关数据计算可得，商业信用途径的中介效应为 0.0007（0.0008×0.8990）。以上结果证实了假设 6.2a，说明在司法保护对企业实质性创新的影响中，商业信用存在部分中介效应，即司法保护水平对债务融资的提升效应主要由商业信用增加驱动；但是司法保护对企业银行信贷的影响不显著，即拒绝了假设 6.2b，出现了"商业信用和银行信贷对司法保护改善反应不同"的有趣现象。可能的解释是：一方面，在中国经济实践中，为了降低信贷风险，弥补金融市场发展和法律保护的不完善，银行在提供信贷时主要依赖厂房、机器设备等固定资产抵押品（钱雪松等，2019），很多企业由于缺乏抵押品等原因遭遇信贷歧视，难以通过银行信贷的方式获取足够的研发资金，相比而言，商业信用具有更高的可获得性和灵活的融资期限，因此许多企业选择用商业信用替代银行信贷（刘仁伍和盛文军，2011），从而对企业的银行信贷产生"替代效应"。另一方面，在中国的制度背景下，信贷资源的配给权主要由政府掌握（Fan et al., 2007），即与司法保护的调控作用相比，政府对企业银行信贷的影响更大，而商业信用源于企业间的商品或劳务交易，较少受到政府的干预，因此司法保护对企业银行信贷的促进作用并不显著，但有助于企业获得商业信用。②从表 6.8 列（4）和列（7）中"技术效应"的检验结果可以发现，司法保护经由提高技术交易活跃度途径的中介效应为 0.0055（0.0080×0.6839），且 Sobel 检验中的 Z 值为 4.0982，在 1% 的水平下显著，说明在司法保护对企业实质性创新的影响中，技术交易活跃度存在部分中介作用，即证明了假设 6.3。说明司法保护的水平越高，越能激发技术市场的活力和买卖双方的交易热情，保障技术市场交易的顺利进行，而技术市场的正常运作又能帮助企业获取创新所需的外部知识，加强技术商品供求双方的信息交流互通，降低企业创新的技术风险，进而提升企业的创新能力和创新意愿，有效促进企业创新质量的提升。③表 6.8 列（5）和列（7）对"信息效应"的检验结果表明，司法保护经由缓解企业信息不对称途径的中介效应为 0.0034（0.0078×0.4324），且 Sobel 检验中的 Z 值为 3.2259，在 1% 的水平下显著，说明在司法保护对企业实质性创新的影响中，信息不对称存在部分中介作用，即证明了假设 6.4。由此可见，司法保护可以提高外界对企业的关注度，促进企业内外的信息交流，减轻信息不对称可能带来的外部投资减少和研发热情下降等阻碍，鼓励企业之间形成协作创新模式，加强创新能力优势互补，进而提升企业的创新质量。

表 6.8 中介效应检验

	直接效应	资金效应		技术效应	信息效应	一元并行多重中介	
	$\ln R\&Di_{t+1}$	Comcredit	Debt	Tech	$\ln AF$	$\ln R\&Di_{t+1}$	$\ln R\&Di_{t+1}$
	（1）	（2）	（3）	（4）	（5）	（6）	（7）
Law	0.0183***	0.0008***	−0.0003	0.0080***	0.0078***	0.0095***	0.0092***
	（0.0036）	（0.0002）	（0.0003）	（0.0016）	（0.0024）	（0.0034）	（0.0034）
Comcredit						0.6083**	0.8990***
						（0.2521）	（0.1892）
Debt						−0.3490	
						（0.2252）	
Tech						0.6739***	0.6839***
						（0.0942）	（0.0942）
$\ln AF$						0.4300***	0.4324***
						（0.0162）	（0.0163）
Controls	是	是	是	是	是	是	是
Year	是	是	是	是	是	是	是
Ind/Prov	是	是	是	是	是	是	是
_Cons	−0.2360	−0.0847***	0.0432	1.2176**	2.0973***	−1.2231***	−1.2085***
	（0.2468）	（0.0158）	（0.0432）	（0.4415）	（0.1555）	（0.2307）	（0.2311）

续表

	直接效应	资金效应	技术效应	信息效应	一元并行多重中介	
	$\ln R\&Di_{t+1}$	Comcredit	Debt	Tech	$\ln AF$	$\ln R\&Di_{t+1}$	$\ln R\&Di_{t+1}$
	(1)	(2)	(3)	(4)	(5)	(6)	(7)
N	7363	10143	10143	240	9062	7343	7343
R^2	0.2154	0.4601	0.4210	0.3310	0.287	0.304	0.303
Sobel 检验（Z 统计量）		2.0661**	0.8403	4.0982***	3.2259***		

注：为了统一表格格式，我们将式（6.1）和式（6.3）中的解释变量和被解释变量均提前一期，即在表格中分别记为 Law 和 $\ln R\&Di_{t+1}$，以增强表格的可阅读性，但回归结果并未因此发生实质性改变；由于银行信贷途径的中介效应并不显著，因此在列（7）中去掉该变量以提升实证结果的准确性。

其次，总体中介效应分析。对上述中介效应进行加总可得各个中介变量的总体中介效应为 0.0096（0.0007+0.0055+0.0034），使用多元 Delta 法对总体中介效应的显著性进行检验，结果为 Z=7.63，在 1% 的水平下显著。说明司法保护通过资金效应、技术效应和信息效应这三种途径对企业实质性创新产生了正向影响，对企业创新质量提档升级产生了积极作用。进一步计算可得司法保护影响企业创新质量直接效应为 0.0092，多元 Delta 法检验结果为 Z=2.74，在 1% 的显著性水平下显著，即在剔除经由资金效应、技术效应和信息效应这三种途径产生的中介效应之后，司法保护的完善仍能显著提高企业的创新质量。这说明，虽然帮助企业获取商业信用这一非正规金融工具、补齐企业技术短板以及缓解企业内外的信息不对称是司法保护帮助企业创新质量提档升级的重要机制，但是司法保护对企业创新质量的促进作用主要来自直接效应。

最后，个别中介效应比较。前文的分析表明，司法保护经由资金效应、技术效应和信息效应这三种途径对企业创新质量产生的中介效应分别为 0.0007、0.0055 和 0.0034，在总体中介效应中分别占比 7.29%、57.29% 和 35.42%，两两之间的差异分别为 −50.00%、21.88% 和 −28.13%。由此可见，通过提高技术交易活跃度产生的中介效应无论是在绝对值上还是在总体中介效应的占比中均远远高于其他两种途径，而通过促进企业商业信用获取产生的中介效应则相对最小。而且，通过提高技术交易活跃度产生的中介效应与其他途径的差异的显著性水平均低于5%，而另外两种途径中介效应之间不存在显著差异，说明与促进企业商业信用获取和缓解企业信息不对称相比，司法保护通过提高技术交易活跃度产生的中介效应最明显。

以上对中介效应的分析结果表明，资金效应、技术效应和信息效应是司法保护作用于企业创新质量的三个重要途径，但是剔除这三种中介效应后，司法保护本身对改善企业创新质量的促进作用仍然显著，说明司法保护对企业创新质量的直接效应显著。而且，与另外两种途径相比，提高技术交易活跃度对改善企业创新质量的效果最为明显，是司法保护提升企业创新质量的重要渠道。我们从以下三个方面解读这一结果。第一，在银行信贷相对难以获取的情况下，融资期限灵活、融资手续简易的商业信用替代银行信贷成为缓解企业融资约束的重要途径，但是作为一种非正规金融工具，商业信用同时具有融资成本较高、金额有限、周期较短等缺点，仅能满足企业研发活动的短期资金需求，进而限制了商业信用对企业创新质量的促进作用。第二，企业内外的信息不对称主要源于企业内部的盈余管理以及企业研发项目的价值传递，虽然分析师能够通过自身的专业知识有效识别企业的不恰当盈余管理，分析和评估企业研发项目的未来价值，从而减轻企业的信息不对称，然而考虑到实质性创新的多样性、专业性和复杂性，分析师难以准确辨别各类高技术研发项目的价值差异，从而削弱了被分析师关注度对企业信息不对称的缓解作用。第三，根据前文理论分析，技术市场的有效运行能够帮助企业以更低的成本获取所需的技术知识，从而生产满足市场需求的高质量产品；除此之外，发达的技术交易市场还有助于提高企业创新成果转化率，从而为企业带来高额的研发利润，激发企业进行实质性创新的热情，并为企业开展下一轮研发活动提供充足的资金支持，因此，活跃的技术交易市场对于提升企业创新质量至关重要。

三 异质性分析

为考察企业的异质性对基本回归结果的影响，我们进一步根据司法保护不同维度、企业行业属性、企业生命周期以及企业所在地的社会信任水平分别进行异质性分析。

(一) 司法保护不同维度的影响

由于司法保护的内涵丰富，因此我们将司法保护分为公正、效率、执行、透明度以及法律中介组织五个维度，深入考察司法保护的不同维度对企业创新质量的影响差异。由于中国等发展中国家普遍存在严重的立法与执法相分离以及法律执行效率低下等问题（Pistor et al.，2000），许多学者认为加强对法律执行的保障更有利于提高中国的法律保护水平，而中国的法律执行主要包括司法执行和行政执行，其中司法部门是法律的主要执行者，法院又是行使司法执行权的核心司法部门，因此我们以各省法院的相关司法数据为依据衡量司法保护的不同维度：①公正：公正是司法保护的重要体现，检察院抗诉是法律执行是否公正的重要依据。我们参照周洲等（2019）的做法，以各省份每年的民事及行政一审结案数和刑事一审结案数为权重，将民事及行政抗诉件数与民事及行政一审结案数之比、刑事抗诉件数与刑事一审结案数之比合成司法公正指标，用倒数法将其正向化，并取自然对数，数值越大说明司法公正性越强。②效率："迟到的正义就是非正义"，效率的提高也是公正价值必不可少的一部分，用法院案件的结案率表示，数值越大说明司法保护的效率越高。③执行：法院公正判决只是实现了"名义上"的司法保护，即"审判公正"，如果当事人不主动履行法院判决，则"执行难"所导致的"司法白条"现象会严重影响司法保护的实现程度。虽然经济学理论一般假设法院的活动都是有效的，"法律保护"一般以公正的司法判决作为实现标志，但中国的司法实践中出现了明显的判决与执行相分离的"司法白条"现象，使司法保护在最终实现环节功亏一篑，被称为司法实践的"肠梗阻"和司法保护的"绊脚石"，只有当司法判决得到有效执行后才能实现"实际司法保护"。中国每年的法院执行收案数平均以两位数增长，已达到每年近650万件，严重损害了司法权威，使司法公信力下降。司法公信力是整个社会信任的风向标，如果司法判决得不到有效执行，则整个公权制度的合理性将受到质疑，也会使社会诚信体系出现断裂和错位。我们用法院执行案件结案数与民事行政一审案件结案数①之比来表示司法执行，数值越大说明司法执行的力

---

① 绝大部分执行案件为民商及行政案件。

度越大①。④透明度：司法公开是法律公开透明的重要表征，选取《中国司法透明度指数报告》中各省每年的司法透明度指数表示司法保护的透明度。⑤法律中介组织：律师、公证、鉴定等法律中介组织是司法保护的重要组成部分，我们以每万人律师数的对数值表示各省法律中介组织的发达程度。参照式（6.1）的做法，将司法保护的各维度均取滞后一期。

从表6.9列（1）至列（5）的回归结果可以看出，司法保护的公正、执行、透明度和法律中介组织均能显著促进企业的实质性创新和创新质量，对企业策略性创新的作用不显著或显著为负，但是司法保护效率的提升对企业实质性创新、策略性创新和创新质量均没有显著作用。可能的原因在于：首先，虽然公正和效率均是司法保护的核心要素，但二者的价值和地位并不完全对等，甚至存在"此消彼长"的相互矛盾性。以公正为前提的效率提升可以有效降低企业的维权时间成本，但是如果一味地追求效率必然导致"欲速则不达"，还有可能增加不公正的判决，反而造成司法保护的扭曲，因此企业实质性创新和创新质量对司法保护的公正和效率改善的反应存在显著差异。其次，提高司法透明度、强化司法执行都有助于提振企业对司法保护的信心，激发企业开展高质量实质性创新的热情，特别是司法执行对企业创新质量的提升作用比较明显，恰好说明在中国较为常见的"司法白条"现象可能对企业创新具有很大的抑制作用，必须对司法保护实现的"最后一公里"予以充分重视。最后，以法律中介组织为代表的私力救济是公力救济的有效补充，一方面，法律中介组织可以利用自身的专业和经验优势提升司法保护程度，提高司法保护的效率；另一方面，法律中介组织可能对不充分的公力救济产生补充作用，二者相辅相成形成对企业的长效法律保护机制，因此法律中介组织的增加也有助于提振企业开展实质性创新的信心，提升企业的创新质量，优化企业的创新产出结构。

---

① 考虑到执行案件的结案时间具有较强的滞后性，本节还使用下一年的执行案件结案数与民事行政一审案件结案数之比作为执行的代理变量进行了稳健性检验，回归结果保持一致。

表 6.9　　司法保护不同维度的异质性分析

	司法保护不同维度				
	公正 (1)	效率 (2)	执行 (3)	透明度 (4)	法律中介组织 (5)
A 被解释变量：实质性创新					
L. 公正/效率/执行/透明度/法律中介组织	0.1518*** (0.0254)	-0.2803 (0.3369)	0.3062** (0.1489)	0.0063*** (0.0012)	0.2449*** (0.0262)
B 被解释变量：策略性创新					
L. 公正/效率/执行/透明度/法律中介组织	-0.0491* (0.0252)	-0.1632 (0.3288)	-0.1365 (0.1461)	0.0018 (0.0011)	-0.0240 (0.0269)
C 被解释变量：创新质量					
L. 公正/效率/执行/透明度/法律中介组织	0.0873*** (0.0277)	-0.2056 (0.3669)	0.2450* (0.1623)	0.0053*** (0.0013)	0.1629*** (0.0281)
N	7343	7343	7343	7065	7343

（二）企业行业属性的影响

依据2017年国家统计局发布的《高技术产业（制造业）分类》，将样本分为高科技企业和非高科技企业。从表6.10列（1）和列（2）的回归结果可以看出，司法保护对高科技企业总体创新质量的提升作用不显著，可能的原因在于，虽然司法保护能够显著增强高科技企业的实质性创新，但同时也会大幅度地减少高科技企业的策略性创新，而且从系数绝对值的大小来看，司法保护对策略性创新产出的减少效应明显大于对实质性创新产出的增加效应，说明司法保护对高科技企业创新的促进作用并不在于创新产出数量的增加，而在于创新产出结构的优化，这也是一种创新质量提升的表现。另外，相比于高科技企业，司法保护对非高科技企业创新质量的影响反而更加明显，对于非高科技企业的实质性创新有显著的正向作用，对策略性创新有正向作用但不显著。可能的解释是，高科技企业本身就以创新作为其核心竞争力，具有"天然的创新活力"（洪少枝等，2011），而非高科技企业通常对标准化的生产工艺和生产流程有更大现实需求。然而，随着时代的发展和国家创新驱动战略的实施,创新成为所有企业应对市场竞争的共识,近年来非高科技企业的创新意愿大幅提高。虽然实质性创新的优势一目了然,但由于创新能力和资源的限制,非高科技企业并不会都施行"一步到位""好高骛远"式的创新策略,对策略性创新仍有一定需求(毛昊等,2018)。因此,司法保护的增强会产生"叠加效应",对非高科技企业的实质性创新产生较大的边际作用,对其策略性创新也不会产生明显的挤出作用。

表 6.10　　　　　　　　其他异质性分析

	企业行业属性		企业生命周期		省份社会信任水平	
	高科技	非高科技	成熟期	成长期	高	低
	(1)	(2)	(3)	(4)	(5)	(6)
A 被解释变量:实质性创新						
L. Law	0.0139***	0.0230***	0.0303***	0.0090*	0.0063*	0.0365**
	(0.0045)	(0.0061)	(0.0054)	(0.0049)	(0.0055)	(0.0157)
B 被解释变量:策略性创新						
L. Law	−0.0249***	0.0091	−0.0058	−0.0180***	−0.0172***	0.0406**
	(0.0043)	(0.0064)	(0.0053)	(0.0050)	(0.0054)	(0.0160)
C 被解释变量:创新质量						
L. Law	−0.0006	0.0215***	0.0201***	−0.0006	0.0015	0.0555***
	(0.0049)	(0.0070)	(0.0059)	(0.0056)	(0.0063)	(0.0173)
N	4746	2617	3746	3617	4645	2718

注:企业层面控制变量与基准模型一致,同时还控制了年份效应和行业效应;此处分别进行了组间系数差异检验,检验结果中 P 值均趋近于 0,说明上述分组的组间系数有显著差异。

(三) 企业生命周期的影响

技术创新是一项高风险、高投入和高收益的活动,当企业处于不同的发展阶段时,其目标、优势和所受约束会相应地发生变化,对于创新的需要也存在差异(陈收等,2015)。我们参考张杰等(2012)的做法,根据企业成立年限是否大于其所属行业各年份的企业年龄均值,将企业样本分为成熟期企业和成长期企业两组。由表 6.10 列(3)和列

（4）的回归结果可知，司法保护对成熟期企业实质性创新和创新质量的回归系数显著为正，对其策略性创新的影响不显著；而司法保护对成长期企业实质性创新和策略性创新的作用方向正好相反，且对实质性创新的促进作用较弱。说明司法保护明显增加了成熟期企业的实质性创新，有助于企业提升创新的经济价值，总体上提高了成熟期企业的创新质量；虽然司法保护对成长期企业的实质性创新也有一定正向作用，但对于成长期企业的策略性创新有明显的挤出效应。可能的解释是，一方面，经过长时期的生产经营、资源积累和市场优胜劣汰，成熟期企业往往能成为某个细分市场的行业领导者，且拥有较大的市场份额、较为充足的资源、更多的社会关系积累以及高素质的法律顾问团队（潘越等，2016），有助于企业创新活动的开展。而且，在国家创新驱动和质量强国战略的驱动下，实质性创新的优势日益显著，因此实力雄厚的成熟期企业有更强的动机开展高价值的实质性创新，来获取国家政策倾斜的红利和市场竞争优势。另一方面，成长期企业的创新活动尚且处于初期的探索和学习阶段，虽有创新意愿，但受资源和创新能力的约束较大，承受创新风险的能力较差，进行创新活动的能力较弱。而受中国政策导向和市场需求的影响，成长期企业更愿意将有限的资源投入预期回报更高的实质性创新中，从而挤出了策略性创新。因此，司法保护增强对成熟企业创新质量的促进作用更加明显。

（四）区域社会信任水平的影响

作为一种重要的非正式制度，社会信任与正式制度的司法保护之间可能存在替代效应（贾凡胜等，2017），进而影响司法保护与企业创新质量之间的关系。利用张维迎和柯荣住（2002）构建的信任度指数，该指数越大说明省份信任度越高，我们对该指数进行降序排序，根据省份的信任度指数是否位于全国前30%，将企业样本所在省份划分为高社会信任水平和低社会信任水平两组。表6.10列（5）和列（6）的回归结果显示，司法保护对社会信任水平较低省份企业创新质量的促进作用更大；在社会信任水平较高的省份，司法保护的主要作用在于优化企业创新结构，司法保护在一定程度上促进了实质性创新，但抑制了策略性创新，对企业总体创新质量的影响不显著；在社会信任水平较低的省份，司法保护对各种创新类型和创新质量都有显著的促进作用。可能的原因在于：一方面，司法保护和非正式制度的社会信用之间存在替代关系，在社会信任水平较高的省份，非正式制度的社会信任对企业创新决策的影响更直接，司法保护主要在社会信用失效时对企业合法权益提供最后的保障；在社会信任水平较低的省份，企业往往面临较为严重的信息不对称和代理问题，从而需要更高的司法保护水平来弥补非正式制度不足对企业创新活动的负面影响，企业创新对司法保护的依赖性明显增强。另一方面，新结构经济学认为技术创新选择应与要素禀赋结构和发展阶段相匹配（林毅夫，2012），由于社会信任水平较低的省份往往处于经济发展的初期阶段，劳动力资源丰富而资本要素匮乏。虽然在国家创新驱动战略的引导和鼓舞下，部分已经积累了充足要素储备的企业也开始逐步尝试实质性创新，但多数企业在创新方面仍处于技术追赶阶段，进行实质性创新时往往面临较大的资金和技术约束，而开展策略性创新对处于技术追赶阶段的企业而言可以同时实现资本和技术的快速积累（毛昊等，2018），加快企业的发展速度。因此，在社会信任水平较低的省份，司法保护对企业各种创新类型均有显著的促进作用，有助于企业创新质量与数量同步提升；而在社会信任水平较高的省份，经济发展已经进入较为成熟阶段，技术创新水平较高，策略性创新对企业的边际贡献逐渐减弱，只有技术含量较高的实质性创新才能帮助企业实现产品的核心技术升级从而有效提升企业的核心竞争力，因此，在社会信任水平较高的省份，司法保护对企业创新质量的作用主要体现为增加企业实质性创新产出的同时抑制企业策略性创新，最终达到优化企业创新产出结构的效果。

第五节 小结

随着中国经济发展模式从要素投入型向创新驱动型转变，企业面临的生存环境以及竞争环境也愈加复杂，这为企业经营发展带来挑战，驱使创新成为企业应对挑战的重要手段，加快科技创新、提升创新质量、实现企业转型升级成为中国经济实现高质量发展的必然选择。在新的时代背景下，司法保护能够对中国企业创新质量产生何种影响？影响的传导机制主要有哪些？对于不同企业，司法保护的影响又存在哪些异质性？为了回答上述问题，本节以 2009—2016 年中国沪深两市制造业上市公司为样本，实证考察了司法保护对中国企业创新质量的平均效应及影响机制，并分析了异质性因素对本节主要研究结论的影响差异，以期为中国科技创新战略下如何更好地完善和提升司法保护水平提供经验依据。本节的研究发现，司法保护有助于提高企业创新质量，司法保护通过增加企业的实质性创新数量，减少策略性创新数量，优化企业的创新产出结构，进而提高企业的创新质量。在司法保护对企业实质性创新的正向作用中，商业信用、技术交易市场活力以及信息不对称所代表的资金、技术和信息三种效应均存在部分中介效应，即司法保护主要通过这三个中介变量，缓解企业面临的资金约束，降低创新活动的技术不确定性，提高企业进行实质性创新的意愿，进而提升了企业创新质量，其中技术效应是当下司法保护影响企业创新质量的主导中介效应。同时，从司法保护各维度的差异性影响来看，司法保护的公正、执行、透明度和法律中介组织均能显著促进企业创新质量的提升，而司法保护效率的作用并不显著。从企业异质性角度来看，司法保护对非高科技企业、成熟期企业以及社会信任水平较低省份企业的创新质量促进作用更大。

第七章

消费者权益保护对城乡居民消费的影响差异

第一节　问题提出

由于中国的城乡二元结构比一般发展中国家更为突出，农村消费不足是社会总消费增长的主要制约因素。早在20世纪90年代，林毅夫（1999）就提出农村市场是消费掉过剩产能的关键，农村居民具有更大的边际消费倾向，扩大农村消费是提振内需，促进经济可持续发展的重要源泉（李明贤和文春晖，2006）。然而，由于中国的城乡二元结构比较突出，一直以来"轻农村、重城市；轻消费、重积累；轻生活、重生产"的理念根深蒂固，城乡消费差距较大，2019年社会消费品零售总额中农村消费只占14.65%，城乡居民人均消费比为2.11∶1，农村居民消费不足已成为国内消费需求不足的主要表现（周建等，2013），2019年国务院《关于加快发展流通促进商业消费的意见》专门将农村消费培育作为振兴消费的重要举措。因此，探究如何使农村居民的消费潜力得到进一步释放、缩小城乡消费差距具有重要的研究价值。

本节以2014年的《消法》大修作为反映消费者权益保护水平提升的一次准自然实验，选取全国各省份城乡家庭作为研究对象，从《消法》大修对城乡居民消费施加的影响差异出发，分别将样本中的城市家庭和农村家庭界定为对照组和实验组，并探寻以下问题：第一，《消法》大修是否对城乡居民的消费水平产生了差异性影响？第二，《消法》大修对城乡居民消费的影响差异在不同特征省份是否不同？第三，《消法》大修如何影响城乡居民消费结构？回答以上问题可以为如何进一步撬动农村消费、加快乡村振兴等提供科学决策依据。

第二节 消费者权益保护和城乡消费差距的文献综述

已有关于农村居民消费的研究主要可分为两部分，一部分文献探究农村居民消费水平的影响因素。陈文玲和郭立仕（2007）从农村消费条件、消费环境、消费信心和消费习俗等各个方面分析了制约农村消费的因素并提出相应的政策建议。李锐和项海容（2004）采用 GARCH（1，1）模型探究中国农村居民消费支出，发现持久性收入水平是影响农村居民消费的最重要因素，其中，工资性收入和家庭经营性收入增加是支撑农村居民消费支出增加的重要收入来源（陈迅和高晓兵，2011）。孙江明和钟甫宁（2000）通过测定基尼系数和平均消费倾向的关系发现，除了提高收入，缩小农村收入分配差距也能增强消费倾向。姜百臣等（2010）构建了协整模型和误差修正模型，考察了社会保障支出与农村居民消费支出的关系，发现从长期来看社会保障对农村居民消费有着较大的促进作用。如果一个农村家庭进入市场的机会更多，人均消费水平也会随之提高（Shahe and Hou，2008）。李响等（2010）实证探究了人口年龄结构对农村居民消费的影响，发现少儿抚养比的下降和老年抚养比的上升都不利于农村消费率的提升。陈乐一等（2015）基于固定效应模型和 PVAR 模型进行实证分析，结果表明农产品流通效率提升能提高农村消费总量以及显著影响农村消费结构。Li 等（2011）也通过建立多线性回归模型发现发展流通业可以有效刺激农村消费增长。同时也有学者从金融发展（齐红倩和李志创，2018）、城镇化等"消费空间"变化带来的"消费升级效应"（石明明和刘向东，2015）等角度对农村消费的影响因素进行了研究。

另一部分既有文献聚焦于城乡消费差异进行了研究，Fotros 和 Maaboudi（2011）采用 1966—2007 年城乡家庭支出和收入数据实证发现城乡收入的不平等是导致城乡消费差距的重要原因。高觉民（2005）

认为,城乡二元消费结构的加剧是由农村相对落后的消费观念和制度安排引起的。朱诗娥和杨汝岱(2012)通过省际面板数据实证检验发现地区经济发展水平是造成城乡消费差距的重要原因。柳思维和唐红涛(2006)从城乡消费的基础、金融、信息、流通环境等各方面差异着手分析,并提出了相应的缩小城乡消费的对策。郭晗和任保平(2012)通过AIDS模型分析省际面板消费数据,结果表明城乡消费的不同偏好也导致了城乡消费差异的产生,王猛等(2013)发现,土地财政和房价波动能显著影响城乡消费差距。而农村人口向城市迁移、提升农村人口的教育水平以及升级产业结构能有效缩小城乡消费差距(Qu and Zhao, 2008;徐敏和姜勇, 2015)。

  上述研究为如何促进农村居民消费、缩小城乡消费差距提供了丰富的理论基础,但并不能完全解释城乡消费差距,特别是鲜有研究实证考察消费者权益保护对城乡消费差距的影响。由于消费者权益保护是司法保护的重要组成部分,为加强对消费者权益的保护,完善市场消费环境,1993年中国颁布了第一部《消法》,这是中国第一次以立法的方式确认了消费者权益,是中国强化消费者权益保护的重要标志,具有极为深远的意义。然而关于《消法》的既有研究大多从法律视角出发,或者具体考察《消法》某一条款的适用范围(董文军, 2006),以及如何完善《消法》(杨立新, 2010)。而将居民消费与法制因素联系起来的研究主要关注金融消费者的相关权益保护(王宝刚和马运全, 2010),或证实了法制环境的改善对居民消费有着积极影响,但在探究过程中并未采用实证检验(卢嘉瑞, 2006;耿莉萍, 2007),利用实证方法探究法制对农村居民消费影响的文献寥寥无几。随着新交易及新商品的出现,原有《消法》已不能满足消费者权益保护的客观要求,于是历经多次修改和论证的新《消法》于2014年正式实施,新《消法》拓宽了消费者权益保护的范畴,加强了新领域的消费者权益保护,将中国消费者权益保护提升到一个更高层面(王洋和黄进喜, 2014),但新《消法》的实际执行结果还存在争议,程乐(2014)分析了新《消法》实施过程中的不足,认为可能会存在消费者权利范围过大、个人信息保护难以具体落实、赔偿认定和金额存在争议等问题。葛江虬(2015)针对新《消法》中的无理由退货制度进行了分析,发现商家更改退货范围、缺乏一对一确认程序、退货标准过于严苛等问题会影响新《消法》的实施效果。由此可见，《消法》大修的实际效果还需要进一步的深入检验。新《消法》也为考察消费者权益保护水平变化如何影响城乡居民消费提供了很好的研究素材。

第三节　消费者权益保护的制度背景

改革开放以前，中国长期处于计划经济体制下，消费者权益保护运动起步较晚。1984年9月广州市消费者委员会作为中国第一个消费者组织率先成立，1984年12月中国消费者协会由国务院批准成立。之后，各省市县等各级消费者协会相继成立。中国消费者协会于1987年9月被国际消费者组织联盟接纳为正式会员。自20世纪90年代以来，中国陆续颁布了一系列保护消费者权益的法律、法规。1993年，第八届全国人大常委会第4次会议通过了中国第一部《消法》，首次确定了国家保护消费者合法权益不受侵害的方针，该法成为中国消费者权益保护的基础性法律，以该法为核心，形成了由《中华人民共和国产品质量法》《中华人民共和国食品卫生法》《中华人民共和国反不正当竞争法》等法律、法规以及相关司法解释组成的消费者权益保护法律体系，使消费者权益得到了法律的保障。但是随着市场环境的日益复杂和生产力的快速发展，特别是中国加入WTO之后，中国的消费者权益保护制度与国外相比显得较为落后，中国消费者的消费水平、方式、结构以及《消法》的立法环境和基础也发生了很大变化，消费模式与消费品迭代更新，新的商业模式层出不穷，旧有条款已不足以解决消费中出现的新问题，这部曾经启蒙中国消费者权利意识和法治意识的法律已不能完全满足消费者保护的新需求，无法切实保障消费者的合法权益。全国人大常委会于2008年启动了《消法》修改程序，经过五年的反复酝酿和修改，实施近20年的《消法》迎来了首次大修，2014年3月15日，新修订的《消法》正式颁布实施。

此次《消法》大修主要体现在几个方面：第一，加大了对消费欺诈的惩罚赔偿力度，从"双重赔偿"（"1+1"赔偿）变为"退一赔三"，提高了企业违法成本，进一步遏制了商家的违法经营行为。第二，增设了"后悔权"制度，对于通过网络、电话、电视等渠道销售的商品，消费者有权自收到商品七日内无理由退货，即"七日后悔权"入法。第三，将消费维权举证责任倒置，如果消费者在接受耐用商品或装饰装修等服务的六个月内发现瑕疵，举证责任由经营者承担。第四，确立了消费者公益诉讼制度，赋予消协公益诉讼权。第五，加强消费者个人信息保护，经营者不得泄露消费者个人信息。第六，禁止经营者以格式条款免除责任或限制消费者权利。

新《消法》明确了消费者的合法权益，强化了对消费者权益的保护，有助于解决"维权难"问题。《消法》的基本原则是将保护消费者权益置于核心地位，《消法》大修更是与时俱进地增强对消费者权益保护的象征，因此这一法律变化的准自然实验也为考察法律保护如何影响城乡居民消费提供了素材。由于扩大农村居民消费、缩小城乡消费差距是当前振兴消费、扩大内需的主要抓手，因此本节利用《消法》大修这一法律变化的准自然实验，考察消费者权益保护影响城乡居民消费的差异性。

第四节 消费者权益保护与城乡消费差距的理论分析

在消费过程中买卖双方的信息不对称，而且消费者具有有限理性和分散性等特征，消费者往往处于弱势地位，卖方可能采取机会主义行为，使消费产生不确定性或负外部性，导致消费者更加谨慎，甚至减少消费。根据 Bauer 的风险感知理论（Perceived Risk），消费者的购买行为普遍存在对消费结果的不确定性。消费者购买决策的推迟、改变和取消在很大程度上受到风险感知的影响（Kotler，1967），风险感知对消费有着负向作用（吕诗芸，2010）。而社会信任不仅能直接影响消费者的购买态度，还能改变消费者的风险感知进而提高其购买意愿（董雅丽和李晓楠，2010；冯春阳，2017）。从本研究第三章的分析可知，消费行为主要受到基于制度的信任影响，新制度经济学理论认为制度能够通过建立一系列规则减少消费环境的不确定性，因此增进此类信任的关键在于制度，尤其是法律制度，法律制度的强制性和普遍约束力降低了信任的风险。《消法》大修提升了商家的违法成本，降低了消费者的维权成本，有效改善了消费环境，提升了基于法律制度的社会信任，从而降低消费者的风险感知，提高其消费倾向。

另外，消费者具有"偏好逆转"等心理偏误，在做出购物决策时经常犹豫不决，产生"决策矛盾"（Simonson，1992），缩短决策矛盾也能够促进消费（Luce et al.，1997）。由于买卖双方的信息不对称性，买家需要从卖方获得信号以减少信息不确定性，宽松的退货制度被视为优质商品的信号，可以增进消费者对卖方的信心（Moorthy and Srinivasan，1995），因此，宽松的退货制度是良好消费环境的重要组成部分，能够提高消费倾向（王湘红和王曦，2009）。《消法》修订后新设的"后悔权"制度为消费者设立了"冷静期"，使消费者在收货之后能够再次判断自己的购物行为并享有退货权利，向消费者传递了更安全的信号，能够有效提振消费信心。

虽然《消法》大修的法律约束力遍及城乡，但修订的很多条款主要惠及城镇居民的消费需要。新制度经济学理论认为，在很多发展中国家，政策制定往往具有"城市偏向"。中国城乡利益博弈中也存在奥尔森所提出的"数量悖论"现象，由于城市阶层运用其特有的"投票"和"呼声"机制，在政策制定上具有很大的影响力（蔡昉，2003）。虽然中国的城镇化率不断提高，2019年中国的常住人口城镇化率已达60.6%，户籍人口城镇化率也提高至44.38%，但中国农村居民仍然是一个庞大的消费群体，农村消费者虽然数量众多，对于相关法律制定的影响却很微弱，使《消法》大修等立法方面更偏向于考虑城镇消费者的诉求，在法律执行中城乡之间可能也存在差异，具体理由如下：

（1）农村薄弱的商业基础设施是导致城乡消费分割的重要因素（张利庠，2007），而网购是弥补这一缺陷的有力手段，互联网能降低信息的搜寻成本，对网络消费以及引申的家庭其他消费都有促进作用（秦芳等，2017）。在互联网较发达的省份，网购更为普遍，新《消法》修订的主要条款如"七日后悔权"增加和强化了非现场购物尤其是网购的消费者权益保护，更能针对性地提振消费信心。然而，由于使用技能缺乏、文化程度限制以及互联网的普及率差异等原因，城乡之间数字可得性的差异造成了城乡网民数量的明显差异，抑制了网络对农村消费的促进作用。根据第三十八次中国互联网络发展状况统计报告的数据显示，截至2017年12月，全国网民中农村网民仅占27.0%，人数为2.09亿人；城镇网民占比高达73.0%，人数为5.63亿人，非网民仍然以农村居民为主①，城镇地区互联网普及率超过农村地区35.6%。另据CFPS（2018）的数据显示，城镇居民使用互联网的占比为62.2%，而农村居民为43.7%；城镇居民网上消费均值为3945.2元，而农村居民仅为988.3元。因此，《消法》大修可能对网民较多且较集中的城镇地区居民的消费影响较大，城乡之间的"数字鸿沟"不仅阻碍了农村居民的网络消费，也削弱了《消法》大修对农村居民的消费促进作用。

（2）消费经济学理论认为，消费者权益保护会受到各种因素制约，除了法律保护这一外部因素之外，消费者的维权意识和维权能力也是制约消费者权益保护实际效果的主要因素。新《消法》虽然加强了侵权行为的赔偿力度，规定了维权举证责任倒置等有利于消费者诉讼维权的内容，但农村居民的法律观念和维权意识比较薄弱，缺乏维护自身合法权益的维权能力，对相关法律制度变革的敏感度不高，难以及时做出相应的消费决策改变，因此《消法》大修对农村居民消费的激励作用较小。

（3）在农村地区实施新《消法》中的公益诉讼制度会遭遇诸多障碍。消费者是弱小、分散、不特定的大多数，在权利救济程序中处于弱势地位，消费者权利损害也经常表现出"小额多数被害"的特点（钱玉文和骆福林，2011），消费者以个体名义提起诉讼的成本可能超过最终得到的赔偿，阻碍了消费者的维权行为，传统的"一对一"诉讼模式不利于保护数量众多的消费者。新《消法》确立了消费者协会的公益诉讼权，消协可以作为诉讼主体代替消费者向人民法院提起公益诉讼，该制度能够缓解诉讼收益小、诉讼成本高的问题，强化对消费者权益的保护。但农村居民居住比较分散，社会网络联系也比较松散，沟通成本较高，阻碍了集体诉讼这种合作维权行动（傅勇，2005）；同时，农村居民的利益也较为分散，"搭便车"现象突出，难以形成一致的集

---

① 即使到2019年，中国网民中农村网民占比26.3%，规模为2.25亿人；城镇网民占比73.7%，规模为6.3亿人，城乡网民数量仍然差距明显。

体维权行动,进一步阻碍了农村居民集体诉讼行为的产生。虽然消协、律师等法律中介组织能够提供专业法律服务,提高维权效率(刘晓彬,2009),克服农村居民法律素养不高、难以形成集团诉讼等维权短板。然而,法律中介组织在农村分布较少,农村居民通过法律中介组织与其他被侵权消费者进行沟通合作的渠道比较匮乏,缺乏实施公益诉讼制度的客观条件,公益诉讼制度对农村居民消费的实际效果较弱。

综上所述,虽然《消法》大修从总体上说有助于增强城乡居民的消费倾向,但我们预期《消法》大修对消费的影响可能存在城乡差异,从而进一步扩大了城乡消费差距。

由此,本节提出以下假设:

假设7.1:与城镇居民相比,《消法》大修对农村居民消费的促进作用相对更小。

由于中国各省份在经济发展、司法环境等方面都存在明显差异,即使面对同样的消费者权益保护环境变化,城乡居民消费所受到的影响差异也可能有所不同。

第一,黏性信息理论认为,并不是所有消费者都能够基于最全、最新的信息做出消费决策。由于网络基础设施等方面的原因,相比城镇消费者,中国农村消费者存在较高的消费信息更新成本与明显的消费信息滞后特征,消费者权益保护方面的信息也不例外。虽然新《消法》的修订与颁布备受关注,具有完全的信息透明度,但农村消费者具有更高的消费者权益保护信息黏性程度,致使消费者权益保护政策的传导及影响力在城乡之间出现分化,政策效果在农村消费者中可能会大打折扣(宋明月和臧旭恒,2018)。另外,由于各省份司法部门的司法信息公开程度有较大差异,消费者权益法律保护存在较大的信息不对称,增大了消费者权益保护的不确定性。由于城乡之间存在"数字鸿沟",农村居民在司法信息获取上本来就更显劣势,如果加大司法公开力度,则有利于农村居民获得相关法律信息,及时了解消费者权益保护的法律动态,降低司法部门与农村消费者之间、城镇消费者与农村消费者之间的信息不对称程度。同时,司法公开还能够抑制司法腐败和其他可能存在的"暗箱操作"行为,提高司法公信力(王立民,2013),有利于进一步提振消费信心。因此司法公开能够缓解农村消费者维权过程中的信息不对称程度，缩小法律效果的城乡差异。

由此，本节提出以下假设：

假设 7.2a：在司法信息公开程度较高的省份，《消法》大修对城乡居民消费的影响差异相对较小。

第二，中国东中西部一直存在发展不均衡的现象，在社会经济发展的各方面都存在差异，居民收入水平呈现出东中西递减的趋势，城乡收入差距也表现为东部最小，西部最大（周曙东和刘惠英，2002），东部省份较小的城乡收入差距可能使城乡居民受《消法》大修的影响差异较小。同时，收入因素可能会影响农村消费者的法律意识和维权行为。刘磊等（2014）发现，农民工收入越高，其维权意愿越强；刘金海（2015）对269个村3675个农村居民的问卷调查结果也显示，农村居民收入越高，对法律的公正性和法律的权益保障功能就越认同，法律意识也更强。当消费者权益受到侵害时，收入水平越高的农村居民更倾向于利用法律这一正式制度维护自身权益。因此与中西部省份相比，由于收入水平的优势，东部省份农村居民的法律意识可能更强，与城镇居民在法律意识和维权能力等方面更为接近，《消法》大修对城乡居民消费的影响差异也会更小。

由此，本节提出以下假设：

假设 7.2b：与中西部省份相比，《消法》大修对东部城乡居民消费的影响差异相对更小。

第三，中国的居民消费结构仍然处于较低的水平，据 CFPS 数据显示，2011年、2013年、2015年和2017年的生存型消费平均占比为58.6%，说明中国的居民消费仍以生存型消费为主，亟待进一步转型升级。赵志坚和胡小娟（2007）的研究表明，城乡居民消费结构也显示出"二元结构"，存在显著差异，城镇居民享受型消费的比例明显高于农村居民，即城镇居民消费结构层次整体高于农村居民；而李姗姗（2014）发现，农村居民消费结构升级优化的速度慢于城镇居民，需要有效的措施来拉动农村居民消费结构升级。与生存型消费相比，发展型和享受型消费更加昂贵，消费者在遭遇消费欺诈等侵权行为时蒙受的损失更大，维权动力也更强。据中国消费者协会的统计数据显示，2019年消协受理的各类商品投诉中，家用电子电器投诉比重居于首位，而服务投诉中互联网服务投诉量增长幅度最大,可以看出针对发展型和享受型消费的维权行为较为普遍,消费者权益法律保护水平的提升将会更加促进发展型和享受型消费的增加。因此我们预期《消法》大修对发展型和享受型消费的促进作用更为显著,有助于推动居民消费结构升级。相较城镇居民而言,农村居民的消费结构层次较低,消费升级的空间更大,《消法》大修对农村居民消费结构的改善作用可能更加明显。

据此,本节提出以下假设:

假设 7.2c:与城镇居民相比,《消法》大修对农村居民消费升级的促进作用相对更大。

第五节 消费者权益保护与城乡消费差距的实证分析

一 研究设计

(一) 数据样本

由于考察《消法》大修的效应需要对大修前后的城乡居民消费情况进行对比,为了保证处理的一致性与避免其他事件的影响,本节选取中国家庭追踪调查(CFPS)2012年、2014年、2016年及2018年的追访调查数据①,分别覆盖了《消法》大修前后两期数据(2011年、2013年、2015年及2017年)②。CFPS是由北京大学中国社会科学调查中心实施的全国性社会调查,每两年进行一次,数据样本覆盖了除西藏、海南、宁夏、内蒙古、青海、新疆、香港、澳门和台湾之外的中国25个省份,代表了全国大约95%的人口,包含了大量的家庭和个人消费、收入、财产以及家庭特征等数据,具有较好的代表性。户主作为家庭财务决策者直接影响家庭的消费,因此提取家庭户主的年龄、受教育水平等特征信息。

本节还对样本进行了如下筛选:①剔除消费和收入存在异常值的样本;②剔除主要变量缺失的样本;③剔除家庭城乡属性发生变化的样

---

① CFPS公布的数据实际为上一年的统计数据。
② 由于2008年发生国际金融危机,2009年的家庭消费可能发生较大变化,为了避免数据有偏,本节的基本实证检验未采用2009年数据。

本；④对主要连续变量进行1%水平下的Winsorize双边缩尾处理。

(二) 变量定义与数据描述

1. 变量定义

家庭人均消费支出水平是我们关心的被解释变量。家庭消费支出包括购买各类服务与货物的支出，选取CFPS家庭问卷中家庭全年各类消费性支出加总的原始数据，利用家庭人口规模算出人均消费，并用家庭所在省份当年CPI进行平减后取对数，得到本文被解释变量家庭人均消费对数（Consume）。在稳健性检验中，还采用家庭消费率作为衡量家庭消费水平的替代变量。

核心解释变量由两个指示变量及其交乘项组成，城乡指示变量为Treated，按照国家统计局城乡分类，若家庭属于农村家庭，Treated取值为1；若家庭属于城市家庭，则取值为0。时间指示变量为After，因为新《消法》于2014年正式实施，因此将2014年以前的年份取值为0，将2014年以后的年份取值为1。

除了《消法》大修所刻画的消费者权益保护法律环境之外，我们还控制了可能影响居民消费的其他家庭特征变量（见表7.1），并进行相应的平减以及对数处理：家庭人均纯收入（Income）、家庭人均储蓄（Saving）、户主年龄（Age）、户主年龄平方（Age^2）、婚姻状况（Marriage）、健康状态（Health）、受教育年限（Edu）、家庭人口规模（Familysize）、性别（Gender）。

表7.1　　　　　　　　　　　　变量定义

变量名称	变量含义	计算方法
Comsume	家庭人均消费	家庭八大类消费加总除以家庭人口规模，取对数
Treated	城乡指示变量	0代表城市家庭，1代表农村家庭
After	时间指示变量	0代表2014年前，1代表2014年后
Income	家庭人均纯收入	家庭人均纯收入，取对数
Saving	家庭人均储蓄	家庭人均储蓄，取对数
Age	户主年龄	调查前一年的年龄（岁）
Age^2	户主年龄平方	户主年龄平方/100

续表

变量名称	变量含义	计算方法
Marriage	当前婚姻状态	已婚、同居=1，未婚、离婚、丧偶=0
Health	健康状况	非常健康=1，很健康=2，比较健康=3，一般=4，不健康=5
Edu	受教育年限	文盲/半文盲=0，小学=6，初中=9，高中/中专/技校/职高=12，大专=15，大学本科=16，硕士=19，博士=22
Familysize	家庭人口规模	家庭成员的人数
Gender	户主性别	男=1，女=0

2. 描述性统计

为了更好地研究《消法》大修对消费影响的城乡差异性，将样本分为城乡两组，并对家庭经济特征及户主特征变量进行比较，表7.2报告了主要变量的描述性统计结果。

表7.2 城乡分组描述性统计

变量名称	全体家庭 均值	全体家庭 标准差	农村家庭 均值	农村家庭 标准差	城镇家庭 均值	城镇家庭 标准差
Consume	8.8011	0.8749	8.5334	0.7720	9.1980	0.8203
Income	8.6027	1.2217	8.3485	1.1492	9.0723	1.1635
Saving	7.6565	2.4048	7.1603	2.3330	8.4232	2.2911
Age	53.5381	11.3833	52.9070	10.9800	53.4876	11.9940
Age^2	29.9589	12.4499	29.6548	11.9297	30.3384	13.0684
Marriage	0.8941	0.3078	0.9100	0.2860	0.8912	0.3095
Health	3.2084	1.2093	3.1680	1.2423	3.2160	1.1122
Edu	7.0319	4.4898	6.1020	4.1130	8.6720	4.5451
Familysize	3.8904	1.8543	4.1340	1.9219	3.5327	1.5994
Gender	0.7486	0.4338	0.8193	0.3850	0.6785	0.4672

从分组描述性统计结果来看，在家庭特征方面，农村家庭的人均消费均值低于城镇家庭。除此之外，在家庭人均收入、人均储蓄方面，农

村家庭平均值也低于城镇家庭,但农村家庭平均规模较大。在户主特征方面,农村家庭户主的受教育年限、女性户主比例、户主年龄均值低于城镇家庭户主。

(三) 模型设定

双重差分法能克服不随时间变化的选择性偏差,对普通居民而言,他们无法对《消法》大修产生影响,《消法》大修草案能够通过审议是外生事件,因而《消法》大修是一个难得的准自然实验。本节采用控制省份和年份固定效应的双重差分模型考察《消法》大修对居民消费影响的城乡差异,具体模型如下:

$$Y_{it} = \alpha + \beta_1 Treated_i + \beta_2 After_t + \beta_3 After_t \times Treated_i + \beta_4 X_{it} + \mu_t + \delta_j + \varepsilon_{it} \quad (7.1)$$

其中,i 表示家庭,t 表示年份,j 表示省份,Y_{it} 为被解释变量,是第 i 个家庭在第 t 年人均消费的对数值。$Treated_i$ 为指示变量,农村家庭属于处理组,取值为 1;城市家庭属于对照组,取值为 0。$After_t$ 为指示变量,政策发生后即 2014 年以后取值为 1,政策发生前即 2014 年以前取值为 0。X_{it} 为家庭和户主层面随时间变化的一系列控制变量,μ_t 表示时间固定效应,δ_j 表示省份固定效应,ε_{it} 为误差项。此外,将回归标准误聚集在家庭层面,并主要关注 $After_t \times Treated_i$ 的系数 β_3,该系数衡量了《消法》大修带来的 DID 效应。

二 实证检验与分析

(一) 平行趋势检验

为了更直观地比较政策前后城乡人均消费的趋势变化,将样本分为农村组和城市组,添加《消法》大修前的 CFPS (2010) 追访数据,分别计算 2009 年、2011 年、2013 年、2015 年和 2017 年经过平减后的家庭人均消费的均值,绘制时间趋势图,虚线为城镇组,实线为农村组(见图 7.1)。从图 4.4 可以看出,城镇家庭的人均消费水平一直高于农村家庭,但 2013 年以前,城乡消费大致呈现平行的增长趋势,2013 年以后,城镇家庭人均消费水平出现跳变,与之形成鲜明对比的是,农村家庭人均消费水平维持了原有的平缓增长趋势,两组人均消费差距逐渐扩大。《消法》修正草案在 2013 年就已提交审议,由"信号理论"可知,《消法》大修这一法律变革在正式实施前可能就传递出了加强消费者权益保护的意图信号,因此城乡家庭人均消费差距可能在 2013 年就开始发生变化,预期《消法》大修对城乡居民消费影响的不均衡性造成了城乡消费差距的进一步扩大。

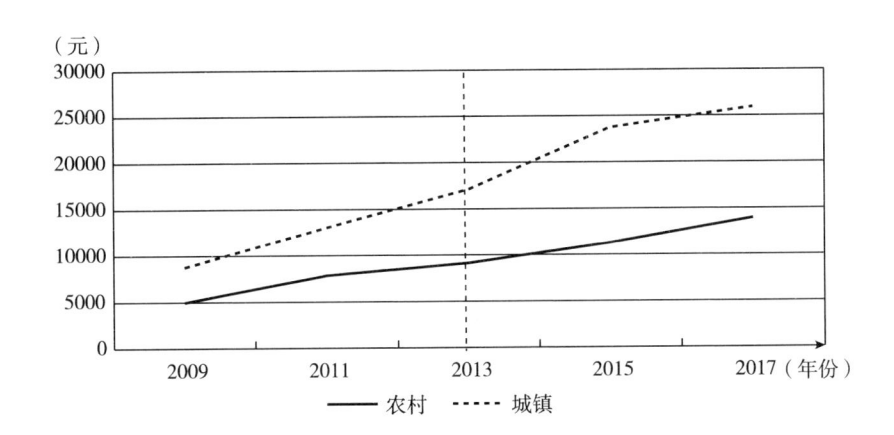

图 7.1　家庭人均消费的时间趋势变化

为了进一步检验城乡居民人均消费水平(Consume)在《消法》大修前后的差异变化,针对《消法》大修前后人均消费对数均值进行 t 检验,由 t 检验结果(见表 7.3)可以看出,《消法》大修之前城乡人均消费水平存在显著差异,农村组均值比城镇组低 0.6273,且在 1% 的水平下显著,符合中国城乡实际情况。在《消法》大修之后,农村组的人均消费水平依然显著低于城镇组,且两组差异由 0.6273 扩大为 0.6861,说明《消法》大修扩大了城乡消费的差距,但这种差距是否在统计上显著还需进一步的 DID 检验。

表 7.3　人均消费的 t 检验

		农村组(1)	城镇组(2)	Difference(1)-(2)
Consume	大修前	8.4243	9.0316	-0.6273***
	大修后	8.6026	9.2887	-0.6861***

(二)基准回归结果

首先,对《消法》大修与家庭人均消费的关系进行城乡家庭分组回归(见表 7.4),结果显示城乡两组 After 的系数都显著为正,说明

《消法》大修对城乡居民消费水平都有积极的促进作用，但比较 After 的系数可以看出：农村组的系数较小，即《消法》大修对农村组消费水平的促进作用较小。

表7.4 《消法》大修对城乡居民消费影响的分组检验

被解释变量	Consume	
解释变量	农村 （1）	城镇 （2）
After	0.2439*** (0.0200)	0.3270*** (0.0210)
Income	0.1148*** (0.0080)	0.1715*** (0.0101)
Saving	0.0356*** (0.0040)	0.0588*** (0.0052)
Age	0.0047 (0.0007)	-0.0188*** (0.0070)
Age^2	-0.0120* (0.0070)	0.0169*** (0.0060)
Marriage	-0.0390 (0.0363)	0.0458 (0.0320)
Health	0.0228*** (0.0070)	0.0141* (0.0081)
Edu	0.0167*** (0.0022)	0.0335*** (0.0032)
Familysize	-0.0755*** (0.0049)	-0.0809*** (0.0061)
Gender	-0.0350 (0.0263)	-0.1001*** (0.0214)
_Cons	7.6807*** (0.2220)	7.4408*** (0.2090)
Year	是	是
Province	是	是
N	8255	7245
R^2	0.2000	0.3950

注：括号内为稳健性标准误，下同。

其次，为进一步验证上述结果，采用双重差分法再次进行实证检验。表7.5的列（1）只控制了年度、城乡以及交互项对居民消费的效应，列（2）加入了家庭人均收入、人均储蓄、户主受教育年限、年龄等控制变量，列（3）进一步控制了省份和年度固定效应，After 的系数皆在 1% 的水平下显著为正，说明《消法》大修对居民消费有正向促进作用，消费环境的改善增强了消费者的消费意愿，提升了家庭的消费水平。交乘项 After×Treated 的回归系数皆在 1% 的显著水平下为负，说明《消法》大修对农村居民消费的促进作用明显小于对城镇居民消费的正向影响，验证了前文提出的假设 7.1。

表 7.5　《消法》大修对城乡居民消费影响的 DID 检验

被解释变量	Consume		
解释变量	（1）	（2）	（3）
After	0.2571***	0.4025***	0.3421***
	(0.0120)	(0.0154)	(0.0181)
Treated	-0.6073***	-0.4384***	-0.2117***
	(0.0182)	(0.0192)	(0.0193)
After×Treated	-0.0788***	-0.0859***	-0.1308***
	(0.0170)	(0.0161)	(0.0220)
Income		0.1570***	0.1475***
		(0.0047)	(0.0058)
Saving		0.0565***	0.0468***
		(0.0036)	(0.0030)
Age		-0.0161***	-0.0120**
		(0.0066)	(0.0050)
Age^2		0.0078	0.0073
		(0.0052)	(0.0050)
Marriage		0.0005	0.0003
		(0.0237)	(0.0240)
Health		0.0240***	0.0191***
		(0.0028)	(0.0047)
Edu		0.0254***	0.0261***
		(0.0022)	(0.0020)
Familysize		-0.0859***	-0.0808***
		(0.0038)	(0.0043)
Gender		-0.0795***	-0.0791***
		(0.0166)	(0.0175)
_Cons	9.0316***	8.8397***	7.7639***
	(0.0140)	(0.0594)	(0.1510)

续表

被解释变量	Consume		
解释变量	(1)	(2)	(3)
Year	否	否	是
Province	否	否	是
N	22681	15500	15500
R^2	0.1520	0.2320	0.3890

其他控制变量对家庭人均消费的影响也基本符合预期。家庭特征变量方面，家庭人均收入和家庭人均储蓄都对人均消费水平表现出积极的促进作用，根据预防性储蓄理论，若一个家庭收入水平越高、储蓄规模越大，应付未来意外事件的能力越强，当期消费可能越高。而家庭规模的扩大可能导致均摊到家庭成员的消费份额减少，因此家庭规模的系数为负。户主特征变量方面，户主年龄、健康状态、受教育年限、性别等因素也对家庭人均消费水平有显著影响。

（三）动态效应检验

进一步地，我们构建虚拟年份变量对《消法》大修影响城乡居民消费的动态效应及变化趋势进行了考察，如表7.6所示，在《消法》大修之后的第二年（2015年）、大修之后的第四年（2017）年，交乘项系数皆在1%水平下显著，但系数逐年减小，说明《消法》大修对城乡居民消费的影响差异效应降低。根据"制度变迁边际收益递减"理论（黄少安，2000；周小亮，2001），新制度在实施初期的作用比较明显，但随着制度实施的推进，制度的边际收益会递减（潘慧峰和杨立岩，2006）。因此，随着时间的推移，《消法》大修这一"法律制度变迁"对城镇居民消费的促进作用会有所减弱，从而缩小了《消法》大修对城乡居民消费的影响差异。

表7.6　　　　　　　　　动态效应检验结果

被解释变量	Consume
解释变量	(1)
Treated×Year2015	-0.3377***
	(0.0231)

续表

被解释变量	Consume
解释变量	（1）
Treated×Year2017	-0.2866***
	（0.0225）
_Cons	7.6558***
	（0.1520）
Controls	是
Year	是
Province	是
N	15500
R^2	0.3830

（四）稳健性检验

1. 安慰剂检验

为了保证结果的稳健性，我们参照徐思等（2019）的做法，通过构建虚假处理组和虚假事件节点进行安慰剂检验。

首先，为了检验本节结果是否由其他事件导致，纳入 CFPS（2010）追访数据，将事件节点提前四年，仅使用2009年、2011年和2013年数据，假定虚假事件发生在2010年，当在2011年和2013年时 After 取值为1，当在2009年时该变量取值为0。表7.7列（1）的结果显示，After×Treated 的系数并不显著。

另外，为考察《消法》大修的影响差异是否仅仅因为家庭所在省份不同，我们改变处理组和对照组的构造方法，将样本按照东、中西地域区别划分为两组，位于东部的家庭为虚假处理组，位于中西部的家庭为对照组。表7.7列（2）结果显示，虚假处理组与 After 的交乘项系数并不显著，说明省份差异并不是《消法》大修的消费影响差异的主要决定因素，侧面证明了本节基准回归结果的可靠性。

2. 替换被解释变量

除了用家庭人均消费的绝对值来反映家庭消费水平之外，消费率（Consume Rate）也是家庭消费水平的常用衡量指标。消费率有两种定义方法，首先参考陈斌开和杨汝岱（2013）的做法，将家庭消费率定义为家庭消费性支出占总收入的比重。此外参考罗楚亮（2004）的做法，采用第二种方法度量消费率，即剔除医疗、教育以外的消费支出占总收入的比重，因为教育与医疗消费受到医疗、教育等其他制度改革的影响，可能并非只受到《消法》大修的单一作用。由表7.7列（3）和列（4）可以看出，无论采用哪一种家庭消费率作为替换被解释变量进行检验，得到的实证结果基本一致。

3. PSM-DID

利用DID模型进行政策效果评估时，在政策实施前处理组和对照组的个体特征应该是相同的，但本节的处理组和对照组涵盖了各个省份、各种类型的家庭，很难完全满足这一理想条件，因此有可能存在"选择性偏差"。为了缓解家庭特征差异的影响，降低双重差分检验的偏误，在控制其他条件相同的情况下，我们进一步地采用双重差分倾向得分匹配法（PSM-DID）进行稳健性检验。基本思路是在城市组即对照组中找到一个家庭，使该家庭与农村组即处理组中某个家庭可观测变量尽可能相似，帮助解决DID中处理组与对照组不完全具备共同趋势假设所导致的问题。我们利用家庭人均收入、户主年龄、婚姻状况及受教育年限等家庭特征作为协变量，将2013年的农村家庭作为处理组，城镇家庭作为对照组，按照1∶1的比例进行近邻有放回匹配。平衡性检验结果[①]表明匹配效果较好，根据协变量对处理组和对照组进行匹配后，两组之间各变量的偏差显著降低，匹配后处理组和对照组协变量均值不存在显著差异，表7.7列（5）的PSM-DID回归结果与基准回归基本一致。

4. 遗漏变量问题

考虑到地区经济社会发展差异可能会对家庭收入、家庭储蓄、户主学历等变量产生影响，为了缓解省份层面的遗漏变量问题，添加一系列省级控制变量，包含区域开放度、各省份人均GDP及各省份房价水平，在此基础上再次进行实证检验，表7.7列（6）的结果依然与基准回归一致。

---

① 平衡性检验结果留存备索。

表 7.7　　　　　　　　　　稳健性检验结果

被解释变量	*Consume*		*Consume Rate*		*Consume*	
检验方法	虚假节点(1)	虚假处理组(2)	替换变量(3)	替换变量(4)	PSM-DID(5)	遗漏变量(6)
After	0.3362*** (0.0220)	0.3856*** (0.0222)	2.1970*** (0.4100)	1.6729*** (0.3162)	0.3351*** (0.0182)	0.3018*** (0.0300)
Treated	-0.2397*** (0.0261)	0.3109*** (0.0820)	-1.3184*** (0.2850)	-0.9444*** (0.2240)	-0.2115*** (0.0190)	-0.2396*** (0.0200)
After×Treated	0.0352 (0.0272)	0.0253 (0.0234)	-1.1154*** (0.3320)	-0.9673** (0.2600)	-0.1263*** (0.0254)	-0.1126*** (0.0211)
_*Cons*	7.7100*** (0.1470)	7.2747*** (0.1513)	49.6288*** (3.5377)	37.4897** (2.8970)	7.6723*** (0.1570)	7.7386*** (0.1640)
Controls	是	是	是	是	是	是
Year	是	是	是	是	是	是
Province	是	是	是	是	是	是
N	10883	13567	15500	15371	14828	1241
R^2	0.3650	0.3790	0.2480	0.2340	0.3920	0.3920

（五）机制检验

根据前文分析，我们认为互联网基础设施和法律中介组织的发达程度是《消法》大修对城乡居民消费产生影响差异的主要原因，我们采取两种识别策略进行机制检验：第一，反事实法。假设《消法》大修只发生在互联网基础设施和法律中介组织较发达的省份，考察《消法》大修对这些省份的城乡居民消费是否产生影响差异。按照 2011 年、2012 年和 2013 年各省的互联网基础设施和法律中介组织指标的三年均值排序，只保留排名前 10 的省份，剔除其他省份后进行双重差分回归。第二，三重差分方法。如果某省份的互联网基础设施和法律中介组织指标的三年均值排名处于前 10，则虚拟变量 *Group* 取值为 1，否则 *Group* 取值为 0，将虚拟变量分别与时间分组变量、城乡分组变量一起构造三重交乘项，参考任胜钢等（2019）的做法，将式（7.1）扩展为三重差分的式（7.2），重点关注三重交乘项 *After×Treated×Group* 的系数。若三重交乘项系数为正，则说明互联网基础设施和法律中介组织的发展可以缩小或消除《消法》大修对城乡居民消费的影响差异。

$$Y_{it} = \alpha + \lambda_1 After_t \times Treated_i \times Group + \lambda_2 After_t \times Treated_i +$$
$$\lambda_3 After_t \times Group + \lambda_4 Treated_i \times Group + \lambda_5 X_{it} + \mu_t + \delta_j + \varepsilon_{it} \quad (7.2)$$

由于衡量各省份农村地区互联网基础设施和法律中介组织发达程度的数据不可得，我们认为如果某省份在互联网基础设施和法律中介组织方面的总体发展水平较高，则该省份在这两方面的城乡差异也相应较小，因此我们根据《中国互联网络发展状况统计报告》整理得到各省互联网普及率数据，以此反映各省互联网基础设施发达程度；同时采用各省"每万人律师数"数据衡量各省法律中介组织发达程度。

表7.8的检验结果显示：如果分别只保留互联网基础设施和法律中介组织排名前10的省份，双重交乘项 $After \times Treated$ 变得不显著，说明在互联网基础设施和法律中介组织较发达的省份，《消法》大修对城乡居民消费水平的影响效应不存在明显差异；在构造三重交乘项的情况下，$After \times Treated$ 都显著为负而三重交乘项 $After \times Treated \times Group$ 在1%的水平下显著为正，说明互联网基础设施和法律中介组织的发展可以极大缓解《消法》大修对城乡消费的影响差异。

表7.8 机制检验结果

被解释变量	Consume			
识别策略	反事实		三重差分	
解释变量	互联网基础设施(1)	法律中介组织(2)	互联网基础设施(3)	法律中介组织(4)
After	0.3734*** (0.0259)	0.3652*** (0.0242)		
Treated	-0.2052*** (0.0322)	-0.2001*** (0.0310)		
After×Treated	-0.1559 (0.0320)	-0.1744 (0.0312)	-0.3093*** (0.0230)	-0.2960*** (0.0240)
After×Treated×Group			0.1548*** (0.0391)	0.1224*** (0.0393)
After×Group			-0.0831*** (0.0264)	-0.0782*** (0.0270)

续表

被解释变量	Consume			
$Treated * Group$			−0.1998*** (0.0330)	−0.2003*** (0.0301)
$\_Cons$	8.2821*** (0.2370)	8.4757*** (0.2190)	7.6579*** (0.1522)	7.6565*** (0.1520)
Controls	是	是	是	是
Year	是	是	是	是
Province	是	是	是	是
N	5734	6019	15500	15500
R^2	0.4240	0.4170	0.3850	0.3851

(六) 扩展性检验

1. 基于省份异质性特征的分析

我们继续沿用式 (7.2),探讨在各省份不同的经济法律环境下,《消法》大修对城乡居民消费影响差异的变化。将式 (7.2) 中 Group 设定为反映各省份不同经济法律环境的变量,具体定义见下文,其他变量的含义同式 (7.1),并主要关注三重交乘项 $After_i \times Treated_i \times Group$ 的系数 λ_1。

首先,探究司法公开程度差异的影响,中国社会科学院法学研究所发布的"司法透明度指数"用客观数据反映了历年来中国各省份法院在诉讼指南、审判信息、执行信息、网站建设和司法统计数据等方面的司法公开状况,因此我们利用该指数构造衡量各省份司法公开程度的虚拟变量。具体地,首先计算 2011—2013 年各省份的司法透明度指数均值,如果某省份的司法透明度均值处于前十,则虚拟变量 Group 取值为 1,否则取值为 0;然后将 Group 和 Ater×Treated 构造三重交乘项进行检验,结果见表 7.9 列 (1)。在双重交乘项系数显著为负的基础上,三重交乘项系数在 1% 水平下显著为正,说明在司法透明度较高的省份,《消法》大修对城乡居民消费的影响差异会缩小,验证了前文假设 7.2a。

其次,探究省份经济发展水平差异的影响,根据国家统计局分类标准,将样本分为东部和中西部两大区域,构造省份虚拟变量,若居民所在省份属于东部省份,则虚拟变量 Group 取值为 1,若属于中部或西部省份,则取值为 0,在此基础上构造三重交乘项 Ater×Treated×Group 进行检验。如表 7.9 列(2)所示,在双重交互项系数显著为负的基础上,三重交互项系数在 10% 水平下显著为正,说明在东部省份,《消法》大修对城乡居民消费水平的影响差异相对中西部省份更小,验证了前文提出的假设 7.2b。

表 7.9　　　　　　　　　　三重差分检验结果

被解释变量	Consume	
解释变量	Group = 司法透明度 (1)	Group = 省份发展水平 (2)
After×Treated×Group	0.2214*** (0.0400)	0.1503*** (0.0380)
Treated×After	-0.3255*** (0.0240)	-0.3141*** (0.0256)
Treated×Group	-0.1097*** (0.0273)	-0.0951*** (0.0270)
After×Group	-0.2221*** (0.0302)	-0.1747*** (0.0280)
_Cons	7.6601*** (0.1520)	7.6507*** (0.1523)
Controls	是	是
Year	是	是
Province	是	是
N	15500	15500
R^2	0.3850	0.3840

2.《消法》大修对消费结构的影响差异分析

消费升级是一种消费结构的变化过程,国家统计局公布的《居民消费支出分类(2013)》将消费支出分为八大类,向玉冰(2018)等构建了"生存—发展—享受"的消费升级分析框架,我们参考这一做法,将消费分为生存型消费、发展型消费和享受型消费。具体而言:将食品、居住和衣着鞋帽支出定义为生存型消费(Survive),将文教娱乐和医疗保健支出定义为发展型消费(Develop),将家庭设备及日用品和交通通信支出定义为享受型消费（Enjoy）。分别以三类消费占总消费的比值来衡量消费结构，并分别作为被解释变量进行双重差分检验，其他变量不变。

回归结果如表 7.10 所示，列（2）中 After×Treated 交乘项的回归系数在 5%的水平下显著为正，表明《消法》大修对农村居民的发展型消费占比有着更显著的正向提升作用；列（3）中 After×Treated 交乘项的系数也显著为正，说明《消法》大修对农村居民享受型消费占比的促进作用大于对城镇居民的促进作用。总之，《消法》大修能够促进居民消费结构升级，与城镇居民相比，《消法》大修对农村居民消费结构升级的促进作用更大，验证了前文提出的假设 7.2c。

表 7.10　　　　　消费结构的双重差分检验结果

被解释变量	Survive 生存型消费比例	Develop 发展型消费比例	Enjoy 享受型消费比例
解释变量	（1）	（2）	（3）
After	−0.0025 (0.0060)	0.0093** (0.0051)	0.0035 (0.0044)
Treated	−0.0162*** (0.0051)	0.0027 (0.0045)	0.0128*** (0.0039)
After×Treated	−0.0289*** (0.0062)	0.0122** (0.0050)	0.0210*** (0.0040)
_Cons	0.7069*** (0.0390)	0.2896*** (0.0332)	0.0490*** (0.0283)
Controls	是	是	是
Year	是	是	是
Province	是	是	是
N	15230	15371	15224
R^2	0.043560	0.0490	0.0720

第六节　小结

如何提振内需，特别是促进农村居民消费是中国经济可持续发展的关键问题。虽然很多学者认为消费者权益保护是影响居民消费的重要因素，但是基于中国消费者权益保护实践的经验研究十分稀缺。本节以《消法》大修作为自然实验，选取中国家庭追踪调查（CFPS）四年的数据，使用双重差分法识别出《消法》大修对城乡居民消费差距施加影响的因果关系，并分析了其中的影响机理。研究结果表明："城市偏向型"法律保护导致了《消法》大修对城乡居民消费的不均衡作用，《消法》大修虽然显著提高了城乡居民的消费水平，但与城镇居民相比，《消法》大修对农村居民消费的促进作用相对较小。机制检验发现，互联网基础设施和法律中介组织的发达程度是《消法》大修对城乡居民消费产生影响差异的主要原因。同时，这种影响差异在各省份之间表现出明显的异质性，《消法》大修对城乡居民消费的影响差异在司法公开程度较高的省份和东部省份相对较小。此外，与城镇居民相比，《消法》大修对农村居民消费结构升级的促进作用更大，消费者权益保护的改善对农村居民的第Ⅰ类消费升级（食品等生存性消费占比下降）和第Ⅱ类消费升级（符号性和服务性消费占比上升）均有更显著的作用。

本节的边际贡献主要体现在：第一，从《消法》大修这一法律制度改革的外生冲击入手，通过双重差分检验（Differences-in-Differences，DID）首次实证考察了《消法》大修对城乡居民消费的影响差异，为考察消费者权益保护的消费促进效应提供了微观证据，丰富了"法与消费"的研究文献；第二，以《消法》大修作为刻画消费者权益保护水平提升的一次准自然实验，避免了选择指标衡量消费者权益保护水平的困难，作为外生事件的《消法》大修也使本节因果关系检验免受内生性困扰；第三，本节不但分析了《消法》大修对城乡居民消费产生影响差异的原因，还采用三重差分法（Triple Difference，DDD）深入考察了《消法》大修对不同省份的城乡居民消费以及消费结构的影响异质性，为《消法》的进一步完善提供了有益参考。

第八章

消费者权益保护与企业创新

第一节 问题提出

关于企业创新促进的研究不胜枚举，既有文献主要从完善的公司治理（冯根福和温军，2008）、对 CEO 的薪酬激励（李春涛和宋敏，2010）、合理的股权结构（朱德胜和周晓珮，2016）等企业内部因素，以及税收优惠（刘放等，2016）、强化知识产权保护（尹志锋等，2013）和设立自主创新示范区（晏艳阳和严瑾，2019）等外部宏观政策支持对企业创新决策进行研究。虽然消费和创新相互促进，密不可分，但既有文献大多分别探讨各自的影响因素，而针对消费需求市场的一些法律制度可能也会直接或间接对供给端的企业创新决策产生影响。

在买卖关系中，消费者往往处于弱势地位，2020 年全国消协组织共受理消费者投诉 982249 件，同比上升 19.6%。对消费者权益的侵害会降低消费意愿，严重影响国内消费增长，加速消费外流。政府管制理论认为，政府为保护消费者权益而实施的管制措施也会影响企业行为，近年来不断强化的消费者权益保护可能对企业创新产生两种不同的影响:[1] ①"挤出效应"，消费者权益保护的增强降低了消费者的维权门槛，提高了企业的侵权成本（徐海燕，2013），迫使企业分配更多的资

---

[1] 虽然从理论上说，企业也可能将增加的成本以提价的方式直接转嫁给消费者，或者暗地里"偷工减料"，通过削减产品功能、压缩服务内容等方式间接让消费者为产品和服务质量的提升"买单"，但在竞争激烈的买方市场背景下，理性的企业通常不会采取这种短视行为。

源用于被动应对消费者的维权诉求，增加了企业的经营成本，可能对企业创新产生资源上的"挤出效应"。②"倒逼效应"，消费者权益保护的增强也可能倒逼企业主动加大创新投入，以提高产品和服务的质量，满足消费者日益增长的需求。因此，以消费者权益保护为代表的消费促进政策对企业的创新决策会产生怎样的影响，仍需要深入的经验研究。

由于《消法》作为消费者权益保护的基础性法律，是保护消费者权益的中流砥柱，因此我们仍然以2013年对《消法》的大幅修订作为强化消费者权益保护的准自然实验，从《消法》大修对企业创新施加的影响差异出发，对样本进行分组实验，探究消费者权益保护对企业创新投入的影响。此次《消法》大修主要实施了两个重要举措：其一，通过"举证责任倒置""公益诉讼权"等规定降低了消费者维权的成本；其二，通过"加大惩罚赔偿力度"提高了企业的侵权成本。这些举措增强了消费者对自身利益的保护，对企业的经营决策产生了重要影响。

第二节 消费者权益保护影响企业创新的理论分析

信号理论由美国经济学家Spence（1973）提出，用于研究组织如何通过信号传递以降低信息不对称的程度，减轻其负面影响。根据信号的传递内容可将其分为质量信号和意图信号，前者反映组织内部的能力特征，后者表示组织行为或意图（Stiglitz，2000）。《消法》大修可以向外界传递出消费者权益保护增强的积极信号，促进企业的创新投入，具体而言：

第一，《消法》大修释放了加大企业侵权成本的意图信号。新《消法》中的惩罚条款更为严苛，增强了威慑作用。而且无论企业是否存在侵权行为，发生消费纠纷的概率加大，企业需要承担更高的应对成本。因此企业可能选择用增加创新投入的方式来改良生产线或生产新型的高质量产品，在事前减少自己被投诉的概率。

第二，消费者权益保护增强对企业释放激励信号。根据利益相关者理论，企业在对股东负责的同时，还要对消费者、供应商等利益相关方负责，企业应履行社会责任以满足外部利益相关者对其的期望（李井林和阳镇，2019）。消费者权益保护的增强对企业履行社会责任提出了更高的要求，当企业希望同时兼顾股东和消费者的利益时，就需要通过创新来提高资源利用效率和产品效用，因此，消费者权益保护的增强会对企业的创新投入产生激励作用，提高企业创新的内生性动力。

第三，消费者权益保护增强的信号还会产生"凸显效应"。企业内外的信息不对称会提高投资者准确判断企业未来收益的难度，使其倾向于低估企业创新活动的价值（Bhattacharya and Ritter，1983；Holmstrom，1989），从而降低企业管理者和员工进行创新投入的意愿（Manso，2011）。而《消法》大修使生产消费品的企业走进社会公众的"聚光灯"下，获得更多的社会关注，从而降低企业内外的信息不对称，帮助企业扩大融资规模，促进企业创新（陈钦源等，2017；余明桂等，2017）。

据此，本节提出以下假设：

假设8.1：消费者权益保护的强化能够促进企业的创新投入。

此外，《消法》大修作为国家层面的立法，其实施效果也依赖于各地政府的法律执行，而政商关系是影响新《消法》执行的重要因素。中国各地区的政商关系表现出极大差异（聂辉华等，2019），很可能影响《消法》大修对企业创新投入促进效应的实现。根据国家理论，政府的行为模式具有两面性，有时它是保护产权、讲究诚信而且对企业支持和帮助的"扶持之手"，有时它又会是从企业掠夺财富和资源的"掠夺之手"。当政府行为更多表现为"掠夺之手"时，政府工作人员倾向于运用权力去"抽取租金"或者"造租"，迫使企业增加"寻租"性支出而挤出生产性投入和创新投入（孙刚等，2005），而且企业可以通过"寻租"获得政府行政权力的庇护，缓解消费者维权的压力，使消费者权益保护增强对企业的震慑和激励作用较弱，抵消了消费者权益保护对创新投入的促进效应。反之，当政府行为更多表现为"扶持之手"时，政企关系更加规范化、制度化和透明化，新《消法》能更好地被贯彻实施。企业更容易接收到消费者权益保护增强的信号，并且政府愿意积极帮助企业解决经营困难（方世南，2017），能够利用手中的公权力服务于企业（管考磊，2019），将资源配置的权力更多地让与市场，使企业可以把更多的资源用于生产和研发投入，增强了消费者权益保的创新投入促进效应。

据此，本节提出以下假设：

假设8.2：地方政府行为表现为"扶持之手"时，消费者权益保护的强化才能够促进企业的创新投入。

另外，企业自身特征也可能会使消费者权益保护对于企业创新投入的影响发生变化。生命周期理论认为，在企业不同发展阶段，企业的营利性、投融资策略以及创新意愿等都会呈现出不同特征（Adizes，1988）。成长期的企业往往面临较大的融资约束，缺乏研发人才和经验积累（刘诗源，2020），创新能力相对较低，即使接收到消费者权益保护增强的信号，也由于资金、人才、经验等客观条件制约了其创新投入的增加。而成熟期的企业经过市场摸索和经验积累，开始实现稳定的盈利，拥有较为畅通的融资渠道（黄宏斌等，2016）和较强的创新能力，对消费者权益保护的政策信号能及时做出反应。因此，虽然消费者权益保护的增强提升了企业的创新意愿，但成熟期的企业更有能力将创新意愿转化为创新行为。

据此，本节提出以下假设：

假设8.3：消费者权益保护的强化对成熟期企业的创新促进效应更大。

第三节　消费者权益保护影响企业创新的实证分析

一　研究设计

（一）样本选择与数据来源

相比国有企业，民营企业较少受到政府行政权力的庇护，对消费者保护法律环境的变化更加敏感，能够及时且自由地调整经营决策来应对消费者权益保护环境的变化。因此，为更好地剥离政府对于企业决策的其他影响，考察消费者权益保护对企业创新投入的净效应，我们选取2009—2016年的制造业民营上市企业为研究对象，剔除ST、*ST、暂停上市、退市的企业样本，对连续变量在1%的水平下进行双向缩尾处理。另外，我们还对企业的行业信息进行了手工整理，发现有13家企业由于主营业务调整导致所属行业在样本期内发生改变，其中有11家企业由生产非消费品转变为生产耐用消费品，2家企业由生产耐用消费品转变为生产非消费品，可能会导致回归结果出现偏差，因此剔除这13家企业样本后，最终得到了5174个企业年度观测值。企业的一系列财务指标等信息来自国泰安（CSMAR）数据库；研发投入数据源于Wind数据库。

（二）模型设定与变量说明

1. 模型设定

据《中国社会统计年鉴》的数据显示，近五年来，全国消费者协会组织年均受理投诉近79万件，其中家用电子电器投诉平均占比26.92%。可见，在家用电子电器等耐用消费品市场中，消费者权益更易受到侵害。家用电子电器等耐用消费品通常有着使用寿命较长以及具有一定无故障工作时间保障等特点，新《消法》重点加强了对此类商品和服务的消费者权益保护，不但《消法》修订的每一项条款都适用于耐用消费品，而且某些条款对耐用消费品行业的影响相对较大。例如，对于价格较高的耐用消费品而言，"退一赔三"对耐用消费品行业的震慑作用更明显；"举证责任倒置制度"使耐用消费品企业面临更大的诉讼压力，还需要耐用消费品企业自己提供科学而权威的证据，证明自己的产品无质量瑕疵。因此，《消法》大修对生产耐用消费品企业的影响相对更显著。我们根据2017年国家统计局发布的《国民经济行业标准》，以受到《消法》大修影响最大的6个耐用消费品行业[①]的企业为实验组，对照组选择生产非消费品的企业，在基本回归中剔除了生产非耐用消费品的消费品企业，以此探究消费者权益保护增强对企业创新投入的净效应。

双重差分方法（DID）作为评估政策效果的重要研究方法，可以最大限度地解决内生性问题。单个企业无法对《消法》是否大修产生影响，大修草案通过审议也是外生事件，因此《消法》大修可以作为准自然实验。我们采取双重差分模型考察消费者权益保护增强对企业创新投入的影响：

---

① 家具制造业；文教、工美、体育和娱乐用品制造业；汽车制造业；铁路、船舶、航空航天和其他运输设备制造业；电气机械和器材制造业；计算机、通信和其他电子设备制造业。

$$RD_{it} = \beta_0 + \beta_1 Treat_i + \beta_2 After_t + \beta_3 Treat_i \times After_t + \beta_4 Controls_{it} + \delta_i + \mu_t + \varepsilon_{it}$$

(8.1)

式（8.1）中，RD 为被解释变量，表示 i 企业 t 年的研发投入强度；$Treat$ 为企业指示变量；$After$ 是时间指示变量；$Controls$ 为一系列企业层面控制变量，δ 为行业固定效应，μ 表示时间固定效应，ε 是随机扰动项。我们主要关心回归系数 β_3，它衡量了以《消法》大修为刻画的消费者权益保护带来的 DID 效应。

2. 变量说明

以研发投入强度 RD 作为创新投入的衡量指标，用企业研发投入与企业年度营业收入的比值表示，该值越高，创新能力和意愿越强。

核心解释变量由 $Treat$ 和 $After$ 及其交乘项组成，$Treat$ 表示当企业处于实验组时，即企业属于生产耐用消费品的行业，该变量取值为 1，当企业处于对照组时，即企业属于生产非消费品行业，该变量取值为 0；$After$ 表示当样本观测值发生在《消法》大修通过的 2013 年及以后其值为 1，否则取值为 0。

参照 Chang 等（2015）以及倪骁然和朱玉杰（2016）的做法，我们在模型中加入以下控制变量：[①] 企业年龄（$\ln\_firmage$）、成长机会（MB_ratio）、企业资本结构（Lev）、现金资产比率（$Cashassets\_ratio$）、成长能力（$Salesgrowth$）、盈利能力（ROA）、行业竞争度（$HHI5$）以及企业资本密集度（$\ln\_firmedpp$）。我们还控制了年度、行业固定效应，为避免企业层面的聚集效应对标准误的影响，回归时还在企业层面进行了 $cluster$ 处理。具体变量定义参见表 8.1。

表 8.1　　变量定义

变量名称	变量含义	计算方法
RD	研发投入强度	研发投入/营业收入
$Treat$	企业指示变量	耐用消费品企业取 1，否则取 0

[①] 在以企业创新为被解释变量的实证研究中，我们尽量保持了控制变量的一致性，但为了保持本节实证研究的完整性以及阅读的便利性，我们仍然重复报告了各控制变量的衡量方法，下同。

续表

变量名称	变量含义	计算方法
After	时间指示变量	2013年及之后取1，否则取0
ln_firmage	企业年龄	ln（企业成立距今年数+1）
MB_ratio	成长机会	总资产/市值
Lev	企业资本结构	总负债/总资产
Cashassets_ratio	现金资产比率	现金资产/总资产
Salesgrowth	成长能力	（当年营业收入-上年营业收入）/上年营业收入
ROA	盈利能力	净利润/平均资产总额
HHI5	行业竞争度	行业赫芬达尔指数，每一行业内所有企业市场占有率的平方和，依据证监会二级行业内企业销售收入计算
ln_firmedpp	企业资本密集度	ln（企业人均固定资产净额），用各省份1952年为基期的固定资产投资价格指数平减
Ind	行业	行业虚拟变量，将制造业细分为31个行业
Year	年度	年度虚拟变量

（三）描述性统计

主要变量的描述性统计见表8.2。2009—2016年，样本企业研发投入 RD 的最大值为0.1626，最小值为0.0007，最大值是平均值的3.7倍，说明研发投入在不同地区及不同年份的企业内部都有较大差异；比较《消法》大修前后的 RD，可见《消法》大修后企业的研发投入均值（0.0469）高于《消法》大修前的均值（0.0388）。

表8.2　　　　　　　　　　描述性统计

变量名称	全样本					《消法》大修前		《消法》大修后	
	观测值	均值	标准差	最小值	最大值	观测值	均值	观测值	均值
RD	5174	0.0440	0.0314	0.0007	0.1626	1802	0.0388	3372	0.0469
Treat	5174	0.4550	0.4980	0	1	1802	0.4667	3372	0.4487
After	5174	0.6517	0.4765	0	1	1802	0	3372	1
ln_firmage	5174	2.5761	0.4226	1.3863	3.3322	1802	2.3649	3372	2.6890
MB_ratio	4939	0.5672	0.4269	0.0877	2.4462	1789	0.6499	3150	0.5202
Lev	5174	0.3391	0.1815	0.0395	0.7737	1802	0.3176	3372	0.3505

续表

变量名称	全样本					《消法》大修前		《消法》大修后	
	观测值	均值	标准差	最小值	最大值	观测值	均值	观测值	均值
$Cashassets\_ratio$	5174	0.2068	0.1627	0.0153	0.7315	1802	0.2818	3372	0.1667
$Salesgrowth$	4818	0.2409	0.5105	−0.5521	2.9676	1613	0.1771	3205	0.2730
ROA	5174	0.0479	0.0439	−0.1121	0.1670	1802	0.0538	3372	0.0448
$HHI5$	5174	0.1578	0.1085	0.0036	0.7843	1802	0.1705	3372	0.1511
$\ln\_firmedpp$	5165	5.4972	0.8444	3.0739	7.4906	1796	5.2710	3369	5.6179

二 实证分析

(一) 基本回归结果

根据式 (8.1),我们使用控制年度、行业固定效应的双重差分模型检验消费者权益保护的增强对企业创新投入的影响。从表8.3的逐步回归结果可以看出,无论是否加入控制变量,$Treat$ 与 $After$ 交乘项的回归系数均显著为正,表明增强消费者权益保护会引起企业在创新行为方面的积极响应,验证了假设8.1。交乘项的系数为0.0042,即消费者权益保护的增强使企业的研发投入强度上升0.42个百分点。

表8.3　　　消费者权益保护与企业创新投入的回归结果

	(1)	(2)
$Treat×After$	0.0026*	0.0042***
	(0.0015)	(0.0016)
$Treat$	0.0412***	0.0330***
	(0.0033)	(0.0032)
$After$	0.0150***	0.0154***
	(0.0018)	(0.0023)
$\ln\_firmage$		−0.0056***
		(0.0021)
MB_ratio		−0.0047**
		(0.0021)
Lev		−0.0421***
		(0.0048)

续表

	(1)	(2)
$Cashassets\_ratio$		0.0211***
		(0.0062)
$Salesgrowth$		0.0054***
		(0.0012)
ROA		-0.0958***
		(0.0173)
$HHI5$		-0.0119*
		(0.0069)
$\ln\_firmedpp$		-0.0018*
		(0.0010)
$\_Cons$	0.0094***	0.0564***
	(0.0024)	(0.0087)
Year	是	是
Ind	是	是
R^2	0.2366	0.3508
N	5174	4624

注：括号内是稳健性标准误，下同。

(二) 稳健性检验

1. 平行趋势检验

平行趋势检验是使用双重差分方法的关键条件。平行趋势假设是指不存在事件影响时，实验组与对照组具有平行的创新投入趋势。我们根据 Fang 等（2017）的研究，构建式（8.2）检验平行趋势假设：

$$RD_{it} = \alpha + \beta_1 Treat_i \times Before^{-3} + \beta_2 Treat_i \times Before^{-2} + \beta_3 Treat_i \times Before^{-1} + \beta_4 Treat_i \times Current + \beta_5 Treat_i \times After^1 + \beta_6 Treat_i \times After^2 + \beta_7 Treat_i \times After^3 + \tau_1 Before^{-3} + \tau_2 Before^{-2} + \tau_3 Before^{-1} + \tau_4 Current + \tau_5 After^1 + \tau_6 After^2 + \tau_7 After^3 + \gamma_1 Treat_i + \gamma_2 Controls_{it} + \delta_i + \mu_t + \eta_i + \varepsilon_{it} \quad (8.2)$$

其中，2010 年，$Before^{-3}$ 取值为 1，其他为 0；2011 年，$Before^{-2}$ 取值为 1，其他为 0；2012 年，$Before^{-1}$ 取值为 1，其他为 0；2013 年《消法》大修通过，$Current$ 取值为 1，其他为 0；2014 年，$After^1$ 取值为 1，

其他为 0；2015 年，$After^2$ 取值为 1，其他为 0；2016 年，$After^3$ 取值为 1，其他为 0。回归结果见表 8.4，β_1-β_3 的系数均不显著，而 β_4-β_7 的系数均显著为正，说明平行趋势假设成立。由此可见，在《消法》大修之前，生产耐用消费品的企业和生产非消费品企业的研发投入变化趋势没有显著差异，而《消法》大修的后三年，生产耐用消费品企业的研发投入则显著增加，说明消费者权益保护的增强能够倒逼企业提高研发投入水平。

表 8.4　　　　　　　　　　平行趋势及检验

变量名称	参数	稳健标准误
$Treat \times Before^{-3}$	0.0014	0.0031
$Treat \times Before^{-2}$	0.0034	0.0037
$Treat \times Before^{-1}$	0.0076	0.0039
$Treat \times Current$	0.0086**	0.0040
$Treat \times After^1$	0.0090**	0.0040
$Treat \times After^2$	0.0085**	0.0039
$Treat \times After^3$	0.0087**	0.0040
$Before^{-3}$	−0.0032*	0.0019
$Before^{-2}$	0.0017	0.0023
$Before^{-1}$	0.0069***	0.0025
$Current$	0.0100***	0.0025
$After^1$	0.0114***	0.0026
$After^2$	0.0113***	0.0025
$After^3$	0.0131***	0.0027
R^2	0.3514	
N	4624	

2. 分组构造标准的剂量效应检验

虽然《消法》大修中的公益诉讼制度、惩罚性赔偿制度、举证责任倒置等条款对生产耐用消费品企业的影响更显著，但对于其他消费品生产企业也会产生一定影响。因此，对样本企业进行重新分组，根据《国民经济行业标准》，将样本分为生产消费品的企业和生产非消费品的企业，考察消费者权益保护对于整个消费品行业的创新投入是否有促进作用。表 8.5 列（1）显示，消费者权益保护的增强对于整个消费品行业都会产生研发促进效应。$Treat$ 与 $After$ 交乘项的系数为 0.0024，与表 8.3 列（2）的系数 0.0042 相比有所降低，说明相比生产耐用消费品企业，《消法》大修对于其他消费品企业的研发促进效应相对较小，从而使整体的系数降低，侧面印证消费者权益保护的提升对于靶向企业的研发投入的确具有明显促进作用。

3. 更改法律冲击时间

新《消法》于 2013 年 10 月进行大修，并于 2014 年 3 月 15 日正式实施，据此我们将 $After$ 变量进行重新设置，将外部冲击设置为 2014 年，当观测值年份大于等于 2014 年时，设为 1，其余设为 0，重新进行回归。表 8.5 列（2）显示，实证结果与基本回归一致，$Treat$ 和 $After$ 的交乘项系数依旧显著为正。

4. 倾向性得分匹配

由于《消法》大修对于企业来说是外部冲击，因此我们的实证模型设定可以在很大程度上避免反向因果带来的内生性问题。但生产耐用消费品和生产非消费品的企业本身在诸多方面存在差异，我们采用倾向性得分匹配的方法进行进一步检验，基本思路是在生产非消费品企业（对照组）中找到某企业 j，使 j 与生产耐用消费品企业（实验组）中的某企业 i 的可观测变量尽可能匹配，即 $X_i \approx X_j$，以解决样本选择偏差问题，保证处理组和对照组的可比较性。我们利用企业年龄、成长机会、企业资本结构、现金资产比率、成长能力、盈利能力、行业竞争度以及企业资本密集度作为匹配的特征变量，采用 1∶4 的比例进行近邻有放回匹配。表 8.5 列（3）显示，结果不存在实质性的改变。

5. 反事实检验

为防止本节结果可能由《消法》大修通过前的其他事件所导致，进一步调整时间窗口进行稳健性检验。使用 2010—2012 年的数据，将事件提前，并设置一个新的时间虚拟变量 $After$ 2011，在 2011 年及之后该变量取 1，2011 年之前则取 0。表 8.5 的列（4）显示，$Treat \times After$ 2011 的系数估计值不显著，表明企业研发投入增加的结果在《消法》大修之前并不存在。

表 8.5　　　　　　　　　稳健性检验

变量	剂量效应 (1)	更改法律冲击时间 (2)	PSM-DID (3)	反事实 (4)
Treat×After	0.0024** (0.0012)	0.0030* (0.0016)	0.0047*** (0.0016)	
Treat	−0.0260*** (0.0054)	0.0342*** (0.0033)	0.0324*** (0.0033)	0.0292*** (0.0043)
After	0.0152*** (0.0020)	0.0160*** (0.0023)	0.0146*** (0.0025)	
After 2011				0.0117*** (0.0020)
Treat×After 2011				0.0039 (0.0024)
Controls	是	是	是	是
_Cons	0.0665*** (0.0085)	0.0558*** (0.0087)	0.0575*** (0.0090)	0.0544*** (0.0106)
Year	是	是	是	是
Ind	是	是	是	是
R^2	0.3557	0.3503	0.3494	0.3698
N	6037	4624	4147	1354

6. 基于全要素生产率的再检验

面对消费者权益保护的压力，企业大致可以采取两类策略予以应对：第一种是将生产成本上升的压力通过提高产品和服务的价格直接转嫁给消费者；第二种是增大创新力度，提高全要素生产率，将成本上升的压力消化在企业内部。第二种结果是我们最希望看到的，我们换一个角度来验证消费者权益保护与企业创新投入的关系，即直接考察消费者权益保护对企业全要素生产率的影响，因为企业加大研发投入的最终目的就是提高企业全要素生产率，如果能证明强化消费者权益保护对提升企业全要素生产率是有益的，则可以推导出强化消费者权益保护对企业加大研发投入具有正向作用的结论。常见的全要素生产率计算方法有

OLS、FE、OP、LP 等几种，我们以 OP 法和 LP 法为基准计算企业的全要素生产率。参考程晨和王萌萌（2016）的研究，控制变量选择如下：企业规模、企业年龄、企业资本密集度、现金资产比率、盈利能力、企业资本结构、第一大股东持股比、研发投入以及托宾 Q 值。表 8.6 的列（1）和列（2）回归结果显示，即使全要素生产率的计算方法不同，消费者权益保护的增强都会提高企业的全要素生产率。企业通过增加创新投入改造生产线，提高产品质量，优化创新生产及管理的模式和流程，设计生产利润空间更高的新产品，用创新效益弥补成本，从而提高企业的全要素生产率。

表 8.6　消费者权益保护增强对企业全要素生产率的影响

变量	（1） TFP（OP 法）	（2） TFP（LP 法）
Treat×After	0.0024** （0.0012）	0.0446** （0.0222）
Treat	0.0026 （0.0037）	0.1165* （0.0659）
After	0.0018 （0.0021）	0.0784* （0.0402）
Controls	是	是
_Cons	2.6326*** （0.0090）	10.6677*** （0.1754）
Year	是	是
Ind	是	是
R^2	0.8580	0.7773
N	4575	4575

（三）机制分析

我们采用三重差分方法构建式（8.3），检验消费者权益保护对企业创新投入的作用机制：

$$RD_{it} = \alpha + \beta_1 Treat_i \times After_t \times Analyst_{it} + \beta_2 Treat_i \times After_t + \beta_3 Treat_i + \beta_4 After_t + \beta_5 Analyst_{it} + \gamma Controls_{it} + \delta_i + \mu_t + \varepsilon_{it} \quad (8.3)$$

分析师作为资本市场关键的信息生产者，可以缓解公司与投资者之间的信息不对称（Womack，1996；Frankel and Li，2004），分析师关注度越高，则越能促进企业信息的传播。我们参考戴国强和邓文慧（2017）的做法，采用对分析师跟踪人数加 1 并取对数的方法来衡量分析师关注度，并以此作为信息不对称程度减轻的刻画。表 8.7 中我们关注系数 β_1，它在 1% 的水平下显著正相关，表明消费者权益保护的增强可以通过提高企业被分析师关注度，缓解信息不对称，进而促进企业的研发投入。

表 8.7　机制分析

变量	RD
$Treat \times After \times Analyst$	0.0028***
	(0.0011)
$Treat \times After$	−0.0006
	(0.0023)
$Treat$	0.0317***
	(0.0032)
$After$	0.0147***
	(0.0024)
$Analyst$	0.0035***
	(0.0007)
$\_Cons$	0.0566***
	(0.0091)
Controls	是
Year	是
Ind	是
R^2	0.3736
N	4299

（四）异质性分析

1. 政商关系的影响

政府廉洁度和政府对企业的关心程度通常用来反映政商关系到底是"扶持之手"还是"掠夺之手"（鄢波和王华，2018；王健忠和高明华，2017），我们参照聂辉华等（2019）构建的政府廉洁度和政府关心指数作为地方政府在政商关系中扮演角色的衡量。根据样本企业所处地区的政府关心指数、政府廉洁度得分是否大于样本中位数设置虚拟变量，将样本企业所在城市分为关心指数低和关心指数高，以及政府廉洁度低和政府廉洁度高的城市。

由表8.8列（1）和列（3）结果显示，对于处于政府关心程度或政府廉洁度较低城市的企业，消费者权益保护的增强对其创新投入的促进效果均不显著；相反，由列（2）和列（4）的结果可知，对于政府关心程度或政府廉洁度较高城市的企业，消费者权益保护强化对企业创新投入的促进效应显著为正。因此，良好的政商关系有助于发挥消费者权益保护的创新促进效应，验证了假设8.2。

表8.8　　　　　　　　　　政商关系的影响

变量	（1）政府关心度低	（2）政府关心度高	（3）政府廉洁度低	（4）政府廉洁度高
$Treat \times After$	0.0031 （0.0026）	0.0036* （0.0021）	0.0019 （0.0027）	0.0051** （0.0020）
$Treat$	0.0384*** （0.0049）	0.0210*** （0.0044）	0.0291*** （0.0058）	0.0351*** （0.0041）
$After$	0.0143*** （0.0043）	0.0187*** （0.0029）	0.0191*** （0.0036）	0.0132*** （0.0030）
Controls	是	是	是	是
_Cons	0.0583*** （0.0154）	0.0621*** （0.0125）	0.0562*** （0.0128）	0.0554*** （0.0120）
Year	是	是	是	是
Ind	是	是	是	是
R^2	0.2913	0.3947	0.3739	0.3557
N	1879	1918	1828	2796

2. 企业生命周期的影响

我们根据企业年龄是否超过样本企业年龄的中位数，将总样本划分为成长期的企业和成熟期的企业。表8.9列（1）和列（2）的分组结果显示，消费者权益保护只对处于成熟期的企业有创新促进效应，对成长期企业的创新行为无显著影响。可能的解释为：处于不同生命周期的企业能力和目标不同,处于成熟期的企业有相对充足的资源进行创新活动,能对消费者权益保护增强的信号做出反应,而处于成长期的企业在创新方面缺乏资源保障以及风险承受能力,因此消费者权益保护的变化对其创新行为的促进作用有限,验证了假设8.3。

表8.9　　　　　　　　　生命周期的影响

变量	(1) 成长期	(2) 成熟期
$Treat \times After$	0.0018 (0.0036)	0.0049** (0.0020)
$Treat$	0.0272*** (0.0050)	0.0339*** (0.0038)
$After$	0.0057 (0.0049)	0.0215*** (0.0030)
Controls	是	是
$\_Cons$	0.0854*** (0.0191)	0.0559*** (0.0119)
Year	是	是
Ind	是	是
R^2	0.4027	0.3602
N	1082	3217

第四节　小结

本节以2009—2016年中国制造业民营上市企业为样本,基于2013年的《消法》大修,检验消费者权益保护是否以及如何影响企业的创新投入。研究结果表明:①消费者权益保护增强会促进企业增加其创新投入,一系列稳健性检验均表明该结论稳健且可靠。②消费者权益保护通过增强企业的社会关注度,缓解信息不对称,从而增加企业创新投入的意愿和能力。③在政商关系更多表现为"扶持之手"的城市,以及对于成熟期的企业,消费者权益保护对企业创新投入的促进作用更加明显。

本节可能的边际贡献主要体现在：第一，从消费者权益保护入手，识别出消费者权益保护对企业创新投入的影响，为创新促进提供了新的研究视角，丰富了"法与创新"的研究文献。第二，本节不仅探讨了《消法》大修对企业创新投入的促进作用及影响机制，还深入考察了消费者权益保护对于不同地区和不同特征企业创新投入的异质性影响，为进一步完善《消法》提供了有益的参考。

第九章

"三审合一"改革与企业创新质量

第一节 问题提出

加强对企业知识产权的保护力度可以保护企业因创新而获取的垄断收入,增强企业创新激励,因此完善知识产权司法保护体系是提升企业创新能力的重要途径。然而,传统的"三审分立"知识产权案件审判模式难以统一执法水平和维护司法权威,存在明显的审判效率问题(孙海龙,2010),知识产权司法保护难以有效发挥其功能(杨志祥等,2012)。因此,各地法院纷纷开展了知识产权案件审判模式创新的探索。国务院在2008年的《国家知识产权战略纲要》中提出"完善知识产权审判体制,优化审判资源配置,研究设置统一受理知识产权民事、行政和刑事案件的专门知识产权法庭",明确了知识产权案件审判方式改革的方向。紧随其后,最高法院也提出"探索符合知识产权特点的审判组织模式",同意多地进行知识产权民事、行政和刑事案件"三审合一"审判模式改革试点。自此,"三审合一"成为当下知识产权司法保护改革的重点和热点,可能对企业的创新活动产生重要影响。

既有文献主要对"三审合一"的背景与现实意义和发展轨迹与经验教训等进行了理论分析,吴伯明(2001)认为知识产权保护工作的改革不仅可以统一审判标准,还能够节约程序、精简机构和提高审判水平。林广海(2007)从知识产权民事、行政、刑事"三审合一"改革目的的视角出发,认为"三审合一"是适用于全国范围内的知识产权司法保护新机制,有助于提升知识产权司法保护的整体能力,从而实现建设创新型国家的重大战略任务。李瑞钦和黄金凤(2014)指出"三审合一"是管辖权及审判权的合并,也是知识产权法律适用的统一。民事、行政和刑事知识产权案件有各自不同的审理模式,"三审合一"的出现意味着体系化规则的形成,增强了知识产权法律适用的统一性和严肃性,有利于优化知识产权审判资源的配置。沈杨(2009)主要从理论层面对"三审合一"的路径选择与思路延展进行了研究,认为"三审合一"改革与其他很多改革一致,最初走的都是一条自下而上的能动路线,即由某些基层法院的试点开始,逐步上升到中级人民法院的层面。但"三审合一"真正实现规模化却是最高人民法院集中调研并正式发文开展自上而下的试点推广之后,这使知识产权"三审合一"改革首次上升到高级人民法院的层面,从而在体制与机制保证了改革良好效果的取得。与此同时,沈杨(2009)还提出"三审合一"改革缺乏前瞻性,容易陷入改革措施与改革目的背离的困境,甚至可能会在施行不久后就面临被废止或再次改革的尴尬境地。这与目前中国各地区的"三审合一"改革仍处于探索阶段,不同程度地受到资源和体制束缚的现状相符。不仅如此,"三审合一"改革的实际效果也引发了其他学者的质疑。张晓薇(2013)认为,由于"三审合一"与三大诉讼制度的定位存在矛盾和不对称性,单纯地将知识产权案件集中管辖将难以发挥三类诉讼的异质性功能,可能会抵消或减弱知识产权司法保护的社会意义。胡叶飞(2017)指出"三审合一"改革并没有很好地解决知识产权案件刑事与民事交叉时如何处理刑事与民事优先级的问题。如果在处理刑事与民事交叉案件时仍旧采用先刑后民原则,原告难以通过及时起诉来获得主动。刘伟明(2015)发现,中国法院没有权力对专利以及其他的知识产权进行确权,倘若人民法院在审理知识产权侵权诉讼中遇到商标与专利权都需要确权时,一般都会暂时中止诉讼,先由国家知识产权局或者国家工商总局解决商标与专利权的效力问题,再解决民事侵权问题,这样就会造成程序烦琐、诉讼拖延,导致"三审合一"改革与行政机关确权程序产生冲突,不利于权益保护。潘晨(2015)进一步指出"三审合一"改革最大的问题是与三大诉讼制度的衔接问题,因案件民事、行政和刑事性质不同，举证方式、责任承担、司法资源的分配、法官思维方式等都不一样。最明显的举证责任即民事案件中主要是"谁主张，谁举证"，行政案件中主要由行政主体承担举证责任，刑事案件中则由公安等侦查机构取证，而现行的"三审合一"审判模式难以对类似的制度进行有效衔接。史君如和唐姣（2017）则认为，中国法律规制中"三审合一"存在空白，并没有任何的基本法律来予以规范。首先，虽然国家提出了设置专门知识产权庭的要求，但并不能代替法律的效力性和权威性。应当在法律中以立法的形式予以明确，这也有助于审判人员在审理案件时能够有法可依。其次，日益增多的性质交叉案件使知识产权案件在证据收集、证明力大小等实体和程序方面相对于一般案件更为烦琐和复杂，致使不同司法部门在证据收集、证据认定和证明标准等程序中对三大诉讼法的理解迥异，不利于保护诉讼参与人的权利。卢宇和王睿婧（2015）认为，当前"三审合一"审判模式虽在人员和机构上实现了"合一"，但审理案件的合议制仍较为落后，合议庭成员之间也缺乏必要的协调与沟通，有损法律的权威。同时，不同于知识产权案件较多的东部经济发达省份，西部省份的知识产权案件相对较少，其他民事案件数量较多，部分中级人民法院虽然实行了"三审合一"，但其审判人员常常被用于审理其他类型的案件，导致"三审合一"的实施目的不明确，实施意义被弱化，"三审合一"可能出现"水土不服"现象。因此，对"三审合一"的实际效果进行定量检验具有重要的现实意义。近年来，个别微观实证研究尝试将"三审合一"的研究视角推进到企业层面，为我们提示了深入研究的方向。王海成和吕铁（2016）利用2000—2009年的广东省工业企业数据，以广东省内的广州市天河区、深圳市南山区和佛山市南海区三个"三审合一"试点地区为例，发现"三审合一"对这些地区的企业创新产出有显著的促进作用。但仅仅以广东省部分地区为研究对象，其结论缺乏普适性，现阶段"三审合一"尚无统一模式，是一种基于地域的司法改革探索，即使相同的"三审合一"在不同地区也可能有不同作用。并且"三审合一"改革是一个由点到面逐步探索的过程，局限于个别发达地区少量企业的研究结论可能不具备普适性和代表性，因此有必要扩大研究范围。截至2017年，中国已有数十座城市实行了"三审合一"改革，这为我们更广泛、更深入地考察"三审合一"的实际效果提供了较好的样本条件。

第二节 "三审合一"制度背景

一直以来,"三审分立"是中国知识产权案件的传统审判模式。随着中国经济发展方式向创新驱动转型,一方面知识产权案件数量逐年增加,2019 年全国法院受理的一审知识产权案件已达 420808 件;[①] 另一方面知识产权相关案件已经不仅仅涉及民事、行政与刑事的一个方面,也不单是程度或者实体的问题,现实中的知识产权案件往往既包含了专业法律知识的灵活运用,也开始涉及确权和鉴定等多个领域。知识产权案件审理的专业性和复杂性已越发增强,亟须跨学科、跨领域的专业技能,对法官提出了更高的专业要求。因此,在审理民事、行政与刑事交叉案件时,"三审分立"审判模式不但损害了权利人的合法权益,而且法官也难以做出正确的判决,严重损害了法律的尊严和严肃性(李虹,2012)。同时,在知识产权案件确定侵权之前,民事、行政与刑事均需进行确权,但现实情况是大部分知识产权案件属于民事案件,这极易造成行政和刑事知识产权审判资源的闲置,进而造成审判资源浪费,有碍于资源的有效配置,并且不利于审判人员的专业性知识产权案件的经验总结,遏制了专门审判人才的培养(胡潇潇,2009)。并且,"三审分立"审判模式会导致相同案件会由不同的审判庭进行审理,进而对人才资源造成不必要的浪费,不同审判庭之间沟通不方便,将相同事实推向不同的审判庭,极不利于对知识产权案件的审判,更加大了审判的成本而且不同审判庭由于民事、行政和刑事的思维方式本身不一样,易造成审理结果的不协调性。

为探寻更高效合理的知识产权案件审判模式,自 1993 年起,北京等地区的高级人民法院及部分中级人民法院陆续成立了专门的知识产权审判庭。1995 年,关于假冒上海吉列刀片公司"飞鹰"商标的民事、

[①] 详见 2020 年 1 月 11 日最高人民法院民三庭副庭长林广海在第十届中国知识产权新年论坛暨 2020 中国知识产权经理人年会开幕式上的致辞。

行政和刑事案件分别被起诉至上海浦东法院。为了保证案件审判质量，浦东法院知识产权庭与行政庭、刑庭配合，共同审结了这三起案件。该案件作为全国范围内首件"三审合一"审理的案件，为知识产权案件审判模式改革指明了方向。由此，部分发达地区的法院开始了知识产权案件"三审合一"改革的探索。

"三审合一"改革的具体实施模式由各省份高级人民法院负责，由于不同地区的司法政策意图、司法资源和经济社会发展水平有所差异（张晓津，2012），因而各地区形成了各具特色的"三审合一"审判模式，如知识产权一审行政案件或刑事案件由基层法院依法作出判决后，当事人若不服提起上诉，则可由中级人民法院的行政审判庭审理的"浦东模式"；中级人民法院主动改组内部民事审判庭，设立专门的知识产权审判庭，集中审理管辖范围内的一审知识产权民事纠纷案件，以及受理对基层法院知识产权庭作出的民事、行政和刑事案件判决不服的二审知识产权民事、行政和刑事案件的"武汉模式"；让民事法官参加知识产权行政、刑事案件审理，鼓励民事、行政和刑事知识产权案件审判人员相互学习借鉴，弥补不足，实现知识产权案件审判质量提高的"西安模式"；中级人民法院设立独立的知识产权审判庭或合议庭审理知识产权案件，同时高级人民法院统一指导下级法院知识产权案件审判的"重庆模式"等。各种特色模式虽然在一定程度上证明了"三审合一"在理论上的可行性，但各模式大多基于当地实情，具有一定的不可复制性，不利于大规模的推广。为节约人力资源、统一审判标准并遏制地方保护主义，2008年国务院在《国家知识产权战略纲要》中对"三审合一"审判模式的基本框架做出了具体规定。此后，中国知识产权案件"三审合一"改革开始进入"快车道"。2014年，北京、上海、广州还相继设立了专门的知识产权法院，"三审合一"改革正在向纵深推进。

由图9.1可见，"三审合一"的实施是一个渐进过程，2013—2014年实施"三审合一"的城市数量有较大幅度增加，增幅达80%。这一变化也暗示随着"三审合一"改革的推行，知识产权保护力度加大，企业创新质量也可能产生了动态变化。

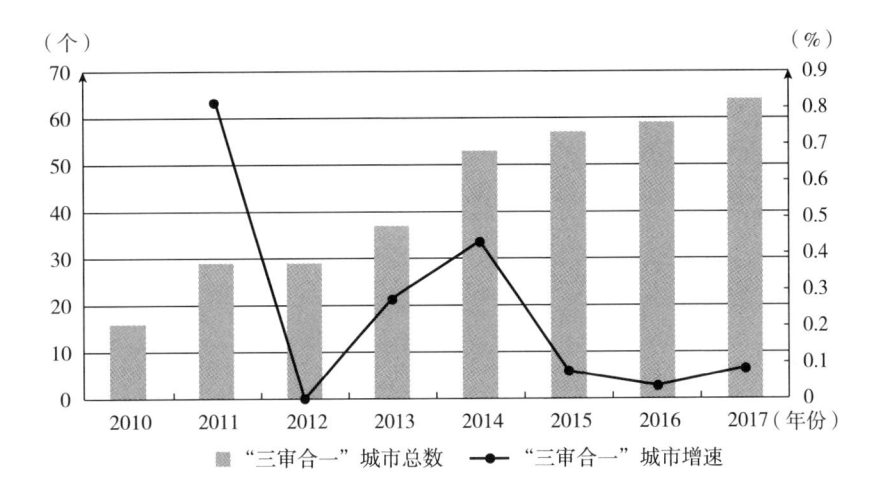

图 9.1　实行"三审合一"的累计城市数及增速

资料来源：笔者根据中国各地区中级人民法院相关资料计算整理。

第三节　"三审合一"影响创新质量的理论分析

高质量的创新活动是"厚积薄发"的科研过程，往往随着高投入、长周期与不确定性等诸多风险（陈清泰，2006）。创新理论认为，创新活动具有较高的外部性，企业获得的创新收益往往低于创新投入，导致企业创新动力不足。因此，在知识产权保护制度尚不完善的情况下，企业的创新成果极易被竞争对手剽窃或模仿，创新者得到的报酬难以弥补其创新的成本，从而导致企业通常会主动选择成本较低、风险性较小的模仿创新模式（彭纪生和刘春林，2003）。"三审合一"作为保护知识产权的重要司法手段，可以有效提高知识产权案件的审理质量和审判效率，改善知识产权的司法保护环境，降低企业的创新维护成本，鼓励企业通过技术创新增加市场竞争力，推动企业的创新行为偏好由创新数量转向创新质量。

一　"三审合一"、被分析师关注度与创新质量

在开放式创新背景下，技术创新的复杂性和融合性日趋加剧，企业面临着融资难、成本高，资源分散等问题，导致创新效率低下，因而很多企业开始综合运用组织边界以外的多维资源来弥补自身的发展缺陷，

即"协同创新",由此协同创新的创新模式成为企业生存和发展的必然选择(解学梅和刘丝雨,2015)。企业通过协同创新能够丰富企业的技术资源,实现科技联合攻关(俞立平等,2020),从而弥补企业技术能力不足,助力企业产出高质量创新成果。但如果参与主体的利益差别过大的话,协同目标将会出现严重的分化,从而加剧创新主体的利益分配冲突,进而直接影响协同创新的过程;而且,倘若企业内外的信息不对称现象较为严重,潜在的创新合作者将无法了解创新项目详细信息,进而抑制企业间进行协同创新的意愿(方放等,2016)。"三审合一"的实施能有效保护企业的创新成果不受侵害,增大创新成果实现高经济价值的可能性,提升企业的创新潜能,并且企业也更愿意披露研发项目信息和未来前景给外部资金的提供者,因此所在城市进行了"三审合一"改革的企业便容易成为理想的协同创新伙伴,其企业创新信息的被需求程度也由此得到提高,市场对相关企业的分析师信息服务需求也随之增加,增强了分析师对这些企业的关注动机。因此,"三审合一"的实施会吸引分析师对当地企业的创新活动进行更多的跟踪关注。作为企业的外部监督者,分析师对企业关注度的增加有利于提高信息分析的时效性和准确性,从而缓解企业之间的信息不对称,帮助协同创新联盟分析参与主体的博弈合作行为,并协调和均衡参与主体之间的利益矛盾,进而为企业吸引更多协同创新的合作伙伴(Mueller et al.,2009),推进合作共赢的创新模式,提高企业创新高质量。

二 "三审合一"、研发投入强度与创新质量

知识产权案件"三审合一"有利于确认企业技术成果的归属,从而形成以自主创新为主导的公平、公正同时也愈加激烈的市场竞争环境。一方面,由于知识产权存在外部性问题,企业很难阻止其知识产权被模仿,而良好的知识产权保护环境使创新成果被非法模仿的可能性下降,提高了创新投入的期望经济收益,使高质量创新成果有可能产生更高的预期利润,鼓励企业增强研发投入强度,即对企业创新起到积极的激励作用(Gangopadhyay and Mondal,2012),促使企业主动增加研发投入,进而通过资金的"集聚效应",产出更多高质量创新成果(陈战光等,2020);另一方面,公平、公正的市场环境提高了企业的"侵权成本",导致技术引进成本增加(Lorenczik and Newiak,2012),企业通

过技术引进和模仿获得其他企业创新成果的难度加大，因此被迫增强研发投入强度进行自主创新，从而实现企业创新质量的提升。

三 被分析师关注度与研发投入强度

一方面，分析师可以独立对上市公司的信息进行收集、加工、解读和传递，以缓解投资者和企业之间的信息不对称。特别地，分析师的独立性和专业性使其在解读企业创新信息时更具有优势，他们会对创新活动等长期价值要素进行重点关注。不同于普通投资者，分析师能够长期跟踪特定企业和相关行业，有些分析师甚至具有专业学科背景，更容易理解和评估创新活动的内在价值。因此，当涉及容易产生代理问题的创新事项时，投资者更加信赖分析师提供的信息。分析师可以避免低估创新活动的价值，帮助投资者更加充分地理解企业创新活动的潜在经济价值，提升企业进行创新投入的意愿。

另一方面，信息揭示假说认为，分析师关注能够对复杂的创新项目进行有效解读，披露更多企业价值信息，缓解股东与经理层以及公司与外部投资者之间的信息不对称，不仅能够真实反映企业的创新潜力，使投资者更好地了解长期风险性投资的收益趋势（余明桂等，2017），还可以避免股东对公司业绩的低估，降低经理层在外部压力下减少创新投入的可能性，提高创新项目的净现值（He and Tian，2013），使公司的研发投入增加（Derrien and Kecskes，2013）。因此，被分析师关注度的提高使投资者能够正确预估高质量创新的价值，缓解创新活动的信息不对称，提高企业创新活动的融资能力（Hall and Lerner，2010），降低了企业的融资成本，进而改善企业融资约束，为创新活动提供更多外部资源，使企业有能力增强研发投入强度（谢家智等，2014），推动企业的创新决策核心从收益较低的低质量创新项目，转向收益更高的高质量创新项目。

综上所述，我们认为"三审合一"可以通过影响企业被分析师关注度与研发投入强度从而提高企业创新质量（见图9.2）。

基于以上分析，本节提出以下假设：

假设9.1：知识产权案件"三审合一"能够提升企业的创新质量。

假设9.2：知识产权案件"三审合一"可以通过提高企业的被分析师关注度提升企业的创新质量。

```
          直接传导机制 假设9.1
      ┌─────────────────────────┐
      │   ┌──────────┐ 假设9.2   │
      │ ┌→│被分析师关注度│──┐    ↓
┌────────┐│ └──────────┘  │ ┌────────┐
│"三审合一"│┤    假设9.4    ├→│企业创新质量│
└────────┘│ ┌──────────┐  │ └────────┘
          └→│研发投入强度│──┘
            └──────────┘ 假设9.3
           间接传导机制
```

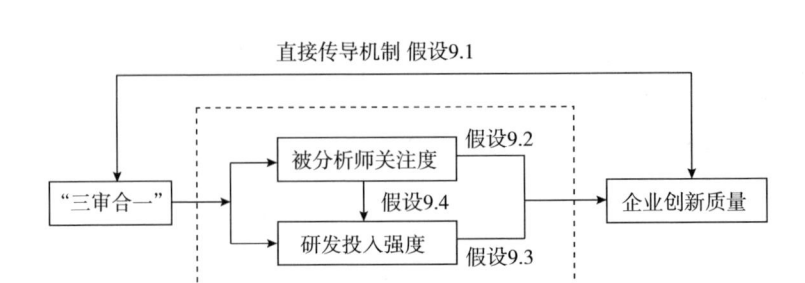

图 9.2　"三审合一"影响企业创新质量的作用机制

假设 9.3：知识产权案件"三审合一"可以通过增强研发投入强度提升企业的创新质量。

假设 9.4：知识产权案件"三审合一"可以通过提高企业被分析师关注度，增强研发投入强度，进而提升企业创新质量，即被分析师关注度与研发投入强度在此过程中发挥着链式中介效应。

第四节　"三审合一"影响创新质量的实证分析

一　研究设计

我们将 2010—2017 年全国各城市的"三审合一"改革作为准自然实验，通过考察非"三审合一"城市企业成为"三审合一"城市企业后对其创新质量的影响来揭示"三审合一"对企业创新质量的因果联系。选择 2010—2017 年作为研究窗口期的原因在于：①2009 年最高人民法院正式审批同意全国多地法院实施"三审合一"改革试点，因此 2010 年可以作为"三审合一"大规模实施的起始年份；②如图 9.1 所示，多数城市的"三审合一"改革始于 2014 年前后，实施年份的相对集中有利于较好地排除时间维度的干扰。

（一）数据来源与样本选择

制造业是技术创新的主体，因此我们以中国制造业 A 股上市企业作为研究样本。① 企业创新产出数据、上市公司财务报表数据以及企业性质

---

① 以 2012 年的《上市公司行业分类指引》为标准，采取两位代码行业分类，将制造业分为了 29 大类。

等来自中国专利数据库和 CSMAR 数据库，企业研发投入数据源于 Wind 数据库。我们对样本进行了如下处理：①删除 ST 或 *ST 企业；②剔除主要变量缺失的样本；③剔除在研究窗口期内存在时间间断的样本。

通过网络搜索、新闻媒体、地方年鉴等各种途径，笔者手工收集并整理了 288 座城市知识产权案件审判模式的具体信息，并对相关数据做以下处理：①由于直辖市的知识产权保护水平普遍较高，且在经济发展水平和知识产权案件审判方式改革等方面也与其他城市存在差异。另外，考虑到各城市行政级别的对等性和可比性，参考罗煜等（2016）的做法，剔除直辖市的企业研究样本；②剔除所有"三审合一"实施时间早于 2010 年的城市样本。

我们最终选取了 197 座城市、837 个在样本期内持续经营的企业作为研究样本，并对所有连续变量进行了上下 1% 的缩尾处理。

（二）估计方法和模型设定

通常情况下，如果"三审合一"的实施可以被视为准自然实验，那么通过比较"三审合一"城市企业（处理组）和非"三审合一"城市企业（对照组）在创新质量方面的差异就可以了解"三审合一"是否产生了创新质量的促进效应，但该做法的研究结果并不十分准确。因为在"三审合一"实施前后，除了"三审合一"改革之外，可能存在其他因素同时影响该地区企业的创新行为，这些因素很容易对估计结果产生系统性偏差，即存在样本自选择问题，如果无视这一问题而简单采用双重差分法进行回归分析，那么所得到的结果将是有偏差的，从而干扰"三审合一"的评估结果。企业所在城市实施"三审合一"之后，企业创新质量的变化主要来自三个方面：①企业因为自身差异而形成的"分组效应"；②因外部经济环境变化或随着时间惯性而引起的"时间效应"；③受"三审合一"司法政策影响而形成的"政策处理效应"。由于"分组效应"与"时间效应"可能对分析结果产生干扰，因此我们首先采用倾向得分匹配法（Propensity Score Matching，PSM）寻找与"三审合一"城市企业类似的对照组以消除样本选择性的问题，倾向得分匹配方法用于揭示"三审合一"改革所产生的结构效应和群组差异，并起到稳健性验证的目的，然后结合双重差分法（DID）分离出企业的"政策处理效应"，从而估计"三审合一"对企业创新质量的"净影响"。通过 PSM-DID 方法可以使观测数据尽可能接近试验数据，最大限度减少观测数据的偏差，有效地解决由样本自选择造成的有偏估计问题。由此，最大限度地保障估计结果的真实性与准确性。

1. 对样本进行倾向得分匹配

倾向得分匹配的目的在于改善样本选择偏差，即从对照组中找到与处理组具有类似特征的个体，进而构造反事实的结果。基本思路是匹配构建一个与处理组在尚未受到政策冲击影响之前的主要特征尽量一致的对照组，使匹配后两个样本组的配对企业之间仅在所在城市是否实施"三审合一"方面有所不同，主要步骤是：第一，选择适宜的协变量进行倾向得分匹配；第二，运用 Logit 回归方法估计倾向得分，主要匹配方法有半径匹配、核匹配等；第三，用第一步中确定的协变量进行倾向得分匹配。具体而言，在匹配中将样本分为两组，即处理组（T），表示"三审合一"城市的企业；以及对照组（C），表示非"三审合一"城市的企业。令 $A=\{T,C\}$，表示所有的企业研究样本。匹配的方法是从对照组（C）中找寻与处理组主要特征非常接近的样本，用来消除选择性偏差。假设企业成为"三审合一"城市企业的概率公式为：

$$P = Pr\{A=T\} = N\{X_{it}\} \tag{9.1}$$

其中，P 为企业成为"三审合一"城市企业的概率（倾向得分），$N\{\cdot\}$ 为正态累积分布函数。X_{it} 为特征变量，表示影响企业进入实施"三审合一"城市的因素。根据倾向得分值和具体的匹配原则，从对照组中寻找与每个处理组的企业 i 倾向得分最相近的若干企业作为其对照组，以 C_p 表示。

2. 采用双重差分法估计"三审合一"的效应（DID）

在进行倾向得分匹配之后，我们得到了另一组企业研究样本 $A_p = \{T, C_P\}$，其中，T 表示"三审合一"城市企业，C_p 表示匹配后的非"三审合一"城市企业。基于此构造实施"三审合一"的虚拟变量 $Treat_{it}$，当 $i \in T$ 时取 1，$i \in C_P$ 时取 0。同时，定义时间虚拟变量 $Time_{it}$，"三审合一"实施前的时期为 0，实施后的时期为 1。由于每个城市实施"三审合一"的年份不同，因此参考卞元超等（2019）采用双向固定模型（9.2）来检验"三审合一"对企业创新质量的影响效应：

$$CXZL_{it} = \alpha_0 + \beta Treat_{it} \times Time_{it} + \gamma X_{it} + Ind_i + Year_t + \varepsilon_{it} \tag{9.2}$$

其中，$CXZL_{it}$ 为企业 i 在 t 年的创新质量；α 表示截距项；$Treat_{it} \times Time_{it}$ 表示企业所在城市实施"三审合一"的虚拟变量；β 为估计系数，表示"三审合一"对企业创新质量的影响效应；X_{it} 既是影响企业创新质量的控制变量，又是影响企业进入处理组的特征变量，Ind_i 和 $Year_t$ 分别为行业和时间固定效应，ε_{it} 是随机扰动项。

（三）变量定义

1. 企业创新质量

由于专利授权需要长时间的审查并缴纳年费，存在更多的不确定性和不稳定性，所以专利申请数量相较于授权数量更具有真实性和有效性。我们参考 Tian 和 Wang（2014）和 Gu 等（2017）的做法，以专利申请数量来度量企业各类型专利的数量；借鉴虞义华等（2018）的做法，按照专利的分类和专利经济价值的大小，赋予发明专利、实用新型专利和外观设计专利 5∶3∶1 的权重，通过加总得到各企业每年的创新质量得分（CXZL）。为了缓解专利指标呈现出右偏特征的问题，我们对企业创新质量得分加 1 并取自然对数。

2. "三审合一"虚拟变量

如何准确界定某城市是否实施"三审合一"是我们使用双重差分法的关键，参考 2009 年最高人民法院颁布的《关于人民法院设置统一受理知识产权民事、行政和刑事案件的专门知识产权法庭的实施意见》，我们将是否设立专门的知识产权审判庭或综合审判庭，统一审理知识产权民事、行政、刑事案件作为实施"三审合一"的标准。若企业所在城市当年实施了"三审合一"改革，则"三审合一"虚拟变量赋值为 1；否则赋值为 0。

3. 控制变量

参考 Chang 等（2015）的做法，采用的主要控制变量（见表 9.1）包括：企业年龄（ln_firmage）：使用样本企业当年所处自然年份减去企业注册年份加 1 取对数表示；成长机会（MB_ratio）：采用企业账面市值比来衡量；企业资本结构（Lev）：使用资产负债率来反映；现金资产比率（Cashassets_ratio）：使用现金资产占企业总资产比率作为代理变量；成长能力（Salesgrowth）：使用企业营业收入同比增速作为企业未来成长机会的代理变量；盈利能力（ROA）：使用企业总资产收益率度量；行业竞争度（*HHI5*）：使用赫芬达尔指数作为代理变量；企业资本密集度（ln_*firmedpp*）：使用企业人均固定资产净额作为企业资本密集度的代理变量，并取自然对数。

表 9.1　　　　　　　　　　变量定义

变量类型	变量名称	变量符号	变量定义
被解释变量	创新质量	*CXZL*	ln（5×发明专利申请量+3×实用新型专利申请量+1×外观设计专利申请量+1）
	创新质量（授权）	*CXZL2*	ln（5×发明专利授权量+3×实用新型专利授权量+1×外观设计专利授权量+1）
	发明专利	*FMZL*	ln（发明专利申请数+1）
解释变量	三审合一	*Treat×Time*	当年企业所在城市实施了"三审合一"改革取值为1，否则取值为0
控制变量（企业层面）	企业年龄	ln_*firmage*	ln（成立年数+1）
	成长机会	*MB_ratio*	总资产/市值
	企业资本结构	*Lev*	总负债/总资产
	现金资产比率	*Cashassets_ratio*	现金资产/总资产
	成长能力	*Salesgrowth*	（营业收入本年金额-营业收入上年金额）/营业收入上年金额
	盈利能力	*ROA*	利润/总资产
	行业竞争度	*HHI5*	行业赫芬达尔指数，每一行业内所有企业市场占有率的平方和，依据证监会二级行业内企业销售收入计算
	企业资本密集度	ln_*firmedpp*	ln（企业人均固定资产净额），用各省份1952年为基期的固定资产投资价格指数平减
稳健性检验中采用的控制变量（宏观）	"创新型城市"试点政策	*CXCT*	当年企业所在城市实施了"创新型城市"试点取值为1，否则取值为0
	"大众创业、万众创新"政策	*WZCX*	以2014年9月夏季达沃斯论坛上李克强总理的讲话作为划分起点，2014年后取值为1，否则取值为0
	城市经济发展水平	*RJGDP*	ln（人均 GDP）
	城市金融发展	*CSJJSP*	年末金融机构各项贷款余额/GDP
	外商直接投资	*TZSP*	当年实际使用外商资金/GDP
	地方政府对创新的重视程度	*ZSCD*	科学技术支出/财政支出

续表

变量类型	变量名称	变量符号	变量定义
中介变量	被分析师关注度	lnAF	ln（被分析师跟踪人数+1）
	研发投入强度	RDA	企业研发投入/总资产×100
分组变量	企业规模	DZX	采用2017年国家统计局对企业规模的划分标准
	企业控股属性	GYFGY	以企业实际控制人属性作为划分标准
	企业技术水平	GJSFGJS	按照2017年国家统计局发布的《高技术产业（制造业）分类》划分

（四）描述性统计

描述性统计结果如表9.2所示，2010—2017年，企业创新质量平均值为2.7501，标准差为2.1413，且最大值是平均值的3.71倍，说明企业之间创新质量差异较大，各控制变量的差异也较为明显。

表9.2 描述性统计

变量名称	变量符号	观测值	均值	标准差	最小值	最大值
创新质量	CXZL	6696	2.7501	2.1413	0	10.2127
创新质量（授权）	CXZL2	6696	2.5743	1.9619	0	9.7143
发明专利	FMZL	6696	1.3115	1.3731	0	8.5694
企业年龄	ln_firmage	6686	2.3537	0.6360	0	3.3322
成长机会	MB_ratio	6423	0.5094	0.2369	0.0956	1.0924
企业资本结构	Lev	6695	0.4332	0.2106	0.0481	0.9796
现金资产比率	Cashassets_ratio	6695	0.1625	0.1351	0.0103	0.6643
成长能力	Salesgrowth	6588	2.4908	76.0080	0.0480	0.9796
盈利能力	ROA	6695	0.0364	0.0799	−1.7933	0.6134
行业竞争度	HHI5	6696	0.1475	0.1048	0.0123	0.5258
企业资本密集度	ln_firmedpp	6687	5.6273	0.8907	3.2188	7.7909

二 实证分析与稳健性检验

（一）倾向得分匹配

有多种不同的匹配方法可以用于倾向得分匹配，而且匹配结果是渐进等价的。然而，实践表明各类方法对偏差和效率的权衡有所不同，其结果差异较大（Caliendo and Kopeinig，2008）。为最小化均方误差，我们采用1∶4最近邻匹配方法进行 PSM 分析，并选择企业年龄、成长机会、企业资本结构、现金资产比率、行业竞争度和企业资本密集度作为匹配的特征变量，借鉴 Blundell 和 Dias（2000）、Heyman 等（2007）等的研究，使用逐年匹配的方法为每年的处理组找到匹配的对照组。为验证匹配结果的可靠性，我们检验了各年得分匹配的平衡性假设，在此仅将2017年的检验结果作为代表报告于表9.3。表9.3 的平衡性检验结果显示，根据特征变量对处理组和对照组进行匹配后，所有变量的标准偏差的绝对值均小于5%，说明我们选取的匹配方法与特征变量是合理的。同时，匹配之后的 t 统计量均不显著，表明在给定倾向得分 $P(X)$ 的情况下，是否实施"三审合一"独立于特征变量。因此，匹配后得到的处理组与对照组保证了样本进行处理的随机性，确保了估计结果的可靠性。

表 9.3　　　　　　　　2017 年倾向得分匹配平衡性检验结果

变量名称		均值		标准偏差（%）	标准差减少幅度（%）	t 统计量	t 检验 p>t
		处理组	对照组				
ln_firmage	匹配前	2.6202	2.7591	-36.8	89.0	-5.17	0.000
	匹配后	2.6202	2.6049	4.0		0.53	0.594
MB_ratio	匹配前	0.5289	0.5526	-10.7	56.4	-1.50	0.134
	匹配后	0.5289	0.5185	4.7		0.66	0.511
Lev	匹配前	0.4371	0.4322	2.6	-20.2	0.36	0.715
	匹配后	0.4371	0.4312	3.1		0.44	0.660
Cashassets_ratio	匹配前	0.1393	0.1311	8.4	49.5	1.17	0.243
	匹配后	0.1393	0.1436	-4.2		-0.57	0.568
HHI5	匹配前	0.1248	0.1290	-4.7	98.7	-0.65	0.514
	匹配后	0.1248	0.1247	0.1		0.01	0.993
Lev	匹配前	0.4371	0.4322	2.6	-20.2	0.36	0.715
	匹配后	0.4371	0.4312	3.1		0.44	0.660

(二) 双重差分估计结果与分析

表9.4为式 (9.2) 的全样本回归结果。其中，列 (1) 单独检验了"三审合一"的影响，列 (2) 加入了控制变量，列 (3) 则在加入控制变量的同时控制了地区固定效应、行业固定效应和时间固定效应。从列 (1) 至列 (3) 的结果可以看出，核心解释变量的估计系数在符号和显著性水平方面没有发生实质性改变，"三审合一"的系数在1%的水平下显著为正，支持并验证了假设9.1，说明知识产权案件"三审合一"能够显著提升企业的创新质量水平。

表9.4　　　　"三审合一"对企业创新质量的影响

变量名称	CXZL		
	(1)	(2)	(3)
$Treat \times Time$	0.5631***	0.8523***	0.4963***
	(0.1252)	(0.1086)	(0.1181)
$\ln\_firmage$		-0.8446***	-0.7686***
		(0.0958)	(0.1110)
MB_ratio		1.6002***	1.7894***
		(0.2461)	(0.2719)
Lev		0.9693***	0.9044***
		(0.3245)	(0.3128)
$Cashassets\_ratio$		-0.1087	0.2108
		(0.4266)	(0.4156)
$Salesgrowth$		-0.0034***	-0.0017**
		(0.0004)	(0.0007)
ROA		3.5895***	4.1602***
		(0.5829)	(0.6387)
$HHI5$		-0.5599	-0.7317
		(0.5733)	(0.5419)
$\ln\_firmedpp$		-0.1717**	-0.1400
		(0.0700)	(0.0697)
Ind	否	否	是
Year	否	否	是

续表

变量名称	CXZL		
	（1）	（2）	（3）
_Cons	1.0549***	4.2189***	1.8849***
	(0.0657)	(0.4769)	(0.4508)
N	5810	5735	5735
R^2	0.1607	0.1172	0.2271

注：括号内为稳健性标准误，*、**、***分别表示10%、5%、1%的显著性水平，下同。

为进一步验证本节的主要结论，我们从以下几个方面进行稳健性检验：①验证"三审合一"实施前后企业创新质量的平行趋势变化；②利用安慰剂检验排除无法观测的因素对创新质量所带来的影响；③采用反事实检验的方法排除实施知识产权案件审理"三审合一"改革是城市创新能力低下所引致的结果；④为了避免创新质量的衡量角度不够全面，更换被解释变量衡量方法；⑤考虑到PSM匹配比例可能对DID结果产生潜在影响，使用1∶1最近邻匹配和核匹配对原始研究样本重新配对；⑥为排除其他鼓励创新政策对企业创新质量的干扰，将样本期内与创新相关的政策作为控制变量重新进行回归；⑦剔除企业所在城市除"三审合一"以外的创新环境对企业创新质量的影响；⑧考虑到各城市所在省份之间可能存在影响"三审合一"实施的差异化因素，添加省份的时间趋势效应作为控制变量。这些检验的结果表明，我们的实证结果具有较高的可靠性和稳定性。

（三）平行趋势检验

使用双重差分估计方程的前提是处理组与对照组对于被解释变量的影响在政策实施前呈现平行趋势（Roberts and Whited，2013），即在"三审合一"改革实施之前，处理组与对照组的企业创新质量的变化趋势是平行的。为了进一步检验处理组企业创新质量变化是由于所在城市实施"三审合一"所引起的，而不是纯粹的时间效应，我们参考陈钊和熊瑞祥（2015）与Beck等（2010）的做法，对基准模型（9.2）进行扩展，添加反映"三审合一"时间趋势的一些虚拟变量，用来考察

"三审合一"对企业创新质量的动态影响。模型设定如下：

$$CXZL_{it} = \alpha' + \sum_{\tau=-5}^{-1} \beta_\tau (Treat_{it} \times Time_{it})^\tau + \sum_{\tau=1}^{5} \beta_\tau (Treat_{it} \times Time_{it})^\tau + \gamma X_{it} + Ind_i + Year_t + \varepsilon_{it} \quad (9.3)$$

其中，$(Treat_{it} \times Time_{it})^\tau$ 为一系列虚拟变量，当 i 处于"三审合一"开始前 τ 年时，$(Treat_{it} \times Time_{it})^\tau$ 取值为 1；当 i 处于"三审合一"开始后 τ 年时，$(Treat_{it} \times Time_{it})^\tau$ 取值为 1；除此之外 $(Treat_{it} \times Time_{it})^\tau$ 取值均为 0。按上述方式设定的方程不仅可以进行平行趋势检验，也可以考察"三审合一"对于企业创新质量的时间动态效应。

表 9.5 的回归结果显示，实施"三审合一"前的年份与 $Time_{it}$ 的交乘项系数均不显著，即在"三审合一"实施前，处理组与对照组的企业创新质量并不存在显著差异。检验结果还表明"三审合一"对企业创新质量的促进作用不存在时滞性，并且能够持续相当长的一段时间。

表 9.5　　　　　　　　　　　平行趋势检验结果

变量名称	CXZL
	(1)
"三审合一"实施前 5 年	-0.1569
	(0.2286)
"三审合一"实施前 4 年	-0.0352
	(0.1784)
"三审合一"实施前 3 年	0.1697
	(0.1578)
"三审合一"实施前 2 年	0.1373
	(0.1430)
"三审合一"实施前 1 年	0.1516
	(0.1239)
"三审合一"实施后 1 年	0.3471***
	(0.1276)
"三审合一"实施后 2 年	0.5409***
	(0.1219)

续表

变量名称	CXZL
	（1）
"三审合一"实施后3年	0.6703***
	(0.1430)
"三审合一"实施后4年	0.4708***
	(0.1535)
"三审合一"实施后5年	0.6181***
	(0.2202)
Controls	是
Ind	是
Year	是
_Cons	1.8513***
	(0.4515)
N	5735
R^2	0.2264

（四）安慰剂检验

虽然我们通过时间固定效应控制了随时间变化的企业创新质量影响因素，但仍然可能存在某些难以观测和控制的因素，如其他制度的实施或社会发展水平等，导致企业创新质量产生了与"三审合一"无关的差异。在本节的基准模型中，尽管已经控制了年份特征、企业特征和地区特征等变量，但回归结果仍可能受不可观测因素的影响。为此我们进行安慰剂检验，排除遗漏变量的可能影响。通过生成一个虚拟的"三审合一"改革的政策变量，并使这个虚拟"三审合一"改革的政策变量对随机挑选的企业产生政策冲击，可以有效地验证是否存在该问题。我们预期该随机处理所模拟的"三审合一"改革对企业创新质量不会产生显著影响，即双重差分项的回归结果在统计意义上应该是不显著的。我们参考 La Ferrara 等（2012）、Liu 和 Lu（2015）、周茂等（2018）等的做法，采用如下思路对这些遗漏的干扰因素是否会影响估计结果进行间接检验。根据式（5.5），$Treat_{it} \times Time_{it}$ 系数的估计值的表达式如下：

$$\beta' = \beta + \gamma \frac{cov\ (Treat_{it} \times Time_{it},\ \xi_{it}\ |\ z)}{var\ (Treat_{it} \times Time_{it}\ |\ z)} \tag{9.4}$$

其中，Z 表示所有涉及的控制变量，如果 $\gamma=0$，则非观测因素不会干扰估计结果，β' 是无偏的，但并不能对 γ 是否为零进行直接检验，如果能用某个变量替代 $Treat_{it} \times Time_{it}$，并且该变量在理论上对创新质量不会产生真实影响（$\beta=0$），此时如若再次估计出 β' 值为零，则能反推 $\gamma=0$。为此，我们让"三审合一"对特定地区的冲击变得随机（由计算机生成），再使这个随机过程重复 500 次，这样的随机处理能够保证"三审合一"的实施不会对企业创新质量产生影响，即 $\beta=0$。同时，估计 β' 的均值，并在图 9.3 反映估计出的 500 个 β' 的分布。通过计算，随机处理后得出的估计系数 β' 均值与基准结果相比非常接近于零且不显著，而且 500 次随机过程中 β' 的确都集中分布在零的附近，因此可以反推 $\gamma=0$，从而证明企业创新质量的提高确实是因为"三审合一"的实施所致，而不是其他偶然因素所导致的。

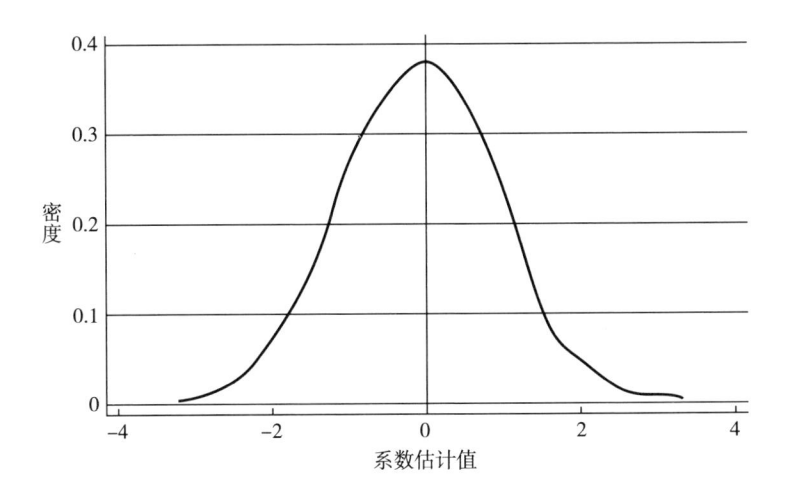

图 9.3　500 次安慰剂检验结果

（五）反事实检验

一方面，创新发展已成为几乎所有中国城市的发展战略，如果实施知识产权案件"三审合一"改革是城市创新能力落后"逼"出来的，那么运用双重差分法对"三审合一"的创新质量提升效应进行评估就会存在偏差。另一方面,"三审合一"改革是地方自发进行的政策实验,利用双重差分法评估这一政策的实际效果,其前提之一是实验组和控制组的选择是随机的,但从现实来看,"三审合一"改革并不是随机地出现在某些地区,而是受到其他诸多因素的综合影响;另外,使用双重差分法评估政策效果时,模型设定可能存在一定的遗漏变量和内生性问题。鉴于此,我们参考范子英和赵仁杰(2019)的做法,通过构造假想处理组进行反事实检验。具体地,我们以复旦大学寇宗来团队编制的历年城市创新指数作为衡量城市创新能力的指标,对每一年各城市创新能力由小到大排序,并根据"三审合一"实施的实际情况,按照相同比例生成假想的处理组。① 结果如表9.6所示,在假想的政策处理下,"三审合一"并未对企业创新质量产生显著作用,进一步验证了表9.4结果的稳健性。

表9.6　　　　　　　　　　反事实检验

变量名称	$CXZL$
	(1)
假想"三审合一"	−0.0627
	(0.5718)
Controls	是
Ind	是
Year	是
$\_Cons$	1.0644***
	(0.6342)
N	6311
R^2	0.1988

(六) 更换被解释变量的衡量方法

为了验证研究的核心结论不受被解释变量衡量方法的影响,我们采

---

① 例如,2011年实际有13个城市实施了"三审合一",对当年全部城市的创新能力从小到大排序,创新能力最小的13个城市被选定为假想"三审合一"实施的城市,对这13个城市赋值为1,其余城市赋值为0。其余年份赋值方式类似。

用授权专利数量重新计算各企业的创新质量得分（*CXZL*2），同时参考其他文献的做法，以发明专利申请数量加 1 并取对数作为创新质量的另一个新度量指标（*FMZL*）。重新对式（9.2）进行回归，表 9.7 的结果表明，本节核心结论不受被解释变量测算方法的影响，更换被解释变量后的回归结果并未发生根本改变，"三审合一"的实施对企业创新质量仍然具有显著的正向作用。

表 9.7　更换被解释变量

变量名称	*CXZL*2	*FMZL*
	（1）	（2）
Treat×Time	0.4708***	0.3532***
	（0.1079）	（0.0828）
Controls	是	是
Ind	是	是
Year	是	是
_*Cons*	2.4473***	0.5148*
	（0.4062）	（0.2936）
N	5735	5735
R^2	0.2510	0.1820

（七）改变 PSM 匹配比例

为了避免因不同的 PSM 匹配比例而造成的双重差分回归结果偏差问题，我们对原始研究样本分别进行 1∶1 有放回近邻匹配和核匹配的 PSM 处理，并重新对式（9.2）进行回归。表 9.8 的回归结果显示，"三审合一"的系数仍然在 1% 的水平下显著为正，所得结论与表 9.4 基本一致。

表 9.8　改变 PSM 匹配比例

变量名称	*CXZL*	
	（1）1∶1 有放回近邻匹配	（2）核匹配
treat×time	0.3378***	0.6443***
	（0.2771）	（0.4963）
Controls	是	是

续表

变量名称	CXZL	
	(1) 1∶1 有放回近邻匹配	(2) 核匹配
Ind	是	是
Year	是	是
_Cons	0.5990 (0.1100)	2.1220** (0.9930)
N	3284	6339
R^2	0.1755	0.2311

（八）排除其他创新政策的影响

我们选取的样本期为2010—2017年，但自2008年起中国在部分地区实行了"创新型城市"试点政策，2014年又提出了"大众创业、万众创新"政策，这两个与创新相关的政策都可能对企业创新质量产生影响，为排除其他鼓励创新政策对估计结果的干扰，我们将企业所在城市是否为"创新型城市"试点和"大众创业、万众创新"的政策虚拟变量作为控制变量，并重新进行回归。结果如表9.9列（1）所示，"三审合一"的估计系数仍显著为正，说明在控制了上述政策的冲击后，"三审合一"的实施对企业创新质量的促进作用依然显著存在。

（九）控制城市创新环境的影响

由于发达城市或科教发展水平较高的城市，其创新发展多处于中期阶段甚至是成熟阶段，创新环境远好于一般城市或科技发展水平较低的城市，导致"三审合一"改革对企业创新质量的边际作用存在城市创新环境的异质性，即企业创新质量可能会受到企业所在城市除"三审合一"以外的创新环境影响。我们参考已有文献的做法，将城市经济发展水平、城市金融发展、外商直接投资和地方政府对创新的重视程度作为城市创新环境的衡量指标（详见表9.1），将这些指标加入PSM的特征变量以及式（9.2）的控制变量，重新对全样本进行逐年PSM匹配，并根据倾向得分值为每一个处理组匹配在企业特征和所在城市创新环境方面均比较相似的企业作为对照组。表9.9列（2）的回归结果表明，虽然考虑了各城市创新环境的差异以后，"三审合一"对企业创新质量的促进作用有所减小，但"三审合一"依旧可以显著提高企业的创新质量。

表 9.9　　排除其他政策的影响和控制城市创新环境的影响

变量名称	CXZL	
	（1）排除其他创新政策影响	（2）控制城市创新环境的影响
Treat×Time	0.5327***	0.3690***
	(0.1196)	(0.1190)
Controls	是	是
Ind	是	是
Year	是	是
_Cons	1.8489***	1.2749*
	(0.4541)	(0.4905)
N	5735	5091
R^2	0.2277	0.2393

（十）控制省份的时间趋势效应

由于各省份的决策规则和试验对象选择偏好存在较大差异，即不同城市所在省份之间可能存在影响"三审合一"实施的差异化因素，为了控制省份决策规则和时间趋势可能对"三审合一"改革产生的系统性偏误，我们在基础回归模型中加入了省份与年份的交乘变量以控制地级市所在省份的时间趋势效应，最大限度地控制内生因素干扰。结果如表 9.10 所示，在控制了地区效应、行业效应、时间效应和省份时间趋势效应之后，"三审合一"的实施仍能够有效提升企业的创新质量。

表 9.10　　控制省份的时间趋势效应

变量名称	CXZL
	（1）控制省份的时间趋势效应
Treat×Time	0.4198***
	(0.1451)
Controls	是

续表

变量名称	CXZL
	（1）控制省份的时间趋势效应
Ind	是
Year	是
Province×Year	是
_Cons	2.0365***
	(0.5761)
N	5735
R^2	0.2808

三　机制分析

"三审合一"对企业创新质量不仅有直接效应，还可能通过被分析师关注度与研发投入强度对企业创新质量产生间接影响。我们参考柳士顺和凌文辁（2009）的做法，使用链式中介效应分析方法构建结构方程模型。链式中介效应主要是指由于多个中介变量存在相互影响，并表现出顺序性特征，从而形成中介链。链式中介效应分析方法是一种多重中介分析方法，能够同时分析多个中介变量与自变量、因变量的关系。我们构建如下的链式中介效应模型：

$$CXZL_{it} = \alpha_0 + cTreat_{it} \times Time_{it} + \gamma_0 X_{it} + Ind_i + Year_t + \varepsilon_{it} \quad (9.5)$$

$$\ln AF_{it} = \alpha_1 + c_1 Treat_{it} \times Time_{it} + \gamma_1 X_{it} + Ind_i + Year_t + \varepsilon_{it} \quad (9.6)$$

$$RDA_{it} = \alpha_2 + c_2 Treat_{it} \times Time_{it} + \gamma_2 X_{it} + Ind_i + Year_t + \varepsilon_{it} \quad (9.7)$$

$$RDA_{it} = \alpha_3 + c_3 Treat_{it} \times Time_{it} + d_1 \ln AF_{it} + \gamma_3 X_{it} + Ind_i + Year_t + \varepsilon_{it} \quad (9.8)$$

$$CXZL_{it} = \alpha_4 + c' Treat_{it} \times Time_{it} + d_2 \ln AF_{it} + e_1 RDA_{it} + \gamma_4 X_{it} + Ind_i + Year_t + \varepsilon_{it}$$

$$(9.9)$$

其中，被分析师关注度通过被分析师跟踪人数加1取对数（$\ln AF$）来衡量，研发投入强度则由企业研发投入与总资产的比值取百分数（RDA）表示。如图9.4所示，"三审合一"与企业创新质量之间的三个中介效应分别为 $c_1 d_2$、$c_2 e_1$、$c_1 d_1 e_1$，"三审合一"与企业创新质量之间的直接效应为 c'。

第九章 "三审合一"改革与企业创新质量

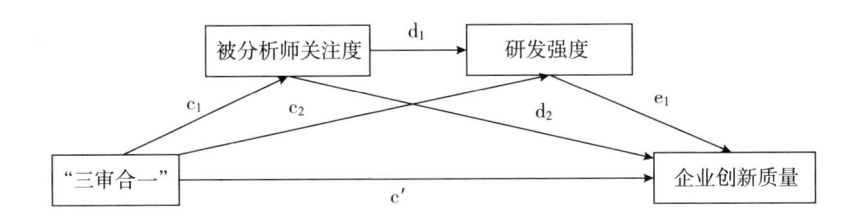

图 9.4　链式中介模型

根据温忠麟和叶宝娟（2014）的做法，采取逐步回归法对链式中介效应进行分析：①检验式（9.5）的系数 c，如果显著为正，说明"三审合一"的实施对创新质量具有促进作用。②依次检验式（9.6）的系数 c_1 和式（9.9）的系数 d_2，如果两个都显著为正，则被分析师关注度的间接效应显著，说明"三审合一"能够通过提升企业的被分析师关注度提高创新质量；依次检验式（9.7）的系数 c_2 和式（9.9）的系数 e_1，如果两个都显著为正，则研发投入强度的间接效应显著，说明"三审合一"能够通过增强企业研发投入强度提高创新质量；检验式（9.8）的系数 d_1，若显著为正，则被分析师关注度和研发投入强度的链式间接效应显著，说明"三审合一"可以提升被分析师关注度从而增强企业研发投入强度，进而提高创新质量。③比较式（9.9）的系数 c'和式（9.5）的系数 c，如果同号且 c'显著则属于部分中介效应，即被分析师关注度和研发投入强度仅是"三审合一"提高企业创新质量的部分路径。

如表 9.11 所示，列（1）与列（5）中"三审合一"的系数均显著为正，且列（5）中"三审合一"的系数小于列（1），表明存在部分中介效应。

表 9.11　链式中介机制的检验结果

变量名称	CXZL （1）	lnAF （2）	rda （3）	rda （4）	CXZL （5）
$treat \times time$	0.4963*** （0.1181）	0.2023*** （0.0562）	0.3447*** （0.0838）	0.2945*** （0.0807）	0.3152*** （0.1123）

续表

变量名称	CXZL (1)	lnAF (2)	rda (3)	rda (4)	CXZL (5)
lnAF				0.2228*** (0.0361)	0.3368*** (0.0454)
rda					0.3658*** (0.0402)
Controls	是	是	是	是	是
Ind	是	是	是	是	是
Year	是	是	是	是	是
_Cons	1.8778*** (0.4589)	1.5972*** (0.2128)	2.4209*** (0.3438)	2.0746*** (0.3456)	1.0110** (0.4669)
N	5735	5735	4483	4483	4483
R^2	0.2271	0.2758	0.2398	0.2664	0.2723

列（2）中"三审合一"与被分析师关注度在1%的水平下显著正相关，列（5）中创新质量与被分析师关注度之间在1%的水平下显著为正，说明"三审合一"可以通过提升企业的被分析师关注度提高创新质量，其中被分析师关注度发挥部分中介作用，支持并验证了假设9.2。

列（3）中研发投入强度与"三审合一"在1%水平下显著正相关，列（5）中创新质量与研发投入强度在1%的水平下显著正相关，表明"三审合一"可以通过增强企业研发投入强度提高创新质量，研发投入强度发挥了部分中介作用，支持并验证了假设9.3。

列（4）中研发投入强度与被分析师关注度在1%的水平下显著正相关，表明被分析师关注度可以有效增强研发投入强度，"三审合一"可以通过提升企业被分析师关注度、增强研发投入强度进而提高企业创新质量，被分析师关注度与研发投入强度发挥了链式中介作用，支持并验证了假设9.4。

四 异质性分析

由于企业初始资源和发展战略不同，"三审合一"对不同类型企业创新质量的影响也有所差异。为进一步考察"三审合一"在激励企业提升创新质量方面所发挥的作用，我们分别从企业规模、企业控股属性和企业技术水平三个方面对样本进行分组回归，结果见表 9.12。

表 9.12 "三审合一"对企业创新质量影响的异质性检验

变量名称	企业规模		企业控股属性		企业技术水平	
	中小型企业	大型企业	非国有企业	国有企业	非高技术企业	高技术企业
	（1）	（2）	（3）	（4）	（5）	（6）
$Treat \times Time$	0.2909*	0.5219***	0.6207***	0.3024	0.5767***	0.4496***
	(0.1636)	(0.1362)	(0.1347)	(0.2107)	(0.1945)	(0.1451)
Controls	是	是	是	是	是	是
Ind	是	是	是	是	是	是
Year	是	是	是	是	是	是
_Cons	2.2081***	3.0831**	2.5562***	3.7974***	0.8182	3.8233***
	(0.5885)	(1.2117)	(0.5146)	(1.0410)	(0.6599)	(0.6780)
N	1247	4488	3452	2220	2484	3251
R^2	0.3599	0.1986	0.2155	0.3022	0.2255	0.2194

首先，我们采用 2017 年国家统计局对企业规模的划分标准①，将样本划分为中小型企业和大型企业。列（1）和列（2）的分组回归结果表明，"三审合一"对中小型企业和大型企业创新质量的政策处理效应均显著为正，但大型企业的"三审合一"系数更大，说明相对于中小型企业，"三审合一"对大型企业创新质量的促进作用更为显著。可能的原因在于：技术创新作为一项高风险、高投入的活动，需要大量的技术人员和充分的资金投入，伴随着巨大的风险而且结果也难以预料。以熊彼特为代表的大企业优势论认为，大型企业实力雄厚，拥有强大的资金实力、高质量创新人才和相关技术支持，具备开展高质量创新活动的条件，并且能够承担巨额的研发费用和抵御技术创新的风险。相比大企业，中小企业的人员和资产规模都较小，越来越多的中小企业选择较为稳定的"低质量"创新模式，实现资源的优化配置，保持企业的核

---

① 该标准以从业人员、营业收入两项指标作为对制造业企业规模的划分依据，相较于单独使用其中一个指标进行划分更为全面。

心竞争力。因此，在一般情况下，中小型企业由于资源约束较大、创新能力不足，其创新活动往往面临着较大的风险，难以承受大量的固定成本和沉没成本。总的来说，当"三审合一"的实施改善了企业的创新收益预期时，大型企业相较于中小型企业会表现出更强烈的创新动机，且更有能力进行高质量的创新活动。

其次，按照企业实际控制人属性将样本分为国有和非国有两种类型。列（3）和列（4）的分组回归结果显示，"三审合一"对非国有企业创新质量的政策处理效应显著为正，说明相对于国有企业，"三审合一"对非国有企业创新质量的促进作用更加显著。可能的解释是：一方面，国有企业往往在全国市场或地方市场上占据垄断地位，同时其生存与发展高度依赖中央政府和地方政府，如优惠政策、特殊的资金供给以及保护性融资手段等，导致国有企业创新动力不足，创新能力低下。同时，国有企业的高管并不是真正意义上的职业经理人或者企业家，而是某种形式上的"企业型政府人员"，"企业型政府人员"往往拥有较大的控制权，但缺少相应的分红权，"企业型政府人员"政府背景使其在相对较短且充满不确定性的任期内更偏好升迁等具有行政色彩的激励方式，更加热衷于追逐风险较小的短期目标，更关注与自身政治绩效和经济利益密切相关的企业短期收益（吴延兵，2014）。由于高质量创新本身具有高投入高风险且回报周期长等特点，国有企业管理者无意在研发与创新方面进行大量而且持续的投入，因为虽然会有助于企业核心竞争力的提升和持续发展，但是高质量的创新不仅耗费巨大，而且往往风险较高，一旦失败很可能会陷入难辞其咎的境地，即便成功，也有可能只是"为他人作嫁衣"而已。因此对国有企业管理者更有吸引力的创新项目依旧是能在短期内带来收益、显示政绩的低质量创新项目，"三审合一"难以对"企业型政府人员"的企业家产生较强的高质量创新激励作用。另一方面，非国有企业拥有明晰的产权结构，权责相对应，管理层激励机制较为合理，面临的经营环境也更加市场化，企业本身受到政府行政化体系的影响相对较小，可以根据发展需要选择创新项目。"三审合一"可以强化非国有企业为了追求资本效益最大化和企业长期竞争力，从而进行高质量创新活动的内在激励，因此"三审合一"对非国有企业创新质量会产生更大的边际作用。

最后，按照国家统计局 2017 年发布的《高技术产业（制造业）分类》，将样本分为高技术企业和非高技术企业。列（5）和列（6）的分组回归结果表明，"三审合一"对于不同技术水平企业的创新质量均有显著的促进作用，但有意思的是，相较于高技术企业，"三审合一"对非高科技企业提升创新质量具有更强的激励作用。可能的原因是：不同行业类型的生产过程特点不同，其创新活动的要素投入规律也有所不同。高技术企业属于知识高积累和快速创新兼备型企业（薛镭等，2011），在产品开发时通常会积极研究或采用新的、更先进的技术（芮明杰等，2004），其保持长期竞争优势的关键在于创新能力，对提高创新质量的意愿"天然强烈"，现行业技术水平下高技术企业创新质量的提升空间较小，"三审合一"所带来的知识产权保护水平的提高对高技术企业进一步提升创新质量的促进效应有限。而非高技术企业获取经济效益的传统途径是增加劳动力、资本等要素投入，对扩大生产规模、形成规模经济有更大的现实需求。然而，随着时代发展和国家创新驱动战略的提出，创新已然成为所有企业应对市场竞争的共识，虽然非高技术企业的创新基础普遍较差，仍处于创新初级阶段，但"三审合一"改革等外部创新环境的优化对非高技术企业创新质量提升的弹性系数较高，会更显著地提高非高技术企业的创新意愿，对其创新质量的促进作用也更加明显。

第五节　小结

"三审合一"改革是有代表性的知识产权司法保护体系的制度创新，也是建设新时代知识产权司法保护体系的政策支撑。我们以知识产权案件"三审合一"改革作为准自然实验，利用 2010—2017 年中国制造业 A 股上市公司数据，采用渐进式倾向得分匹配的双重差分模型（PSM-DID），系统评估了"三审合一"改革对企业创新质量的微观效果。研究发现，"三审合一"与企业创新质量之间存在显著的正相关关系；"三审合一"可以通过提高被分析师关注度、增强企业的研发投入强度，进而提升企业的创新质量，其中，以提高被分析师关注度为代表的缓解信息不对称是"三审合一"影响企业创新质量的重要传导机制；

"三审合一"对大型企业、非国有企业和非高技术企业创新质量的促进作用更为显著。

  本节的边际贡献在于：①深化了"三审合一"改革的创新效果研究。我们采用更具有时效性的数据，不但将研究范围扩大至全国范围，并且将研究跨度调整为2010—2017年，更加契合"三审合一"改革的实施进程，为评估"三审合一"的实际效果提供了更加准确的经验依据；②梳理并验证了"三审合一"影响企业创新质量的作用机理，同时考察了企业规模、企业控股属性和企业技术水平的异质性影响。本节不仅丰富和拓展了法与创新的实证研究，也为中国知识产权审判制度的改革提供了决策参考。

第十章
司法政策不确定性与民营企业创新

第一节 问题提出

激励民营企业增加研发投入是当前中国实施创新战略的重要着力点，在创新领域以及创新链中打造国有企业和民营企业协同合作新局面，提升民营企业在国家创新体系中的地位，营造"国进民进"新格局的重要性逐渐显现（张杰等，2017）。然而，与国有企业相比，民营企业面临着所有权歧视，缺乏先天政治优势和政商沟通渠道（戴亦一等，2014），在政策支持和社会认可度等方面依旧处于弱势地位（李维安等，2015），导致国有企业与民营企业在创新领域还有较大落差，民营企业缺乏研发投入的动力与信心。2019年12月国务院在《关于营造更好发展环境支持民营企业改革发展的意见》中明确提出健全平等保护的法制环境、鼓励引导民营企业改革创新。毕竟法治是最好的营商环境（罗培新，2020），对民营企业创新而言更是如此。既有研究表明，由于研发具有高投入、高风险和周期长等特征（Hsu et al.，2014），而且研发成果具有较弱的排他性，容易被竞争者模仿而造成技术扩散和溢出，因此提高知识产权保护水平有助于推动民营企业加大研发投入（廖开荣和陈爽英，2011；蔡地等，2012），改善法制环境对民营企业创新至关重要，民营企业对于法制环境变化的"信号"较为敏感。众所周知，以法院为中心的司法环境是法制环境中最核心的一环。近年来，随着全面依法治国战略的推进，最高人民法院也多管并举，充分运用司法手段为民营经济发展提供有力的司法服务和保障[①]，释放出增强民营企业产权保护力度、保护民营企业家合法权益的强烈信号。

中国的司法体系与西方国家大相径庭，法院是司法体系的核心部门，最高人民法院主要从全局上制定方向性的司法方针政策，而司法方针政策的具体化以及实施则主要由各省份的高级人民法院（以下简称"高院"）负责。各省份法院系统的基本运行模式同地方政治运行模式类似，也是"主要领导负责制"，各省份的高院院长是本省份法院系统的最高权力人，拥有较高的司法权威性（苏力，1999）。从法律意义上说，高院院长与地方政府行政首长在职权范围、上下级关系等方面有所不同，高院院长本应是典型的"单务型"司法领导，以行使审判权为主，主要负责辖区法院的案件审判工作，高级人民法院与下级法院之间也主要是审级上的业务监督关系，没有行政意义上的上下级领导关系。然而，在现实中法院总是要履行许多与审判相关的行政管理职能，这些职能又不可避免地与审判业务交叉融合，从而影响司法审判权力的行使。因此，高院院长可以借助下发指令等行政管理职权，贯彻个人领导理念，从而实现对下级法院系统由上至下的管控，各下级法院并不能完全独立地行使审判权。[②] 由此可见，中国的法院管理体制仍具有浓重的行政和官僚色彩（贺卫方，1997），高院院长作为地方司法权力的代表，居于各省份法院系统权力金字塔的顶端，拥有较大的司法政策自主裁量权，可以依据国家法律在其所辖区内制定相关司法政策，对于辖区法院系统的运行以及法官的审判倾向具有决定性的影响力（陈刚，2012），也会影响微观企业对于各省份司法环境的预期与评价（秦前红和赵伟，2014）。然而，高院院长个体具有异质性特征，个体偏好差异

[①] 详见2018年1月2日最高人民法院《关于充分发挥审判职能作用为企业家创新创业营造良好法治环境的通知》。

[②] 根据《中华人民共和国法官法》规定，高院院长等地方各级法院院长首先是法官，必须履行法官的职责。至于院长在法院内部的职权范围应由《中华人民共和国法院组织法》予以界定。然而，即使在最新修订的《中华人民共和国法院组织法》（2019年开始施行）中，关于院长职责也只有简单的一句话："人民法院院长负责本院全面工作，监督本院审判工作，管理本院行政事务。"这使法院院长行政管理权力的边界模糊不清，为行政权干涉司法审判权留下了很大空间。

会导致不同的政策偏向，将直接或间接地影响当地微观企业的行为。因此，我们认为导致省份层面司法政策不确定性的重要原因便是高院院长等核心司法领导的变更。那么，高院院长更替所引发的地方司法政策的不确定性是否会对民营企业生产经营活动，尤其是创新策略选择产生影响？如果回答是肯定的，导致这种影响的可能机制又是什么？这些问题仍无定论。

第二节　司法领导更替影响民营企业创新的理论分析

一　基于行为信号理论的分析

Spence（1973）提出的信号理论是信息经济学理论的一个重要分支，在管理研究领域得到了广泛应用。信号理论主要诠释组织如何向外界传递组织的正面、积极且不易被观察到的信息，从而减轻信息不对称的负面影响。信号理论也可以拓展至更宏观、更广泛的研究层面，对复杂的社会经济管理问题进行剖析和解读，因为司法部门和企业之间同样存在信息不对称的问题，民营企业很难观察到司法部门内部的真实状况，导致民营企业对司法环境变化的预测难度增加，司法部门的相关信号对民营企业创新决策的影响也会变得更加显著。根据信号传递内容，信号可分为质量信号和意图信号，质量信号是将不易观察的组织内部能力转化为外部可观察信号，而意图信号反映了组织行为方向或意图（Stiglitz，2000）。例如，司法部门主动公布司法绩效数据等行为可理解为"质量信号"，反映了司法保护程度的变化；司法部门出台新的法规或制定新的改革措施属于"意图信号"，表现出今后司法保护的发展方向。上述两种信号都比较清晰且具有说服力地反映出司法环境的"基本面"，即司法环境的实际情况。虽然司法部门领导人发生更替会传递一种司法政策制定变化的风险信号，导致各类司法政策的不确定性增加，但司法部门在多数情况下并未积极主动或有意图地利用司法领导更替向市场发出某种信号，除了特殊情况外，绝大多数司法领导更替只是正常的人事更迭，并非质量信号或意图信号，不能反映当地司法环境"基本面"的变化。那么，司法领导更替就不能产生信号作用了吗？

在传统信号理论的基础上，Baker等（2016）提出了行为信号理论，认为虽然某些行为信号不反映公司基本面，但由于信号传递对象具有心理偏差，这些行为信号也能够影响有限理性信号接收者的决策。在现实生活中，信号接收者通常可以获得多个信号共同构成的信号集，信号集中的信号既有积极的，也有消极的（Drover et al., 2017）。在做出具体的行为选择之前，信号接收者通常需要对多个信号进行解读，而解读过程是复杂的认知过程（Drover et al., 2018）。信号接收者是有限理性的，不可能对所有信息都保持同等的关注度，往往基于选择性注意，只依据信号集中的一个子集做出判断和决策（Ocasio，2011）。另外，Bordalo等（2012）提出的"凸显效应"①认为，当信号接收者面对几种信号时，若其中一种信号的某些特征特别明显，则信号接收者会特别关注这个信号，使信号接收者的判断发生偏差。徐龙炳等（2018）运用"凸显效应"解释了公司更名现象，认为虽然更名并未改变公司基本面，但如果公司将名称改为与市场热点事件相关，更名这一行为信号就会产生"凸显效应"，非理性投资者会受到市场热点的影响，对公司价值产生更多正面评价，短期内可能高估公司价值。类似地，行为信号理论和"凸显效应"也能很好地阐释司法领导更替对民营企业的信号作用：

第一，中国早在1997年就提出了依法治国的基本方略，1999年更是将"依法治国"写入宪法，党的十八大以来，"全面依法治国"已被提升到国家长治久安的战略高度，并专门成立了习近平总书记亲自领导的全面依法治国委员会。在司法领域，中国正大力实施渐进式的、有组织的司法改革，从1999年法院第一个五年改革纲要开始，当下已进行了四轮司法改革，推行了一大批改革举措。据不完全统计，"一五"改革提出7个方面39项举措，"二五"改革为8个方面50项举措，"三五"改革有5个方面30项举措，"四五"改革更是增加到7个方面65项举措。因此，无论从广度还是深度而言，中国都正经历着一场最具声

---

① "凸显"（Salience）是一个心理学概念，是指当人们的注意力专注于环境中的一部分时，这部分所包含的信息在此后的决策中会被赋予不相称的权重（Taylor和Thompson，1982）。因为人的注意力也是一种稀缺资源，人们往往过度解读那些容易抓人眼球的凸显特征。

势的司法革新（葛洪义，2015），司法改革已成为全社会关注的"热点"，司法改革的持续推进成为中国司法环境不断改善的重要标志。而且，2008年以来实施的高院院长异地交流机制也是司法改革的重要一环，使民营企业更容易将司法领导更替与司法改革这一"热点"挂钩。

第二，有效信号的显著特征是可观测性，信号越容易引起接收者的注意，越有可能引起接收者的反应。司法领导更替是公开的，不但具有"可见性"，还具有"突出"特征。由于长期受人治思想的影响，人们普遍认为领导人的个人偏好在很大程度上会左右政策走向，进而对"领导人更替"这一行为信号比较关注。此外，司法领导更替往往受到很多传播媒介的关注，高媒介关注度使司法领导更替更容易产生"凸显效应"。

第三，信号接收者的特性会影响信号的有效性（Connelly et al.，2011），受产权属性的影响，民营企业相对缺乏行政保护，对司法保护的依赖性更大，对司法环境变化的"信号"更加关注且敏感。而且，由于涉及更多个人隐私、商业秘密等敏感信息，相比政府信息公开，司法公开的程度还有待提高，当民营企业赖以判断司法环境变化的信息不充足时，司法领导更替这类特定信号的价值变得更大（Ozmel et al.，2013），更容易引起民营企业的关注。

第四，既有研究表明，司法领导更替与司法环境改善之间可能存在一定的正向关系。①与地方领导人之间政治晋升锦标赛的竞争模式类似，司法系统也存在一个内部劳动力市场，司法领导之间在职级提升上也存在晋升锦标赛竞争（Ramseyer and Rasmusen，1997），即地方法院之间在审判质效方面也存在一定的指标竞争（高翔，2015），工作业绩更好的司法领导更有可能实现其晋升目标（Schneide，2005）。司法领导的晋升主要考核其任期内的司法审判工作实绩（艾佳慧，2008），为了积累晋升资本，新任司法领导有很强的动机去实施改革创新策略，推出一系列有助于提升司法绩效的政策措施。②周黎安（2008）认为，如果领导干部长期任职于同一地点，很容易形成"利益型"关系网络，滋生各种腐败问题。随着司法领导任期的延长，司法领导与辖区内企业会建立起类似于政治关联的"司法关联"，在司法领导更替伊始，以往围绕前任司法领导而结成的司法关联被颠覆，相关的司法利益关系网络需要重构，司法关联处于暂时的"空白期"或"断档期"，此时司法腐败活动由于渠道不畅而有所减少（陈刚和李树，2012）。③更替可以避免司法领导在同一岗位上长期任职而滋生的因循守旧、不思进取等工作动机不足现象（陈刚，2012）；新任司法领导还能带来不同地区或不同部门的先进管理经验，产生"交流效应"和"学习效应"，有助于出台新的司法政策措施。④潘越等（2015）发现司法地方保护主义会妨碍司法公正，减少企业创新，而司法领导更替有利于司法独立性的提升，可以抑制司法地方保护主义（曹春方等，2017）。因此，"晋升激励"、抑制腐败、交流效应以及增强司法独立性更容易使民营企业对司法领导更替信号产生正向心理偏差，将司法领导更替视为司法环境改善的"积极信号"。

基于上述逻辑，我们认为，在信息不对称和有限理性的影响下，司法领导更替这一凸显事件可能使民营企业对司法环境判断产生正向心理偏差，进而影响其短期创新决策。

据此，本节提出以下假设：

假设10.1：司法领导更替会使民营企业产生正向心理偏差，增加研发投入。

二 基于资源视角的中间机制分析

由于资金和技术知识资源是影响企业创新的重要因素，而民营企业本身拥有的资金、信息及技术等资源有限，又缺乏足够的声誉和绩效记录来获取外部资源，在创新资源方面处于弱势地位。如果司法领导更替信号仅仅提升了民营企业的创新意愿而不能实质性地增强民营企业的创新能力，那么司法领导更替对民营企业创新的影响可能不显著。另外，司法领导更替信号在传递给民营企业的同时，也传递给了所有市场参与者，如银行、合作企业等民营企业的利益相关者，他们是否也会受到司法领导更替信号的影响而改变经营决策，从而间接影响民营企业创新能力？我们在行为信号理论的基础上进一步引入资源观，分别从融资约束和技术信息约束的视角考察司法领导更替影响民营企业研发投入的间接机制（见图10.1）。

（一）融资约束视角的分析

企业研发具有大量前期投入和沉淀成本的特征，仅靠有限的内源资金难以填补研发活动的资金缺口，企业需要不断地进行外部融资，以保

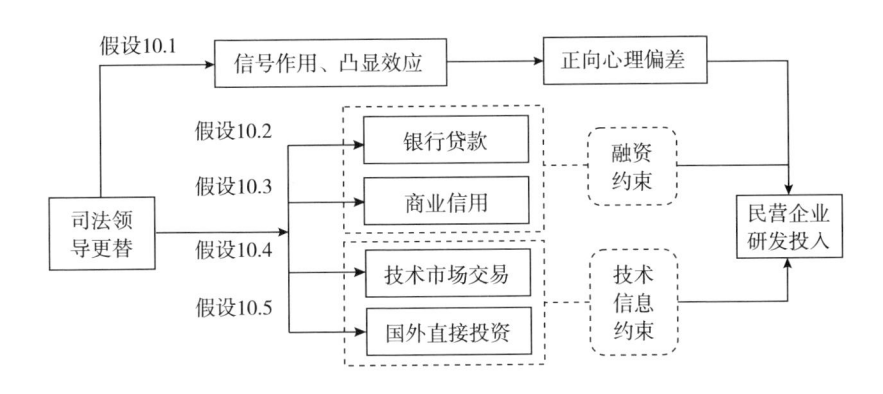

第十章 | 司法政策不确定性与民营企业创新

图 10.1 影响机制示意图

证研发活动的持续进行（谢家智等，2014），而银行贷款和商业信用是民营企业研发投入的主要外部融资来源。地区司法环境对民营企业外部融资有着重要影响（Chen et al.，2011；陈运森和王汝花，2015），而司法领导更替信号的"凸显效应"可能为银行及商业信用提供方带来地区司法环境改善的正向心理偏差。一方面，良好的司法环境能够通过震慑作用，迫使企业员工特别是管理层恪尽职守，减少会计舞弊等违规行为（张海君，2017），降低债权人与债务人之间的信息不对称及交易风险，保护交易契约得到切实履行。另一方面，随着司法环境的改善，债权人保护程度提高，银行及商业信用提供方遭遇债务违约后产生损失的风险下降，企业违约所带来的事后合约执行成本也逐渐降低（Qian and Strahan，2007），可以提高民营企业银行贷款和商业信用的可得性。由此可见，司法领导更替信号可能有效疏通民营企业外部融资渠道，使民营企业获得更多银行贷款及商业信用以缓解企业研发的融资约束。

据此，本节提出以下假设：

假设10.2：司法领导更替通过增加企业银行贷款，缓解民营企业研发融资约束。

假设10.3：司法领导更替通过增加企业商业信用，缓解民营企业研发融资约束。

（二）技术信息约束视角的分析

除了融资约束外，技术信息约束也是影响企业创新的重要因素。企业研发活动往往不是"空穴来风"，"白手起家"式的研发活动往往伴

215

随高成本、低效率，研发活动需要吸收外部知识。企业获取外部知识的途径一般包括国内技术购买和国际技术引进，国内技术购买可以通过技术交易市场实现，而国外直接投资是国际技术引进的重要途径。①发达的技术交易市场不仅是吸收外部知识的重要途径（蔡虹和张永林，2008），能为企业提供更多、更全面的研发动态信息，缓解技术信息约束对企业研发的影响；也可以生成区域间、企业间研发合作网络（刘凤朝和马荣康，2013），促进知识和技术要素的传播和交流，增进企业之间的相互学习，引发知识溢出，进而实现再创新。除此之外，活跃的技术交易市场还能为企业提供准确而丰富的市场信息，使企业能够较为准确地预测未来创新成果的市场价值，降低研发活动的不确定性。而且，借助技术交易市场的竞争机制，企业能够以较低成本获取外部技术资源，降低研发成本。②外国企业在东道国的经营活动往往会产生技术溢出效应（Blomstrom and Kokko，1997）。而且，在内外资企业间的竞争中，民营企业相较于国有企业具有更强的经营灵活性（陈涛涛，2003），更有可能在外资企业的示范作用下增加企业研发投入。

良好的司法环境是技术交易市场形成和繁荣的最基本制度环境，建设具有刚性的法律制度和系统完整的技术交易市场法律体系已成为中国法制建设的重点（傅正华等，2016）；而且完善的司法环境可能对外资企业产生"诱致效应"（Branstetter et al.，2006），有助于通过管理技术扩散、个人接触、反向工程以及示范模仿等多种途径产生技术溢出效应，进而有利于东道国企业创新，促进创新产出的不断衍生。因此，在中国大力倡导依法治国的趋势下，技术市场交易主体和国际投资者可能更倾向于将司法领导更替识别为司法环境向好的行为信号，不断扩大技术交易规模及国外直接投资规模，缓解民营企业研发的技术信息约束，从而促进民营企业的研发投入。

据此，本节提出以下假设：

假设10.4：司法领导更替通过扩大技术交易市场规模，缓解民营企业技术信息约束。

假设10.5：司法领导更替通过扩大国外直接投资规模，缓解民营企业技术信息约束。

第十章 | 司法政策不确定性与民营企业创新

第三节 司法领导更替影响民营企业创新的实证分析

一 研究设计

（一）样本选择与数据来源

2008年的国际金融危机导致世界经济大衰退，严重影响了民营企业的创新行为。而且，2008年起中国开始实行高院院长异地交流轮岗，高院院长更替变得更加频繁。另外，高院院长由省级人民代表大会选举产生，每一届的任期同样为5年，省级人民代表大会换届的前后也是高院院长更替最频繁的时期，2013年就是各省份人民代表大会换届的年份，在2012年和2013年里就有14个省份的高院院长发生了更替。因此，为最大限度剔除其他外部冲击对民营企业研发投入的影响，同时考虑数据的可得性，我们以2012—2013年的前后三年（2009—2016年）作为研究样本期。另外，据《2017年中国城市和产业创新力报告》的统计数据显示，中国创新活动主要集中在工业领域，以制造业为主，因此我们选取制造业民营上市公司为研究对象。样本筛选遵循以下原则：①剔除外资企业样本；②剔除ST或*ST企业；③剔除主要研究变量缺失的样本观测值。在此基础上，通过人民网公布的干部资料、最高法院的官方网站、各省份高院的官方网站、地方年鉴等各种途径手工收集、整理了样本期间全国除西藏外30个省份99位高院院长的简历信息，同时补充整理了样本期间各省份省区、市委书记的更替数据，将这些数据与制造业民营上市公司数据进行匹配，最终获得7690个观测值构成的样本数据。

制造业民营上市公司的研发投入数据源于Wind数据库；企业一系列财务指标以及企业性质等信息来自国泰安数据库；各省份专利执法数据来自国家知识产权局网站，其余省份层面的数据均来自历年的《中国统计年鉴》。

（二）基本模型设定与变量说明

1. 基本模型设定

构建如下模型验证我们的基本假设10.1：

$$RD = \alpha_0 + \alpha_1 JT + \theta \sum X_{t-1} + \gamma_k + \lambda_t + \varepsilon \qquad (10.1)$$

其中，RD 代表企业当年的研发投入强度，JT 代表企业所在省份的司法领导更替，$\sum X_{t-1}$ 为一系列控制变量，考虑到研发活动并不是一蹴而就的，同时为了缓解各个控制变量可能具有的内生性，所有控制变量均滞后一期。α_0 为常数项，γ_k 表示行业固定效应，λ_t 代表年份固定效应，ε 是随机扰动项。在式（10.1）中，我们主要关心的系数是 α_1，它捕获了司法领导更替后民营企业的研发投入与其他时期相比发生的变化。

2. 变量说明

由于创新具有不确定性，相比专利数等反映企业实际创新结果的指标，企业的创新投入更能表现企业创新的积极性。我们参考解维敏和方红星（2011）的做法，将民营企业的研发投入强度（RD）作为被解释变量，以企业研发投入与总资产的比值衡量。为了保证结论的稳健性，下文改用研发投入与销售收入的比值作为替代指标。

核心解释变量为司法领导更替（JT），以高院院长更替作为司法领导更替的代理变量，高院院长当年发生更替时赋值为 1，否则赋值为 0。下文还调整高院院长更替的测量方式进行了稳健性检验。

参照 Chang 等（2015）的做法，控制变量集见表 10.1，企业层面变量包括企业年龄（ln_firmage）、成长机会（MB_ratio）、企业资本结构（Lev）、现金资产比率（Cashassets_ratio）、成长能力（Salesgrowth）、盈利能力（ROA）、行业竞争度（HHI5）、企业资本密集度（ln_firmedpp）。除了以上因素外，我们还控制了年度与行业固定效应，同时，为避免企业层面的聚集效应对标准误的影响，回归时在企业层面进行了 cluster 处理。

表 10.1　　　　　　　　　　变量定义

变量名称	变量含义	计算方法
RD	研发投入强度	研发投入/总资产
JT	司法领导更替	当年本省份高院院长更替取 1，否则取 0
ln_firmage	企业年龄	ln（公司成立年数+1）

续表

变量名称	变量含义	计算方法
MB_ratio	成长机会	总资产/公司市值
Lev	企业资本结构	总负债/总资产
$Cashassets\_ratio$	现金资产比率	现金资产/总资产
$Salesgrowth$	成长能力	（营业收入本年金额－营业收入上年金额）/营业收入上年金额
ROA	盈利能力	利润/总资产
$HHI5$	行业竞争度	行业赫芬达尔指数，每一行业内所有企业市场占有率的平方和，依据证监会二级行业内企业销售收入计算
$ln\_firmedpp$	企业资本密集度	ln（企业人均固定资产净额），用各省份1952年为基期的固定资产投资价格指数平减
Ind	行业	行业虚拟变量，对制造业细分为29个行业
$Year$	年度	年度虚拟变量

（三）描述性统计

我们对所有连续变量在1%水平下进行Winsorize缩尾处理，以避免奇异值的干扰。从主要变量的描述性统计结果可以发现（见表10.2），2009—2016年，中国制造业民营上市公司的研发投入强度平均值为0.0194，标准差为0.0144，最大值是平均值的3.7784倍。由此可见，制造业民营上市公司研发投入强度的差异较大，而且研发投入的总体水平还较低。司法领导更替变量的均值为0.1501，表明15.01%的样本企业所在省份在样本期间发生了高院院长更替，司法领导更替已逐渐成为一种常态。

表10.2 描述性统计

变量名称	观测值	均值	标准差	最小值	最大值
RD	7276	0.0194	0.0144	0.0000	0.0733
JT	7690	0.1501	0.3572	0.0000	1.0000
$ln\_firmage$	7690	2.6006	0.4213	1.3863	3.3673
MB_ratio	7217	0.5558	0.4563	0.0862	4.2928
Lev	6300	0.3470	0.1954	0.0412	0.9740

续表

变量名称	观测值	均值	标准差	最小值	最大值
$Cashassets\_ratio$	7688	0.2033	0.1616	0.0104	0.7032
$Salesgrowth$	6684	0.1832	0.3912	-0.4850	2.5045
ROA	7690	0.0500	0.0532	-0.1836	0.2033
$HHI5$	7659	0.2651	0.0705	0.2009	0.6096
$\ln\_firmedpp$	7679	5.4633	0.8884	0.0000	10.2281

二 实证结果和分析

（一）司法领导更替与民营企业创新的基本回归结果

根据式（10.1），采用最小二乘估计法检验司法领导更替对民营企业研发投入的影响。从表10.3列（1）至列（3）的逐步回归结果可以看出，无论是否加入控制变量，司法领导更替的系数均显著为正，司法领导更替信号会引起民营企业在创新行为方面的积极反应，导致当期民营企业研发投入强度上升0.09个百分点，证明了假设10.1。虽然新任司法领导的个人能力具有事前不可观测性，但依法治国、司法改革等有利的信号环境增强了司法领导更替行为信号的正向凸显作用，使民营企业对司法领导更替的价值判断产生正向偏差，更倾向于从更专业、更廉洁、更锐意进取等积极的角度去看待新任司法领导，对未来司法环境改善充满了信心，进而愿意增加研发投入，通过创新来巩固或加强其市场地位。

表10.3　司法领导更替与民营企业研发投入的回归结果

	(1)	(2)	(3)
JT	0.0037*** (0.0004)	0.0014*** (0.0004)	0.0009** (0.0004)
$L.\ln\_firmage$			-0.0030*** (0.0004)
$L.MB\_ratio$			-0.0017** (0.0008)
$L.Lev$			-0.0038* (0.0023)

续表

	（1）	（2）	（3）
L. Cashassets_ratio			-0.0009 (0.0024)
L. Salesgrowth			-0.0001*** (0.0006)
L. ROA			0.0448*** (0.0067)
L. HHI5			0.0100 (0.0067)
L. ln_firmedpp			-0.0027*** (0.0004)
Ind	否	是	是
Year	否	是	是
_Cons	0.0189*** (0.0004)	0.0063** (0.0026)	0.0268*** (0.0050)
R^2	0.0090	0.1800	0.2450
N	7276	7276	5368

注：括号内是经过企业层面群聚调整的标准误，下同。

（二）稳健性检验

1. 主要变量的度量差异

为了减少由于度量指标选择可能带来的偏误，我们重新替换了主要变量的代理变量。首先，变更被解释变量的衡量方法。参照顾元媛和沈坤荣（2012）的做法，构建新的研发投入强度指标，以企业当年研发投入占当年销售收入比重衡量企业研发投入强度（RD_new）。其次，改变核心解释变量司法领导更替的界定标准。参考潘越等（2015）的做法，将司法领导更替虚拟变量进行重新定义（JT_new），对于高院院长在上半年更替的，记当年为更替年份；在下半年更替的，记下一年为更替年份。表10.4列（1）和列（2）的结果表明，主要结论均没有发生变化。

2. 更换计量方法

首先，考虑到民营企业研发投入是左截尾的非零连续变量，采用Tobit模型对式（10.1）的参数进行重新估计。从表10.4列（3）的结果来看，使用 Tobit 模型和使用 OLS 模型回归的结果基本一致。其次，参考 Chen 等（2018）的 Change 模型，利用差分后的 ΔJT 以及控制变量对差分后的民营企业研发投入 ΔRD 进行回归。如表 10.4 列（4）所示，剔除 ΔJT 为 0 的样本观测值之后的回归结果也没有发生实质性变化。

3. 内生性问题

首先，在式（10.1）控制变量的基础上增加省份层面可能的遗漏变量：人均 GDP 增速、各省份知识产权行政保护力度、受教育程度和基础设施。为避免年份结案率过度波动可能带来的影响，参照宗庆庆等（2015）的做法，以知识产权侵权纠纷累计结案率（累计结案数占累计立案数的比例）表示知识产权行政保护力度；受教育程度以 6 岁及以上人口中受高等教育人数的比例表示；基础设施水平以每万人拥有的标准道路里程衡量。如表 10.4 列（5）所示，考虑遗漏变量问题后，司法领导更替对民营企业研发投入的促进作用仍然显著。其次，为最大限度地防止司法领导更替变量和民营企业研发投入之间可能存在的反向因果关系对回归结果的影响，我们参考徐业坤和马光源（2019）的思路，选择离任高院院长的任期、与该省份经济发展程度相近的其他省份的平均法制环境水平作为工具变量进行 2SLS 回归。一方面，离任高院院长任期与是否发生高院院长更替密切相关，但该省份民营企业的当期研发投入与离任高院院长任期并无相关性。另一方面，司法领导是否更替与该省份司法绩效水平有较高的相关性，但该省份民营企业的研发投入与该省份司法绩效水平之间可能存在双向因果关系，不适合直接作为司法领导更替的工具变量。然而，经济发展程度相近地区的司法保护程度往往处于同一水平，与该省份经济发展程度相近的其他省份的平均司法保护水平对该省份司法绩效水平有一定影响，进而影响了该省份司法领导更替，但该省份微观民营企业的研发投入难以对其他省份的平均司法保护水平产生影响。因此，其他省份的平均司法保护水平相对较为外生，成为较常见的工具变量选择（Cai et al.，2011）。我们以市场化指数中的"市场中介组织的发育和法律制度环境"分指数作为各省份司法保护水平的替代变量，基于经济发展水平将全国分为东中西三个地区[①]，

---

① 依据国务院西部开发办标准进行划分。

以该省份所属地区除该省份以外各省份的平均司法保护水平作为该省份司法领导更替的另一个工具变量。第一阶段回归中，工具变量系数均显著且F统计量为115.43，远远大于10；第二阶段回归结果报告在表10.4列（6），司法领导更替的系数仍显著为正，但2SLS回归中司法领导更替估计系数从显著程度和绝对值上看要明显大于表10.3列（3）基准回归的结果，表明潜在的内生性问题可能会在一定程度上低估司法领导更替对于民营企业研发投入的促进效应。

表 10.4　　　　　　　　　稳健性检验

	（1）RD_new	（2）RD	（3）Tobit	（4）Change	（5）遗漏变量	（6）2SLS
JT	0.0016* (0.0009)		0.0009** (0.0004)	0.0004** (0.0002)	0.0011** (0.0004)	0.0358*** (0.0071)
JT_new		0.0009** (0.0004)				
Controls	是	是	是	是	是	是
Ind	是	是	是	是	是	是
Year	是	是	是	是	是	是
_Cons	0.0243*** (0.0083)	0.0268*** (0.0050)	0.0274*** (0.0053)	0.0026*** (0.0007)	0.0383*** (0.0062)	0.0235*** (0.00567)
R^2	0.3588	0.2452		0.0610	0.2639	
N	5135	5386	5386	4110	5386	5386

注：列（4）各变量使用的是差分后的数值。

4. 反事实检验

借鉴刘海洋等（2017）的方法，将司法领导更替分别前置和后置一期、两期，考察司法领导更替前置或后置以后其对民营企业研发投入的影响是否随之改变。从表10.5的结果可以发现，除当期外，司法领导更替对民营企业研发投入的影响均不显著，说明司法领导更替的确会提升当年民营企业的研发投入。

此外，该回归结果也说明司法领导更替对民营企业研发投入的促进作用既没有提前效应，也没有滞后效应。与地方领导人更替主要在短期

表 10.5　　　　　　　　　　　反事实检验

	（1）前置两期	（2）前置一期	（3）当期	（4）后置一期	（5）后置两期
JT	0.0009 （0.0005）	0.0004 （0.0007）	0.0009** （0.0004）	-0.0002 （0.0007）	-0.0006 （0.0006）
Controls	是	是	是	是	是
Ind	是	是	是	是	是
Year	是	是	是	是	是
_Cons	0.0266*** （0.0049）	0.0268*** （0.0050）	0.0268*** （0.0050）	0.0267*** （0.0049）	0.0272*** （0.0050）
R^2	0.2452	0.2922	0.2926	0.2448	0.2449
N	5368	5368	5368	5368	5368

内影响辖区的经济增长类似（王贤彬等，2009），司法领导更替信号只是在当年对民营企业的研发投入产生正向影响。可能的解释是，司法领导更替信号并不一定与司法环境的基本面相关，只是在信息不对称的前提下，民营企业对这一凸显事件产生了正向心理偏差，将司法领导更替理解为传递了司法环境向好的信号，该信号在短期内影响了民营企业的创新决策，但对其研发投入的长期影响有限。随着时间的推移，民营企业对新任司法领导的司法理念和能力了解得越多，对司法领导更替产生的凸显信号反应越弱。

（三）司法领导更替影响民营企业研发投入的机制检验

前文的回归分析及一系列稳健性检验已表明，司法领导更替行为信号通过"凸显效应"提高了民营企业研发投入水平，但该信号的具体影响渠道尚需实证检验。我们参考 Baron 和 Kenny（1986）的中介模型，构建以下式（10.2）和式（10.3），分别从资金约束和技术信息约束两个方面，考察司法领导更替影响民营企业研发投入的中间传导机制。

分为三个步骤：①中介变量（*Mediator*）对司法领导更替（*JT*）进行回归，如式（10.2）；②因变量民营企业研发投入（*RD*）对 *JT* 回归，该步骤的模型即前文的式（10.1），估计结果为表 10.3 列（3）；

③RD 对 JT 和 Mediator 回归，如式（10.3）。如果 JT 显著影响 Mediator，则可以通过比较第二步、第三步中 JT 估计系数的大小及显著性来确定是否存在中介效应。假如第三步中 JT 的估计系数小于第二步，说明 JT 对 RD 的部分作用被 Mediator 所吸收，表明存在部分中介效应；如果估计系数不再显著，则说明存在完全的中介效应。

$$Mediator = \beta_0 + \beta_1 JT + \varphi \sum X_{t-1} + \gamma_k + \lambda_t + \varepsilon \qquad (10.2)$$

$$RD = \alpha_0 + \alpha_1 JT + \alpha_2 Mediator + \theta \sum X_{t-1} + \gamma_k + \lambda_t + \varepsilon \qquad (10.3)$$

$Mediator$ 为下文需要检验的一系列中介变量，$\sum X_{t-1}$ 是对 $Mediator$ 有影响的控制变量集，为缓解内生性影响，均滞后一期，其他变量如式（10.1）所示。

1. 融资约束机制的实证检验

我们以企业获得的银行贷款与总资产的比值衡量银行贷款支持的力度（Debt）；以企业应付账款、应付票据、预付账款之和与总资产的比值表示商业信用的程度（Business_credit）。

表 10.6 列（1）、列（2）的回归结果表明，司法领导更替对银行贷款的影响系数没有通过显著性检验，拒绝了假设 10.2；司法领导更替对商业信用的影响系数在 5%的水平下显著为正，表 10.6 列（3）中司法领导更替的影响系数比基准回归有所下降，显著性也有所降低，这意味着商业信用存在较强的部分中介效应，验证了假设 10.3。可能的解释是：国有银行垄断导致的金融资源错配是民营企业难以获得银行贷款的主要原因，民营企业仍面临着较为突出的"惜贷"、信贷歧视等金融排斥现象（林毅夫和李永军，2001；江春和李安安，2016），而且研发项目往往伴随着信息不对称、抵押品缺乏等较高的投资风险，导致民营企业研发更难得到银行贷款的支持（Hall and Lerner，2010）。因此，司法领导更替信号对民营企业获得银行贷款的促进作用并不明显。另一方面，由于商业信用提供方掌握着客户企业的一些特殊信息，这种信息优势使其可以更便捷地向客户企业提供资金融通，扮演"关系贷款者"的角色（郭丽虹和马文杰，2011），作为非正规金融形式的商业信用已逐渐成为中国民营企业研发投入的重要融资来源（张杰等，2012）。在全面依法治国的有利信号环境下，商业信用提供方更容易将司法领导更

替信号识别为司法环境改善，认为民营企业有效执行商业契约的可能性提升，更愿意向民营企业提供商业信用。因此，司法领导更替信号的"凸显效应"有效疏通了民营企业商业信用融资渠道。

表 10.6　　　　　　　　　资金约束机制检验

被解释变量	(1)	(2)	(3)
	Debt	Credit	RD
JT	0.0761 (0.0572)	0.0046** (0.0025)	0.0008* (0.0004)
Credit			0.0231*** (0.0039)
Controls	是	是	是
Ind	是	是	是
Year	是	是	是
_Cons	-9.2899*** (0.4818)	0.1284*** (0.0254)	0.0238*** (0.0049)
R^2	0.2810	0.3856	0.2583
N	4665	5548	5368

2. 技术信息约束机制的实证检验

由于企业获取外部技术信息的直接数据难以获取，我们选取省份技术交易市场以及国外直接投资规模间接衡量企业通过技术交易或技术溢出获得的外部技术知识。技术交易市场规模（Techmarket）为当年该省份技术市场交易总额与 GDP 的比值，国外直接投资规模（FDI）为当年该省份国外直接投资总额与 GDP 的比值，都取自然对数，以消除量纲的影响，式（10.2）控制变量为人均 GDP 增速、产业结构、对外贸易依存度、城镇化率以及省份研发投入水平。

从表 10.7 列（1）和列（3）可以看出，司法领导更替对省份技术交易市场规模以及国外直接投资规模都有显著影响，而在表 10.7 列

(2)和列(4)中,司法领导更替的影响系数没有通过显著性检验,省份技术交易市场规模以及国外直接投资规模对企业研发具有显著促进作用,这意味着存在完全的中介效应,技术交易和技术溢出是司法领导更替促进民营企业创新的重要中介变量,验证了假设10.4和假设10.5。原因在于:民营企业创新的技术起步相对落后,大多通过技术引进或技术模仿开展创新活动,技术交易和技术溢出对民营企业创新尤为重要。技术交易市场为"信息流""技术流""经验流"等创新要素的流动提供了载体和渠道,引发了知识溢出,产生了"交流效应""学习效应",提高了创新成功的可能性(卞元超等,2019)。而根据行为信号理论,技术市场交易主体和国际投资者同样会受到司法领导更替行为信号的凸显作用影响,产生正向心理偏差,将司法领导更替理解为司法环境向好的信号,从而扩大了技术市场交易及国际直接投资规模,有利于民营企业的研发投入。

表 10.7 技术信息约束机制检验

被解释变量	(1) Techmarket	(2) RD	(3) FDI	(4) RD
JT	0.4680*** (0.4341)	0.0002 (0.0004)	0.1220*** (0.0201)	0.0005 (0.0004)
Techmarket		0.0014*** (0.0004)		
FDI				0.0028*** (0.0005)
Controls	是	是	是	是
Ind	是	是	是	是
Year	是	是	是	是
_Cons	-3.9513*** (0.4309)	0.0324*** (0.0052)	3.6839*** (0.1850)	0.0167*** (0.0053)
R²	0.1289	0.2544	0.0861	0.2557
N	5548	5368	5548	5368

注:列(2)、列(4)括号内是经过企业层面群聚调整的标准误。

三 拓展性分析

司法领导更替信号对不同类型的民营企业可能产生不同的影响；司法领导更替类型不同，对民营企业也可能传递不同的信号。我们首先从企业角度出发，比较司法领导更替对不同类型民营企业的影响差异；其次从司法领导个人特征异质性角度，按司法领导的来源、籍贯、工作经历对其进行差异性分析；最后考察地方政府领导人更替对司法领导更替与民营企业研发投入关系的调节作用。

（一）司法领导更替对不同类型民营企业研发投入影响的异质性分析

信号的有效性取决于接收者的特性，民营企业类型不同，对司法领导更替行为信号的甄别也存在差异。为考察司法领导更替对不同类型民营企业研发投入影响的异质性，我们分别从政治关联、技术水平、行业竞争度和企业生命周期 4 个方面对全样本进行分组检验[①]，表 10.8 的估计结果表明，虽然司法领导更替在促进民营企业创新投入方面有积极作用，但这种促进作用存在很大的局限性和偏向性。

1. 企业有无政治关联

我们根据民营企业实际控制人、董事长或总经理是否曾在政府部门任职或是否担任各级人大代表、政协委员构建虚拟变量（徐业坤等，2013），衡量民营企业是否有政治关联。表 10.8 列（1）和列（2）的分组检验结果显示，相对于有政治关联的民营企业，无政治关联民营企业对司法领导更替信号更敏感，更容易产生心理偏差，其研发投入更显著地受到司法领导更替的凸显作用。原因在于中国的法律保护环境仍不完善，为减轻政治侵占的影响，政治关联被很多民营企业作为产权保护的替代机制（吴文锋等，2008）。相比没有政治关联的民营企业，有政治关联的民营企业具有信息优势和资源优势，不但能够较早获得关于司法领导更替、新任司法领导政策偏好或司法政策变动等方面的信息，还更有政治资源迅速结交新任司法领导，甚至游说新任司法领导实施有利于自己的司法政策。因此，政治关联这一"保险机制"使民营企业更

---

① 为验证分组的有效性，我们分别对分组后的两组民营企业研发投入进行了 t 检验，均显著存在差异，结果留存备索。

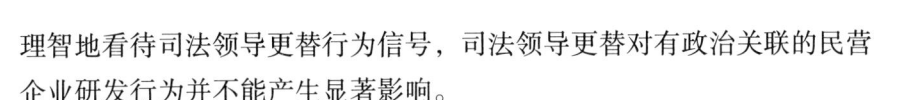

理智地看待司法领导更替行为信号，司法领导更替对有政治关联的民营企业研发行为并不能产生显著影响。

2. 企业是否属于高技术行业

根据国家统计局 2017 年发布的《高新技术产业（制造业）分类》，将全样本区分为高技术民营企业和非高技术民营企业两个子样本进行分组检验。表 10.8 列（3）和列（4）的回归结果表明，司法领导更替只对高技术民营企业的研发投入产生显著正向影响。原因在于，高技术民营企业大都以知识技术作为重要发展载体，主要通过提高研发投入来增加长期总收益，具有"天然的创新活力"。随着科学技术的发展，高技术民营企业的技术密集度更高，产品更新换代速度明显加快，使高技术民营企业更有可能迅速借助市场环境不确定性带来的机会，加快创新步伐以获得自身的快速发展（顾夏铭等，2018）。而且，高技术民营企业从知识创造到生产、销售等各个环节都更依赖司法保护，对司法环境的变化更加敏感，更愿意从积极的角度看待司法领导更替行为信号；而低技术民营企业的创新能力较低，附加值不高，通常对标准化的生产工艺和生产流程有更大现实需求，司法领导更替信号可能引起的技术创新"诱致效应"并不明显。

3. 企业是否属于竞争激烈行业

市场竞争是影响企业创新的关键因素，竞争程度会影响企业的研发战略选择以及为之付出的努力（陈仲常和余翔，2007）。根据民营企业所在行业当年赫芬达尔指数是否超过整体平均值，将样本划分为行业竞争程度强的民营企业和行业竞争程度弱的民营企业。表 10.8 列（5）和列（6）的分组回归结果表明，在竞争激烈的行业中，民营企业的研发投入才会受高院院长更替信号的显著影响。可能的解释是，较大的竞争压力使企业更有可能主动地增加研发投入，通过技术创新获取竞争优势（周瑜胜和宋光辉，2016）。而且，"优胜劣汰"的破坏性竞争也可能迫使企业被动增加创新投入（许罡和朱卫东，2017）。因此竞争激烈行业中的民营企业对司法保护更加依赖，司法领导更替的凸显效应更强。对处于竞争较不激烈行业的民营企业来说，其研发投入受到侵权行为和知识产权保护力度的影响较小（史宇鹏和顾全林，2013），司法领导更替不会显著影响其研发行为。

4. 企业是否属于成熟期

根据民营企业年龄是否超过样本民营企业平均年龄[①]，将总样本划分为成长期民营企业和成熟期民营企业。表10.8列（7）和列（8）的分组检验结果显示，司法领导更替只对处于成长期的民营企业有创新促进效应，对成熟期民营企业的创新行为无显著影响。可能的解释是，处于生命周期不同阶段的企业对于研发投入的需要存在差异（陈收等，2015）。成长期民营企业的最大挑战是消除市场进入障碍，企业要想快速站稳脚跟，必须把握行业核心技术、掌握核心竞争力，所以需要加大研发投入力度。随着企业进入成熟期，主要经营已相对稳定，企业家创新和冒险精神开始减退，企业创新动力也会相对下降。因此，面对司法领导更替凸显信号，成长期民营企业会更加敏感，更容易产生正向心理偏差，从而促进其研发投入。

表10.8　司法领导更替不同类型民营企业的影响差异分析结果

	有无政治关联		是否高科技行业		是否竞争激烈行业		企业生命周期	
	无	有	是	否	是	否	成熟期	成长期
	(1)	(2)	(3)	(4)	(5)	(6)	(7)	(8)
JT	0.0013*	0.0003	0.0013*	0.0003	0.0014*	0.0003	0.0006	0.0018*
	(0.0007)	(0.0009)	(0.0007)	(0.0009)	(0.0008)	(0.0007)	(0.0006)	(0.0013)
Controls	是	是	是	是	是	是	是	是
Ind	是	是	是	是	是	是	是	是
Year	是	是	是	是	是	是	是	是
_Cons	0.0224***	0.0298***	0.0143***	0.0257***	0.0358***	0.0230***	0.0184***	0.0563***
	(0.0044)	(0.0047)	(0.0051)	(0.053)	(0.0103)	(0.0036)	(0.045)	(0.0070)
R^2	0.3304	0.2141	0.2441	0.2494	0.2494	0.2300	0.3095	0.2821
N	3265	2103	3215	2717	2717	2651	4057	1091

（二）司法领导来源对民营企业的影响差异分析

信号作用的大小不但取决于双方信息不对称程度，还取决于信号质量等因素。为进一步研究司法领导来源对民营企业研发投入的差异性影

[①] 样本民营企业平均成立年限为14.6026年。

响,将司法领导来源分为法院内部提拔(*Innerise*)、其他政法部门[①]调入(*Political*)、其他政府部门调入(*Govern*),分别构建相应二分虚拟变量。参照李贲和吴利华(2018)的做法,引入这些虚拟变量与司法领导更替变量的交互项,构建式(10.4)进行回归分析。

$$RD = \alpha_0 + \alpha_{11} JT \times Innerise + \alpha_{12} JT \times Political + \alpha_{13} JT \times Govern + \theta \sum X_{t-1} + \gamma_k + \lambda_t + \varepsilon \tag{10.4}$$

比较交乘项的系数可以识别不同来源的新任司法领导对民营企业研发投入变化的异质性影响。表10.9列(1)的结果表明,其他政法部门调入与司法领导更替的交乘项($JT\times Political$)系数最大且在5%水平上显著,法院内部提拔与司法领导更替的交乘项($JT\times Innerise$)系数在10%水平下显著为正,其他政府部门调入与司法领导更替的交乘项($JT\times Govern$)系数在1%水平下显著为负。说明不是所有类型的司法领导更替都能促进民营企业的研发投入,司法领导更替信号对民营企业创新的影响情况与新任司法领导来源相关。新任司法领导的来源不同,民营企业对司法环境变化的心理偏差也有所差异,由其他政法部门调入的司法领导对区内民营企业研发投入的促进作用显著地优于其他来源的司法领导。这意味着,好的司法环境需要公检法等政法部门的良好协作,其他政法部门调入的司法领导具有不同政法部门的工作经验和人际网络,有利于产生多部门学习效应、协同效应的同时,还可以培养司法领导换位思考意识,避免司法管理工作中的"本位主义",民营企业更可能将司法领导更替理解为传递了司法环境改善的积极信号。法院系统内部提拔而来的司法领导虽然对法院系统更加熟悉、更能因地制宜地制定和实施司法政策,但不利于打破固有的利益关系网络,工作中容易产生"路径依赖",容易给民营企业造成"换汤不换药""新瓶装老酒"的创新性不足的错觉,对提振民营企业信心的影响较小。此外,当司法领导是从其他政府部门调入法院系统担任地方法院系统最高领导时,往往被认为毫无司法审判和管理经验甚至对法律一无所知,难免会产生偏离司法发展现状甚至僭越法治的领导理念,最容易给民营企业带来非专业

[①] 政法委、公安、检察、司法局等部门。

人士、司法不独立、贪图较高行政级别①等负面印象,而且新旧职位跨度太大,使新任司法领导需要慢慢熟悉新的岗位,可能造成较长时间的司法管理"空档期",因此对民营企业的研发投入具有负向影响。

(三)司法领导个人特征对民营企业的影响差异分析

除了来源不同外,司法领导本身还具有很多异质性特征,司法领导所面临的激励和约束机制存在较大差异,管理司法审判工作的偏好、能力等也不尽相同。籍贯能够反映司法领导与当地的地缘关联,这种地缘关联对司法领导司法决策的影响不但源于"故乡情"等情感关联,更源于广泛的当地人际关系网络。另外,虽然人们普遍认为丰富的专业工作经验能够带来更高的工作绩效,但随着环境的变化,过去的专业工作经验并不能成为未来工作绩效的必然保证,"路径依赖""经验主义"可能会妨碍新任司法领导的司法决策的有效性。因此,我们以司法领导籍贯以及工作经验为切入点,构建籍贯(Residence)虚拟变量,新任司法领导籍贯为本省份的赋值为1,否则为0;另以新任司法领导曾在政法部门工作年限衡量其法律工作经验的丰富程度(Experience)。将Residence 和 Experience 与司法领导更替变量的交互项分别引入式(10.1)进行回归分析。

表10.9列(2)的回归结果显示,籍贯与司法领导更替的交互项系数显著为负,说明若新任司法领导的任职地为籍贯所在地,会弱化司法领导更替信号对民营企业研发投入的促进效应。这是因为,由于亲戚、朋友等人际网络关系的广泛存在,籍贯为本省份的司法领导往往会被认为不利于其公开、公正、公平地开展司法审判和管理工作,被利益集团"俘获"而诱发司法腐败和司法地方保护主义的可能性较大,从而对司法领导更替与民营企业研发活动的关系产生干扰效应。而籍贯非本省份的司法领导短期内被本地企业"俘获"的概率较低,更能从客观的角度公平对待地方企业,改善民营企业对司法环境的预期。

---

① 高院院长是法官的同时也是公职机关的"领导人",既按照《中华人民共和国法官法》的规定被任命为"二级大法官",又拥有相应的行政级别,高院院长的行政级别一般对应为副省级,普遍高于本省份其他职能部门的正职领导,样本中78.8%的新任高院院长属于行政级别获得晋升的情况,来源为其他政府部门调入的高院院长中,属于行政级别晋升的也同样高达80%。

表 10.9 列（3）的回归结果显示，法律工作经验与司法领导更替的交互项系数在 10% 水平下显著为正，说明长期在政法部门从事法律工作的新任司法领导往往被认为法律工作经验丰富，业务能力更强，能快速地适应新工作环境，更容易做出符合司法理念与司法现状的决定，从而强化了民营企业对司法领导更替信号的正向认知偏差，民营企业更有信心和动力进行研发投入。

（四）省区、市委书记更替的调节作用

在中国特殊的政治体制下，中国社会的整合机制是以党政部门为核心，司法部门只是党政社会治理链条中的一环（左为民，2014），司法权经常性遭到行政权的干涉，地方政府很可能利用司法权使自己对经济活动的过度干预合法化，而地方实权主要集中于地方党委，由常委会和党委书记实际掌握，其中省区、市委书记真正掌握着地方政治权力。因此，我们将省区、市委书记更替作为刻画政治环境变化的不确定性信号，考察政治环境和司法环境的不确定性对民营企业研发投入的共同影响。

为此，构建省区、市委书记更替的变量 GT，与司法领导更替的衡量方式相同，省区、市委书记当年发生更替记为 1，否则记为 0，将 GT 与司法领导更替变量的交互项引入式（10.1）进行回归分析。表 10.9 列（4）的结果显示，省区、市委书记更替与司法领导更替交互项系数显著为负。可能的解释是：首先，省区、市委书记和司法领导同年更替时，政治环境和司法环境同时发生变化，导致市场环境的总体不确定性急剧增加，加大了民营企业对未来市场环境走向进行预判的难度。其次，虽然司法部门享有独立的审判权在中国现行宪法以及人民法院组织法中都早已得到了立法确定，党的十八大报告中也重申了确保司法独立的决心，但司法独立仍然任重而道远，地方政府实际上对地方司法部门仍拥有较强的"隐性"影响力和控制力，特别是民营企业对司法独立的信任度还不高。最后，分税制改革后的财政分权和经济政策分权以来，地方领导人对地方经济增长的调控空间更广、调控手段更多，地方领导人的决策导向对地方经济发展方向的影响力越来越大。因此，相比司法领导更替，省区、市委书记更替更为民营企业所关注。政府干预理论认为，在以 GDP 增长率为基准的政治晋升锦标赛机制下，新任地方领导人通常采用优化基础设施、提升固定投资和产能等短期内能刺激经济增长的政策手段，导致资源配置的短期化，而创新这一需要大量时间和资源投入的活动在短期内容易遭到忽视。因此，地方领导人更替会削弱司法领导更替信号的凸显效应，而且地方领导人更替对民营企业研发活动的短期抑制作用会抵消司法领导更替信号对民营企业研发投入的促进作用。

表 10.9　司法领导个人特征的异质性回归结果

	(1)	(2)	(3)	(4)
JT		0.0011** (0.0005)	−0.0027** (0.0012)	0.0013** (0.0005)
JT×Innerrise	0.0010* (0.0005)			
JT×Political	0.0022** (0.0010)			
JT×Govern	−0.0036*** (0.0013)			
JT×Residence		−0.0033** (0.0014)		
JT×Experience			0.0001*** (−0.0001)	
JT×GT				−0.00390** (0.0015)
Controls	是	是	是	是
Ind	是	是	是	是
Year	是	是	是	是
_Cons	0.0266*** (0.0049)	0.0267*** (0.0049)	0.0267*** (0.0050)	0.0268*** (0.0050)
R^2	0.2468	0.2456	0.2463	0.2460
N	5368	5368	5368	5368

第四节 小结

促进民营企业创新是中国经济发展转型的重要课题。我们利用手工整理的2009—2016年高院院长更替数据,与其所管辖省份的民营制造业上市公司研发投入的微观数据相匹配,从行为信号理论和资源视角,考察司法领导更替对民营企业研发投入的影响,以期为司法领导更替和民营企业创新的关系提供一定的经验证据,为制定司法改革政策提供一定的理论参考。研究结果证明司法领导更替行为信号通过"凸显效应"使民营企业产生正向心理偏差,在整体上对民营企业短期研发投入呈现正向影响。反事实的动态效应检验还发现,司法领导更替对民营企业研发投入的促进作用不存在提前或滞后效应。影响机制检验证明,司法领导更替通过增加民营企业商业信用、扩大技术交易市场以及国外直接投资规模,缓解民营企业融资约束及技术信息约束,提振了民营企业的研发信心,推动民营企业加大研发投入。进一步研究还发现,不同类型的司法领导更替对不同类型民营企业创新活动的影响明显不同,具体表现为:从企业异质性角度看,司法领导更替主要对在高新科技行业、竞争激烈行业中和无政治关联、处于成长期的民营企业创新具有明显促进效应。从司法领导来源的角度看,来自其他政法部门和内部提拔的司法领导更替对民营企业创新具有正向影响,其中,来自其他政法部门的司法领导更替更能促进民营企业创新投入;而来自其他政府部门的司法领导更替具有负面效应。从司法领导的其他个人特征角度看,籍贯为外省份、长期任职于政法部门的司法领导更能传递司法环境趋好的信号。从省区、市委书记更替的角度看,省区、市委书记和司法领导同年更替不利于民营企业的研发投入。

与既有研究相比,本节的边际创新在于:①以往研究主要关注选举、地方政府领导人更替等政治活动引发的不确定性对经济体的影响(徐现祥等,2007;Bialkowski et al.,2008;Julio and Yook,2012),鲜有学者研究特殊专业职能部门领导人更替与企业行为的关系。我们首次探讨了高院院长更替这一司法部门领导人更迭对微观企业创新行为的影响,将法经济学研究推进至地方司法领导层面,从跨学科的视角提供了影响民营企业创新投入的新因素，丰富和拓展了法与创新以及政府工作人员治理领域的相关研究，为全面认识中国地方司法领导治理与民营企业创新的关系提供了新的视角和思路。②我们从行为信号理论和"凸显效应"视角深化了信号理论的内容维度，将信号理论拓展到了宏观的研究层面。在中国情景下，验证了司法领导更替这一行为信号作用在企业创新领域的体现。③我们的研究内容更加丰富和全面①，不但从融资约束和技术信息约束视角分析了司法领导更替信号影响民营企业研发投入的机制，还从司法领导的个人特征等视角对影响信号有效性的调节机制进行了多角度分析。

---

① 迄今为止，国内只有陈刚等少数学者研究了高院院长异地交流对司法效率、市场分割的影响，为我们提供了有益参考。然而，高院院长异地交流只是高院院长更替方式的一小部分。2009—2016年，异地交流只占高院院长更替的4.4%。

第十一章

司法保护视角下的政治关联与民营企业创新

第一节　问题提出

对于中国的创新发展而言，民营企业功不可没，其研发经费支出占各类企业中的78.07%。① 然而，在中国的制度背景下，政府作为掌握和控制优质资源的一方，成为资源配置的主要力量，企业与政府之间的联系对于企业的生存发展和竞争优势获得便具有重要作用。由于民营企业和国有企业的竞争在相当长时期内并不是建立在一个公平的基础上（杜兴强等，2009），民营企业具有天然的政治弱势，因此越来越多的民营企业家热衷于通过成为各级人大代表或政协委员（Li et al., 2006）等方式与政府建立政治关联。在中国司法保护等正式制度尚不完善的情况下，作为非正式制度的政治关联不但可以弥补司法保护等正式制度缺失所带来的损失，保护民营企业的产权免受政府的掠夺（Bai et al., 2006；潘红波等，2008），还可以从正式制度中获得更多的公权力保护和稀缺资源（Xin and Pearce, 1996；江雅雯等，2011），甚至攫取垄断利润，进而有助于促进民营企业增加研发投入（蔡地等，2014）。然而也有研究指出，政治关联诱导民营企业甘愿沦为低端行业或者产品的生

---

① 参见国家统计局社会科技和文化产业统计司和科学技术部创新发展司编著的《中国科技统计年鉴（2019）》，中国统计出版社2019年出版。

产者，为获取和维持政治关联付出的"寻租"成本会挤占民营企业的研发投入（陈爽英等，2010；任曙明和王艳玲，2017）。这一争论产生了截然相反的两个理论：政治力量假说和政治成本假说（申广军和邹静娴，2017）。政治力量假说认为政治关联是一种有利资源，能给企业带来经济利益和政治庇护，进而促进企业的研发投入；然而，政治成本假说却认为政治联系可能是政府对企业持续干预的"掠夺之手"，进而对企业的研发投入产生"挤出效应"。

民营企业的研发投资决策除了受到内部高管政治关联背景的影响外，还受到外部制度环境的影响。其中，良好的法制环境能够显著促进民营企业研发投入（廖开容和陈爽英，2011；蔡地等，2012；吴超鹏和唐茚，2016）。众所周知，以法院为中心的司法环境是法制环境中最核心的一环，司法保护的增强能够对技术创新产生积极影响（周洲等，2019）。那么，司法保护的变化对政治关联与民营企业创新的关系会产生怎样的影响？

第二节　司法保护调节政治关联与民营企业创新关系的分析

政治力量假说认为，良好的政企关系可以为企业带来经济利益和政治庇护（Allen et al.，2005；Faccio，2006；杜兴强等，2010）。民营企业的政治关联作为企业软实力的一个重要体现，会为企业的社会形象加分（苏屹等，2019），同时地方政府领导的支持也为民营企业获取银行贷款提供了一种无形的担保（Park and Shen，2003），降低了银行的信贷风险，使金融机构更愿意给拥有政治关联的民营企业更大的融资便利（胡旭阳，2006），有助于民营企业获得银行贷款的支持（Bai et al.，2006；Claessens et al.，2008；罗党论和甄丽明，2008）。而且民营企业的政治关联也影响着企业的外部融资结构（宁宇新等，2009），使民营企业能够享受更长的贷款期限（余明桂和潘红波，2008）。在税收方面，政治关联也能够降低民营企业的税收负担（吴文锋等，2009）。更多、更长期的银行贷款和较低的税收负担缓解了民营企业的资金约束，使民营企业能够将更多的资源投入创新中，同时也增强了民营企业应对

第十一章 | 司法保护视角下的政治关联与民营企业创新

创新风险的能力。

虽然政治关联可能会在融资约束和税收等方面对民营企业产生正向影响,但政治成本假说认为,政治关联是政府对企业持续干预的"掠夺之手",这种政治干预会对企业产生不利影响(Fan et al., 2007; Boubakri et al., 2008; 邓建平和曾勇, 2009; 袁建国等, 2015),企业不一定将政治关联所获取的资源用于创新活动。从高阶理论(Hambrick and Mason, 1984)角度看,企业高管的政治关联特征可能影响企业战略选择而不利于民营企业创新。首先,政府与企业之间存在博弈行为,政治家会使用补贴等手段诱使企业家遵从其政治目标(Shleifer and Vishny, 1994),如承担非营利性的社会目标(Zimmerman, 1983; Watts and Zimmerman, 1986)等,从而分散企业的精力,对研发投入产生挤出。其次,企业政治关联程度越高,越容易诱发其由寻利行为转变为"寻租"行为(Claessens et al., 2008)。如果企业将大量资源投入建立政治关联的非生产性活动中,那么企业的生产性活动就会受到抑制,研发属于投入大、周期长且风险高的生产性活动,更容易因经济资源被占用而产生被挤出效应。最后,政治关联在缓解企业市场竞争压力的同时也会削弱企业的创新动力,使企业优先选择进行并购及多元化扩张(胡旭阳和史晋川, 2008)。

由此可见,政治关联是一把"双刃剑",既可以使民营企业从政府获得额外资源,同时也增加了企业的经营成本。从理性经济人的角度考虑,如果民营企业为获得政治关联而付出的"寻租"成本大于民营企业从政治关联中获取的利益,那么民营企业就不会花成本建立政治关联。因此,从成本—收益角度来看,相比无政治关联的民营企业,有政治关联的民营企业将会获得更多的信息、资金和许可等市场资源,更可能有利于民营企业的研发活动。所以基于以上分析,我们支持政治力量假说,认为政治关联促进了民营企业进行研发投入。

另外,罗能生和李松龄(2002)认为政治关联作为一种非正式机制,在司法保护等正式制度不完备时,政治关联可以作为正式制度的弥补,随着司法保护环境的改善,政治关联将受到制约和规范。一定程度的政治关联有利于社会经济发展,可以畅通政府与民营企业的信息传递和沟通渠道,从而缓解政府与民营企业之间的信息不对称,使两者的沟通更为有效（吴文锋等，2008）。然而，在相关监督机制尚不完善的时候，政治关联更容易滋生"寻租"、政商勾结等腐败活动，破坏公平的市场竞争环境，扭曲资源配置。司法制度的完善，司法保护力度的加大将规范政府行为（孙早等，2014），减少民营企业仅凭政治关联从政府获得的额外资源，会在一定时期增加民营企业面临的资源约束，弱化政治关联对民营企业研发投入的促进作用。所以在同等条件下，司法保护程度越高，政治关联对企业研发投入的促进作用就越小。

基于以上分析，本节提出以下假设：

假设11.1：在政治关联对民营企业研发投入的影响中司法保护发挥着负向调节作用。

第三节 司法保护调节效应的实证分析

一 研究设计

（一）数据来源

我们选取2009—2016年中国沪深A股制造业民营上市公司作为研究对象，上市公司财务报表数据、企业性质等数据分别源于国泰安数据库和万德（Wind）数据库。企业政治关联情况根据国泰安数据库的"上市公司人物特征"库中查找"董监高个人特征文件"项目，获得企业董事长和总经理的个人资料，通过这些资料手工整理其担任各级人大代表、政协委员和政府工作人员[①]的经历。为了确保政治关联数据准确，对于上述高管经历的异常或缺失情况，手工与公司年报进行了对比，并经"百度"等搜索引擎进行确认。各类案件抗诉件数、一审案件结案数等构建司法保护指数所需统计数据从历年《中国法律年鉴》以及各省份高级人民法院和高级人民检察院年度工作报告[②]中手工摘录。

对于上市公司数据按照以下标准筛选：①剔除观测区间内被ST或*ST处理的公司；②剔除上市所在地在西藏的公司；③剔除主要研究

[①] 县处级以下的行政层级及乡级及其以下人大代表、党代表视为无政治关联；反之，则视为有政治关联。

[②] 对于个别缺失值，采用移动平均法予以补齐。

变量缺失的样本观测值。通过上述步骤，我们最终得到7714个观测值。为缓解样本离群值对估计结果造成的偏差，对所有连续变量进行了上下1%的缩尾处理。

（二）模型构建

参考Chang等（2015）、张杰等（2017）的做法，构建政治关联对民营企业研发投入影响的回归模型，如式（11.1）所示。由于我们主要考察司法保护对政治关联与民营企业研发投入之间关系的调节作用，故在式（11.1）中加入司法保护与政治关联的交互项。另外，我们还控制了年度、行业和地区固定效应（张璇等，2017），以避免企业创新的时变性、行业的异质性以及地区的差异性，构建如式（11.2）所示的基本回归模型：

$$RD_{it}=\alpha+\beta PC_{it-1}+\varphi Control_{it-1}+Ind_i+Year_t+\varepsilon_{it} \quad (11.1)$$

$$RD_{it}=\alpha+\beta PC_{it-1}+\theta PC_{it-1}\times JP4_{ijt-1}+\varphi Control_{it-1}+Ind_i+Year_t+\varepsilon_{it} \quad (11.2)$$

其中，RD_{it}代表第i企业第t年的研发投入，PC_{it}代表第i企业第t年的政治关联强度，$JP4_{ijt}$代表第i企业所在地j省份第t年的司法保护水平，$PC_{it}\times JP4_{ijt}$为政治关联与司法保护中心化后的交乘项，$Control_{it}$为控制变量矩阵，代表影响企业研发投入的其他因素，α为常数项，Ind_i和$Year_t$分别为行业和时间固定效应，ε_{it}是随机扰动项。将主要解释变量以及控制变量取滞后一期，从而缓解内生性问题。

（三）变量说明

1. 被解释变量：研发投入

研发产出存在较强的不确定性，很多研发投入未必能够转化为研发产出，仅仅考察研发产出可能会低估企业的研发活动，研发投入才是研发活动强度最重要的衡量指标（温军和冯根福，2012），更能体现企业创新的直接意愿。因此，我们使用研发投入作为民营企业研发活动的衡量指标，用各省份1952年为基期的固定资产投资价格指数进行平减并取对数。

2. 解释变量：政治关联

政治关联主要可以从三个方面衡量：一是从产权属性方面，使用国有股比例或依据实际控制人来设置虚拟变量进行测度；二是从企业高管的政府工作背景入手通过虚拟变量或赋值法等加以测度；三是从企业对于地方政府政绩考核的贡献程度入手进行衡量，由于"晋升锦标赛"机制的存在（周黎安，2007），对地区经济发展影响较大的企业对于地方政府政绩产出的贡献较多，更容易与政府构建密切的政企关系。由于我们的研究对象为民营企业，因此从企业高管政治关联和企业地区经济影响力两方面入手，通过比值法测度民营企业的政治关联强度，其中企业地区经济影响力将用于稳健性检验。

（1）企业高管政治关联。虽然企业高管涵盖的职位较广，但对于企业决策具有重大影响力的主要是董事长或者总经理，因而主要衡量董事长、总经理[①]的政治关联（Fan et al.，2007；吴文锋等，2008；余明桂等，2010）。借鉴 Chen 等（2011）、罗明新等（2013）的做法，以企业董事长或者总经理现在或者曾经在政府机构任职以及担任人大代表、政协委员等的人数比例构建了政治关联连续变量。

$$政治关联强度（PC）= \frac{m}{n}$$

其中，n 表示公司董事长、总经理的总数，m 表示公司董事长、总经理中具有上述政治背景的人数。

（2）企业地区经济影响力。参照谭劲松等（2010）的做法，使用企业销售收入与地区 GDP 之比度量企业的地区经济影响力，从而反映企业的政治关联程度。

$$政治关联强度（PC\_GDP）= \frac{Sales}{GDP\_city}$$

其中，$Sales$ 表示该企业当年营业收入，GDP_city 表示该企业所在城市当年 GDP。

3. 调节变量：司法保护

采用 4 指标司法保护总指数（$JP4$）作为司法保护的衡量。

4. 控制变量

借鉴潘越等（2015）等的做法，加入以下控制变量：企业年龄（$\ln\_firmage$）：使用样本企业当年所处自然年份减去企业注册年份加 1 取对数表示；成长机会（MB_ratio）：采用企业账面市值比来衡量；企

---

① 本节有关董事长和总经理的表述均包含正职、副职。

业资本结构（*Lev*）：使用资产负债率来反映；现金资产比率（*Cashassets_ratio*）：使用现金资产占企业总资产比率作为代理变量；成长能力（*Salesgrowth*）：使用企业营业收入同比增速作为企业未来成长机会的代理变量；盈利能力（*ROA*）：使用企业总资产收益率度量；行业竞争度（*HHI5*）：使用赫芬达尔指数作为代理变量；企业资本密集度（ln_*firmedpp*）：使用企业人均固定资产净额作为企业资本密集度的代理变量，并取自然对数。

除了以上因素外，企业创新还会受到所属行业的技术依赖程度和创新水平的影响。对于上市企业的行业分类标准，比较常用的是中国证监会分别于2001年和2012年颁布的《上市公司行业分类指引》。考虑到我们使用的是2009—2016年的制造业上市公司数据，采取两位行业代码分类更为精细，因此参考陈志斌和王诗雨（2015）的做法，以2012年的《上市公司行业分类指引》作为标准，将制造业分成29个大类。由于地区之间在技术创新能力上存在较为显著的差异，因此设置地区虚拟变量进行控制，同时还加入年份虚拟变量（见表11.1）。

表 11.1　　变量定义

变量类型	变量名称	变量符号	变量定义
被解释变量	研发投入	RD	ln（企业研发投入资金），用各省份1952年为基期的固定资产投资价格指数平减
解释变量	政治关联强度	PC	企业董事长或者总经理现在或者曾经在政府机构任职以及担任人大代表、政协委员等的人数比例
调节变量	司法保护（4指标）	JP4	4指标司法保护总指数
调节变量	司法公正（4指标）	JP4_GZ	4指标司法保护总指数中的公正分指数
调节变量	司法效率（4指标）	JP4_XL	4指标司法保护总指数中的效率分指数
控制变量	企业年龄	ln_*firmage*	ln（成立年数+1）
控制变量	成长机会	MB_ratio	总资产/市值
控制变量	企业资本结构	Lev	总负债/总资产
控制变量	现金资产比率	Cashassets_ratio	现金资产/总资产

续表

变量类型	变量名称	变量符号	变量定义
控制变量	成长能力	Salesgrowth	（营业收入本年金额-营业收入上年金额）/营业收入上年金额
	盈利能力	ROA	利润/总资产
	行业竞争度	HHI5	行业赫芬达尔指数，每一行业内所有企业市场占有率的平方和，依据证监会二级行业内企业销售收入计算
	企业资本密集度	$\ln\_firmedpp$	ln（企业人均固定资产净额），用各省份1952年为基期的固定资产投资价格指数平减

二 实证分析

（一）样本描述性统计

表11.2的描述性统计结果显示，2009—2016年样本企业研发投入水平RD的均值为15.8718，极大值为23.7084，极小值为5.6451，由于极大值是极小值的4.2倍，说明中国制造业民营上市公司在研发投入水平上存在较大差异。政治关联PC的均值为0.2368，由此可见，民营企业23.7%的高管具有政治关联。司法保护JP4的均值为29.0758，极大值为46.1398，极小值为5.7522，而均值是极小值的5.05倍，这表明各省份的司法保护有较大差距。

表11.2　　　　　　　　　描述性统计结果

变量名称	观测值	均值	标准差	最小值	最大值
RD	6570	15.8718	1.3214	5.6451	23.7084
PC	7714	0.2368	0.3369	0	1
JP4	7714	29.0758	4.8036	5.7522	46.1398
JP4_GZ	7714	15.5821	3.6753	-0.6146	20.6030
JP4_XL	7714	13.1167	3.9111	0.5942	27.9720
$\ln\_firmage$	7714	2.6025	0.4220	1.3863	3.3673
MB_ratio	7238	0.5566	0.4619	0.0816	4.8096
Lev	7714	0.3457	0.1901	0.0355	0.8407
Cashassets_ratio	7712	0.2035	0.1626	0.0108	0.7323

续表

变量名称	观测值	均值	标准差	最小值	最大值
Salesgrowth	6708	0.1828	0.3858	−0.4878	2.3678
ROA	6714	0.0506	0.0569	−0.1580	0.2278
HHI5	7683	0.2651	0.0705	0.2009	0.6096
ln_firmedpp	7703	5.4619	0.8561	3.0070	7.5382

(二) 基本回归分析

表 11.3 是基于最小二乘法（OLS）的回归分析结果。列（1）显示，民营企业政治关联的系数在1%水平下显著为正，说明政治关联能促进民营企业研发投入；列（2）显示，政治关联和司法保护的交互项在5%水平下显著为负，支持并验证了我们的基本假设 11.1，说明同等条件下，司法保护程度越高，政治关联对企业研发投入的促进作用就越小。

表 11.3　政治关联强度、司法保护与研发投入的回归结果

变量名称	RD (1)	RD (2)
L.PC	0.1593*** (0.0473)	0.1589*** (0.0471)
L.PC×JP4		−0.0225** (0.0108)
L.ln_firmage	−0.2281*** (0.0420)	−0.2301*** (0.0421)
L.MB_ratio	0.7297*** (0.0752)	0.7302*** (0.0751)
L.Lev	1.3915*** (0.1494)	1.3871*** (0.1493)
L.Cashassets_ratio	−0.0502 (0.1324)	−0.0551 (0.1324)
L.Salesgrowth	0.0296 (0.0489)	0.0307 (0.0487)

续表

变量名称	RD (1)	RD (2)
L. ROA	8.7200*** (0.4257)	8.693*** (0.4262)
L. HHI5	0.2860 (0.6672)	0.3023 (0.6638)
L. ln_firmedpp	-0.0740*** (0.0226)	-0.0753*** (0.0227)
Year	是	是
Ind	是	是
_Cons	13.3338*** (0.3380)	13.3198*** (0.3369)
N	4536	4536
R^2	0.4284	0.4290

(三) 稳健性检验

为了验证基本回归结果的可靠性，我们进行了一系列稳健性检验：①为了避免由于统计口径差异而导致的测量误差，更换民营企业研发投入的数据库来源，由 CSMAR 数据库变更为 Wind 数据库，生成新的民营企业研发投入变量（RD_2）；②更换政治关联的衡量方式，使用企业销售收入与地区 GDP 之比（PC_GDP）对企业政治关联进行度量；③为缓解内生性的影响，使用司法保护移动三年平均值作为司法保护的替代变量，即按照 $JP4\_3 = 1/3(JP4 + JP4_{t-1} + JP4_{t-2})$ 的方式计算出司法保护的替代变量 $JP4\_3$；④将司法保护变量更换为宽口径的樊纲版"市场中介组织的发育和法律制度环境"分项指数（LAW）以及 6 指标司法保护总指数（JP6）；⑤考虑到地区之间经济发展水平、教育程度以及产业结构对企业创新可能产生影响，为消除遗漏变量所带来的影响，我们也加入了城市层面的控制变量，即人均地区国内生产总值（lnPerGDP）、地区普通高等学校数（Schoolnum）以及第三产业占 GDP 比重（TI_GDP）进行回归（申宇等，2017）；⑥工具变量法。我们参考杜兴强等（2010）的做法，选择公司高管中女性的比例（Female_ra-

tio)和公司高管总数(*Num*)作为政治关联的工具变量;并参考吴超鹏和唐菂(2016)、魏浩和巫俊(2018)的做法用是否曾为英租界①作为省份司法保护的工具变量,采用两阶段最小二乘法进行估计,回归结果的方向与前文一致,但不同的是 2*SLS* 的回归系数更大,这意味着内生性问题使普通 *OLS* 低估了政治关联和司法保护对民营企业研发投入的影响,导致回归系数向下偏移。

表 11.4 的稳健性检验结果说明本节的实证结论具有较高的可靠性和稳定性。

表 11.4　　　　　　　　　　稳健性检验

变量	RD_2	RD				
	(1) *OLS*	(2) *OLS*	(3) *OLS*	(4) *OLS*	(5) *OLS*	(6) 2*SLS*
L.PC	0.1677*** (0.0473)		0.1645*** (0.0474)	0.1600*** (0.0471)	0.1022** (0.0504)	0.1899*** (0.0462)	6.7907*** (1.4098)
L.PC×JP4	−0.0277*** (0.0107)				−0.0250** (0.0108)	−0.9332* (0.5872)
L.PC_GDP		0.3016*** (0.0495)				
L.PC_GDP×JP4		−0.0455*** (0.0116)				
L.PC×JP4_3			−0.0259** (0.0119)			
L.PC×LAW				−0.0313*** (0.0101)		
L.PC×JP6				−0.1153* (0.0663)		
L.lnPerGDP					−0.0141 (0.0279)	
L.Schoolnum					0.0009 (0.0007)	

---

① 若清朝晚期到民国初期,该省份存在英租界则取 1,否则取 0。

续表

变量	RD_2			RD			
	(1) OLS	(2) OLS	(3) OLS	(4) OLS		(5) OLS	(6) 2SLS
L.TI_GDP						0.0137***	
						(0.0028)	
Controls	是	是	是	是		是	是
Year	是	是	是	是		是	是
Ind	是	是	是	是		是	是
_Cons	6.3308***	13.4399***	13.3050***	13.3407***	12.9887***	13.0397***	11.9933***
	(0.3308)	(0.3388)	(0.3365)	(0.3381)	(0.4073)	(0.4552)	(0.9695)
N	4327	4327	4536	4536	4536	4496	4850
R^2	0.4378	0.4378	0.4290	0.4302	0.3218	0.4305	

（四）机制检验分析

前文我们实证检验了司法保护在政治关联与民营企业研发投入两者作用路径之中的影响，为了进一步考察司法保护的调节机制，我们选取了银行贷款、政府补贴和税收优惠作为司法保护调节政治关联影响民营企业研发投入的三条渠道。

在民营企业研发受到的诸多约束中，融资约束是最主要的一环（Demirgü-Kunt and Maksimovic，1998；Beck et al.，2000）。特别是在转轨经济中，外部融资对民营企业发展的作用越来越大（Johnson et al.，2002）。融资约束理论认为，企业仅仅依靠自身的资源无法满足创新活动的资金需求，需要寻求银行贷款等债务融资。然而，以大银行为主的高度集中的金融模式造成了中国银行业严重的信贷歧视，导致民营企业融资困难（林毅夫和李永军，2001；卢峰和姚洋，2004）。既有研究发现，政治关联能够为民营企业带来融资便利（罗党论和甄丽明，2008；邓建平和曾勇，2009；于蔚等，2012），从而缓解创新活动的融资约束。

除了外部融资外，政府也会利用一系列资源配置手段鼓励企业创新，政府补贴和税收优惠作为有效的政策工具，可以在一定程度上缓解企业创新的资金约束，使企业有更加充足的资金用于研发投入（林洲钰等，2013；郭玥，2018），因此政府补贴和税收优惠是世界各国普遍使用的企业创新激励手段（戴晨和刘怡，2008）。政治关联有助于民营企业获得更多的政府补贴（郭剑花和杜兴强，2011）和税收优惠（吴文锋等，2009；申广军和邹静娴，2017），因此越来越多的民营企业热衷于建立政治关联，期望以非公平竞争的方式获得更多的政府补助或税收优惠。那么，司法保护将会对"政治关联→资金约束缓解→研发投入增加"这一链条产生什么影响？

参考丁从明等（2018）的中间效应检验方法，构建以下模型来检验司法保护对银行贷款、政府补助和税收优惠等中介因素的调节作用：

$$SIBdebt_{it}/LIBdebt_{it}/SUB_{it}/TAX_{it} = \alpha + \beta PC_{it} + \theta PC_{it} \times LAW_{ijt} + \varphi Control_{it} + Ind_i + Year_t + \varepsilon_{it} \quad (11.3)$$

$$RD_{it} = \alpha + \mu SIBdebt_{it-1}/LIBdebt_{it-1}/SUB_{it-1}/TAX_{it-1} + \varphi Control_{it-1} + Ind_i + Year_t + \varepsilon_{it} \quad (11.4)$$

其中，$SIBdebt_{it}$、$LIBdebt_{it}$、SUB_{it} 和 TAX_{it} 分别代表第 i 企业第 t 年的银行短期贷款、长期贷款、政府补贴和税收优惠，$Control_{it}$ 为控制变量矩阵，其他变量同式（11.1）。

1. 银行贷款

如表 11.5 列（1）和列（3）所示，由于研发活动的周期长，需要还款周期较长的外部融资，而短期贷款由于面临频繁的还款压力，不利于民营企业的创新活动，这与主观认知相符，但政治关联和司法保护交互项（$PC \times JP4$）对民营企业获得银行短期贷款（$SIBdebt$）的影响并不显著。列（2）和列（4）的结果显示，银行长期贷款（$LIBdebt$）对民营企业研发投入在 5% 水平下显著为正，政治关联和司法保护交互项（$PC \times JP4$）对民营企业获得的银行长期贷款在 5% 水平下显著为负。其原因在于，由于政治关联的存在，政府可能向银行施加压力，使民营企业更容易获得较长期限的信贷资金（余明桂和潘红波，2008），长期贷款的增加更有利于民营企业的研发活动，而在一定时期内企业对资金的需求是相对固定的，长期贷款的增加自然会降低民营企业对短期贷款的需求。然而，司法保护的强化能规范市场行为和政府行为（陈克兢等，2017），政府对银行放贷的干预也会有所收敛（Chaney et al.，1991），使银行的贷款决策会更加科学和务实，不会仅凭民营企业是否具有政治关联进行放贷，而更多地依赖对民营企业的客观评价，从而在一定程度上抑制政治关联给民营企业带来的融资便利。

表 11.5　　　　　　　　　　银行贷款实证结果

变量名称	SIBdebt （1）	LIBdebt （2）	RD （3）	RD （4）
PC	-0.0189*** (0.0068)	0.0068** (0.0027)		
PC×JP4	0.0001 (0.0009)	-0.0015** (0.0006)		
L.SIBdebt			-2.0866*** (0.2787)	
L.LIBdebt				1.0174** (0.4131)
Controls	是	是	是	是
Year	是	是	是	是
Ind	是	是	是	是
_Cons	0.1122* (0.0642)	-0.0504*** (0.0134)	13.3726*** (0.3377)	10.5376*** (0.5134)
N	6433	6433	4536	4536
R^2	0.1366	0.1613	0.4284	0.4783

2. 政府补贴

表11.6列（1）和列（3）显示，政府补贴（SUB）对民营企业研发投入在1%水平下显著为正，政治关联和司法保护交互项（PC×JP4）对民营企业获得的政府补贴在1%水平下显著为负。其原因在于，获得政府补贴不仅直接增强了民营企业的资金实力，还意味着该企业受到了政府重点关注，有巨大市场潜力，更容易获取外部关注和投资。因此，拥有政治关联的民营企业获得政府补贴相当于直接或间接缓解了民营企业创新的资金约束。然而，完善的制度环境也意味着市场化程度更高、信息更透明（白云霞等，2009），能有效约束政府的机会主义行为（孙早等，2014）。由于司法保护的完善能规范政府行为，使政府补贴的发放会更加科学和公平，民营企业申请政府补贴的流程也会更规范，因此

司法保护的完善会通过减少民营企业获得的政府补贴来抑制政治关联对民营企业研发投入的促进作用。

3. 税收优惠

表11.6列（2）和列（4）显示，税收优惠（TAX）对民营企业研发投入在1%水平下显著为负，政治关联和司法保护交互项（PC×JP4）对民营企业获得的税收优惠并不显著。虽然政治关联通过税收优惠对民营企业的研发投入有着显著的促进作用，但是司法保护并不能通过税收优惠来对"政治关联→资金约束缓解→研发投入增加"这一链条产生影响。从表11.6列（1）和列（2）的结果可以看出，政治关联主要通过政府补贴渠道缓解了民营企业的资金约束，而税收优惠在公平性方面较政府补贴而言更具优势（戴晨和刘怡，2008），企业能否享受税收优惠有比较严格的政策规定，政府自由裁量空间较小，"寻租"空间自然也相对较小，司法保护的规范和调节作用不明显。

表11.6　　　　　　　政府补贴和税收优惠实证结果

变量名称	SUB	TAX	RD	
	（1）	（2）	（3）	（4）
PC	0.3540*** (0.0797)	-0.0059* (0.0037)		
PC×JP4	-0.0525*** (0.0184)	-0.0005 (0.0008)		
L.SUB			0.1791*** (0.0260)	
L.TAX				-0.0147*** (0.0041)
Controls	是	是	是	是
Year	是	是	是	是
Ind	是	是	是	是
_Cons	16.3002*** (0.5700)	0.1427*** (0.0218)	10.5376*** (0.5134)	13.3084*** (0.3534)
N	7083	5973	4536	4187
R^2	0.1281	0.1006	0.4783	0.4308

三 进一步讨论

(一) 企业异质性的影响分析

首先，按照国家统计局的《高技术产业（制造业）分类》办法，将样本企业分为高科技企业与非高科技企业进行分组回归。① 如表11.7列（1）和列（2）所示，政治关联、政治关联和司法保护的交互项仅对高科技民营企业的研发投入发生影响。原因在于，对于高科技企业而言，技术创新是其核心竞争力，有较强研发意愿，政治关联为民营企业带来的资金约束缓解在很大概率上能够转化为企业的研发投入，而非高科技民营企业的研发意愿普遍较低，将政治关联所获得的资金用于研发的可能性较小，因此，政治关联对非高科技民营企业的研发活动无显著影响，司法保护对二者关系的调节作用自然也不明显。

表11.7　　　　　　　　企业异质性分析

变量名称	RD 高技术 (1)	RD 一般 (2)	RD 成熟期 (3)	RD 成长期 (4)
L.PC	0.1724*** (0.0540)	0.1158 (0.0912)	0.1544*** (0.0561)	0.0717 (0.0895)
L.PC×JP4	−0.0329** (0.0130)	0.0027 (0.0205)	−0.0233* (0.0126)	−0.0099 (0.0196)
Controls	是	是	是	是
Year	是	是	是	是
Ind	是	是	是	是
_Cons	13.7250*** (0.3702)	13.6265*** (0.5166)	13.5393*** (0.4602)	15.1730*** (0.6755)
N	2976	1560	3586	950
R^2	0.4671	0.4219	0.4313	0.5597

其次，参考虞义华等（2018）的做法，按照企业所处生命周期阶

---

① 本节的分组回归都进行了分组样本均值t检验。检验结果表明，分组之后民营企业研发投入的均值均具有显著差异。

段,即企业成立年限是否超过 10 年为标准,将样本民营企业分为成熟期企业与成长期企业进行分组回归。如表 11.7 列(3)和列(4)所示,政治关联、政治关联和司法保护的交互项仅对成熟期民营企业的研发投入产生显著影响。可能的解释是:处于不同生命周期的企业在资源能力和创新动力方面都存在差异(解维敏和方红星,2011),其目标和约束也有所不同。成熟企业不仅有较为充足的资源支持研发活动,还积累了丰富的创新经验,降低了创新成本和创新的不确定性(Coad et al.,2016)。而且成熟期民营企业一般已占有一定的市场份额,企业发展动力正在由粗放的规模扩张型向技术驱动型提档升级,只有通过创新培育核心竞争力才能实现企业的可持续发展。因此,成熟期民营企业具有更强烈的创新动机。另外,成长期企业虽然有创新发展的动力,但受资源约束的压力较大,生存是企业首要目标,为尽快积累发展所需资金,经营活动一般以"短平快"项目为主;由于抗风险能力较弱,可能不会将政治关联获得的宝贵资源用于风险较大的创新活动。

(二)省份异质性影响分析

由于正式契约的不完备性等原因,社会秩序不能完全由"法律"等正式制度来维护,即使正式制度很发达的社会仍需要社会信任等大量非正式制度来维系和润滑(曾泉和裴红梅,2016)。企业不是孤立的行动个体,而是社会网络上的纽节,社会网络机制更多地建立在社会信任机制的基础之上(Granovetter,1985),而且省份社会信任环境的差异会给企业行为带来系统性影响(张敦力和李四海,2012)。由此可见,社会信任可能会对司法保护的调节作用具有较大影响。我们用社会团体单位数/人口数来衡量社会信任,并分别按照各省份社会信任水平进行高低排序,以均值为界,将样本企业所属省份分为社会信任水平高低两组,分别进行回归分析。

从表 11.8 列(1)和列(2)的回归结果可以看出,仅仅在社会信任较低的省份,政治关联对民营企业研发投入的正向影响以及司法保护的负向调节作用显著存在。所谓"社会信任较低"是指普遍性的社会信任尚未形成,社会信任主要以信任半径较短的特殊信任为主(Wessen et al.,1951),而政治关联就是一种半径较短的特殊信任。具有政治关联的民营企业、政府和国有银行形成了信任半径较小的特殊"熟人"信任群体,"信任圈"内的民营企业往往更容易获得更多的银行贷款或政府补贴等资源,对民营企业的研发投入具有正向影响;当普遍性的社会信任程度提高以后,信任圈层扩大,熟人信任圈开始转化为更为广阔的陌生人信任圈,政治关联对民营企业能否获得银行贷款等外部资源的作用大大减弱,司法保护的调节效应也随之消失。

(三) 司法保护不同维度的影响差异分析

司法公正是司法保护的根本,司法效率是司法公正的直观体现。为考察司法公正($JP4\_GZ$)和司法效率($JP4\_XL$)对政治关联与民营企业研发投入影响的差异,将司法公正、司法效率与政治关联的交互项分别引入基准模型中,得到以下回归模型:

$$RD_{it} = \alpha + \beta PC_{it-1} + \theta PC_{it-1} \times JP4\_GZ_{ijt-1} / JP4\_XL_{ijt-1} + \varphi Control_{it-1} + Ind_i + Year_t + Area_j + \varepsilon_{it} \quad (11.5)$$

如表11.8列(3)和列(4)所示,只有政治关联与司法公正的交互项在1%水平下显著为负,表明司法保护对政治关联与民营企业研发投入关系的调节作用主要源于司法公正。虽然公正与效率是司法部门的两大工作主题,但司法公正才是司法保护的本质,司法效率的实现必须建立在司法公正得到充分保证的基础之上。另外,虽然近年来中国的司法效率获得了极大提高,各省份法院的审限内结案率普遍达到95%以上(左卫民,2008),但某些过高的司法效率可能存在人为追求高效率而不顾司法公正使一些案件"被结案"的情况。因此,司法公正才是规范政治关联、抑制其可能产生的"寻租"行为的根本保证。

表 11.8　　　省份异质性和司法保护维度差异性分析

变量名称	RD			
	社会信任高	社会信任低	司法公正	司法效率
	(1)	(2)	(3)	(4)
L.PC	0.1830 (0.0768)	0.1787*** (0.0619)	0.1720*** (0.0476)	0.1597*** (0.0473)
L.PC×JP4	−0.0146 (0.0148)	−0.0342** (0.0163)		

续表

变量名称	RD			
	社会信任高 (1)	社会信任低 (2)	司法公正 (3)	司法效率 (4)
L.PC×JP4_GZ			−0.0395*** (0.0135)	
L.PC×JP4_XL				0.0057 (0.0130)
Controls	是	是	是	是
Year	是	是	是	是
Ind	是	是	是	是
_Cons	13.1962*** (0.4467)	15.3397*** (0.4896)	13.2958*** (0.3373)	13.3326*** (0.3384)
N	1844	2692	4536	4536
R^2	0.4383	0.4086	0.4296	0.4284

第四节　小结

本节利用2009—2016年中国沪深A股制造业民营上市公司作为研究对象，匹配各省份司法保护水平，实证检验了在政治成本和政治力量假说前提下，司法保护对政治关联与民营企业研发投入关系的调节作用。主要研究结论如下：①司法保护在政治关联影响民营企业研发投入的路径中发挥着显著的负向调节作用。即在同等条件下，司法保护程度越高，政治关联对企业研发投入的促进作用就越小。②司法保护主要通过减少银行长期贷款和政府补助对"政治关联→资金约束缓解→研发投入增加"这一链条产生影响，从而削弱政治关联与民营企业研发投入之间的正向关系。③政治关联、政治关联和司法保护交互项仅对高科技民营企业和成熟期民营企业的研发投入有明显的调节作用。④在社会信任较低的省份，政治关联对民营企业研发投入的正向影响以及司法保护的负向调节作用显著存在。⑤司法保护对政治关联与民营企业研发投入关系的调节作用主要源于司法公正。

本节潜在的贡献有以下几点：第一，数据准确性。我们通过手工收集的中国制造业民营上市企业的董监高个人特征数据，构建了民营企业的政治关联强度指标，使实证结果更加全面和准确。第二，虽有学者分别考虑过政治关联这一非正式制度和正式制度环境对民营企业研发投入的影响，但鲜有学者将两者联系起来综合考察对民营企业研发投入的影响，为相关研究和政策制定提供了丰富的经验证据。

第十二章

研究总结

消费包括需求侧和供给侧两个主体，司法保护是这两个主体之外的外部环境的重要一环。党的十九届五中全会将"强化消费者权益保护"纳入了"十四五"规划，体现出完善消费相关的法律体系对经济社会发展的现实意义。随着社会经济的飞速发展，特别是数字经济发展和新冠肺炎疫情的影响和挑战，市场运营、消费需求和消费结构发生了巨大改变，对消费法制环境建设也提出了更高要求，现行的消费促进法律保护体系亟待升级。从狭义上讲，为了充分发挥消费对经济增长的正向促进作用，完善消费司法保护环境是重要手段之一，不仅仅需要强化对消费者权益的保护，还要建立良性循环的消费秩序，带动国内消费需求的增长。从广义上说，能够促进消费增长和消费升级的不仅仅局限于消费者合法权益的司法保护环境，整个综合性司法保护环境都对消费促进具有直接或间接的影响，特别是司法保护促进了创新驱动发展，从而对消费促进及消费升级有着巨大的作用。然而，既有研究中有关消费者权益保护与消费关系的理论研究居多，非常缺乏实证研究，从更宽广视角系统探究司法保护与消费关系的研究更是寥寥无几。为了建立科学的消费促进司法保护体系，需要首先夯实司法保护与消费关系的理论基础，完善相关的实证检验体系。我们将司法保护纳入消费及企业创新的分析框架，并将消费司法保护环境的外延扩展至综合司法保护环境，由整体司法保护环境到具体的消费者权益司法保护，由对消费的直接影响到间接影响，按照由总到分、逐渐深入的思路，依次进行了一系列实证研究，丰富了"法与消费"领域的经验证据，得到了如下研究结论：

一 司法保护的量化评估方面

对司法保护进行科学的量化是司法保护与消费关系实证研究的基础，也是本研究的重点和难点。从化繁为简以及可操作性角度出发，我们将提高法院绩效作为强化司法保护的重点，聚焦于司法公正、司法效率以及案件审理数量三个核心维度，构建司法保护评价体系，通过选择6个司法指标，运用因子分析方法，计算出1992—2016年中国各省份司法保护指数得分。由于上述三个核心维度中"公正和效率"是司法保护最核心、最通用的两个方面，我们分别计算出两套指数：包括所有6个指标的指数以及只包括公正和效率4个指标的指数，并且为了克服计算方法的差异对指数得分的影响，我们采用不同方法计算出两套指数的得分。我们的指数有助于对司法保护进行客观评估以及真实反映司法保护的实际状况。从4个指标的指数得分可以看出：中国各省份之间的司法保护水平差距较大，历年来各省份司法保护水平排序的稳定性也有较大差别。

二 司法保护对消费的总体影响

消费是促进中国经济发展的重要动力，而司法保护则是消费得以稳健增长的重要保障。

首先，消费者通过市场交换获得了商品的所有权，消费者要实现完全的消费者主权，获得全部产品效用，必须使消费者权益受到充分的法律保护，而司法保护通过产权保护和契约保护这两大基本功能，矫正消费者在市场中的天然弱势地位。司法保护对消费的直接影响主要表现为：①降低消费不确定性。司法保护使买卖双方的可预测性增强，缓解消费中的契约履行不确定性和消费维权的不确定性，降低交易成本，增强消费者信心。②缓解信息不对称。司法保护有助于弥补"残缺"的消费者信息产权，保证消费者在购买商品时拥有充分知情权，使消费者更全面地了解商品信息。③增强法律的预测和指引作用。实际的司法执法比静态的法律条文更能发挥预测和指引作用，有效保证理性经济人的企业按照法律要求尊重消费者合法权益。④降低维权成本。消费者在做出维权决策之前会进行成本收益分析，高效公正的司法保护能够大幅降低消费者寻求司法保护的成本，法官的自由裁量权不但能够细化相关法律中的模糊规定，还能够根据实际情况动态调节消费者的维权收益，改变成本收益的相对状况。⑤对侵权企业进行声誉惩罚。司法机构对侵权企业的惩罚不但使侵权企业遭受合法性威胁和巨大声誉损失，也能利用司法判决的"扩散效应"进一步扩大声誉惩罚的影响，大幅提高企业的侵权成本，抑制企业侵权动机。⑥威慑作用。司法保护通过惩罚对侵权企业产生特殊威慑作用；这种惩罚也会对其他企业产生"威胁信号"，发挥一般威慑作用，改善市场上侵害消费者权益的状况。⑦教育作用。司法判例在静态层面发挥着示范教育作用；公正的审判过程在动态层面对消费者和企业起到普法、守法的教育作用。⑧营造公平竞争环境。司法保护通过反垄断、反不正当竞争，保护了市场公平竞争，使企业产生尊重和保护消费者合法权益的内生动力。⑨帮助和监督消费者权益的行政保护。司法保护不但可以帮助行政部门分担部分案件处理，还可以帮助行政部门处理一些复杂的消费纠纷。同时，司法保护可以通过行政审判规制和监督行政部门依法行政。

其次，司法保护对居民消费还具有间接影响，具体包括：①从供给侧的角度看，司法保护可以产生"创新效应"，即良好的司法保护环境可以有效保护创新成果的知识产权，提高创新成果转化的预期经济收益，从而通过提高科技创新来促进居民消费。②从需求侧的角度看，其一，司法保护具有"增收效应"。司法保护可以通过保障劳动者的基本权益提高居民的工资性收入；司法保护有助于促进金融市场的有序透明，减少上市公司违规行为，保证居民获得应有的财产性收入；司法保护通过对行政权力的监督和制约，保证低收入群体按时足额地获取转移性收入。另外，司法保护的增收效应提高了消费者对创新产品的购买力，刺激科技创新的发展，从而进一步强化前述的"创新效应"。其二，司法保护具有"借贷效应"。司法保护能够保护债权人不受借款人机会主义行为的侵害，有助于降低借贷风险，提高借贷机构的贷款意愿，从而缓解家庭借贷约束。其三，司法保护的"信任效应"。司法保护增加了交易的违法成本，抑制了交易进程中不正当的道德风险和投机心理，减少了消费者的风险感知，有助于形成控制为基的普遍性社会信任，可以催生更多的消费行为。

最后，我们利用 1998—2016 年的省份面板数据以及多期中国家庭追踪调查数据（CFPS），从宏观和微观两个角度对司法保护的消费促进效应进行了实证检验。研究表明，司法保护对中国居民消费具有显著的促进作用,并且还可以通过创新效应、增收效应、借贷效应、信任效应显著提高居民消费。其中,科技创新是法与消费之间的重要纽带,为我们将"法与创新"作为"法与消费"的间接影响机制提供了有力的实证支撑;在需求侧方面,增收效应影响最明显。此外,司法保护对城镇居民和沿海省份居民的消费具有更显著的正面影响,随着居民消费水平的提高,司法保护的消费促进效应也不断增大。从消费结构的角度来看,目前司法保护的改善对中国居民生存型消费的影响最明显。司法公正比司法效率更能促进居民消费;司法透明度与市场法律中介组织在司法保护与居民家庭消费的关系中具有积极的正向调节作用;在城镇家庭、高教育水平家庭及高消费家庭中,司法保护的消费促进作用更加显著。微观视角的研究结果与宏观视角的结果保持了高度一致,反映出我们研究结论的高度可靠性。

三 司法保护、企业创新与消费

中国消费增长和消费升级仍然受到创新质量不高的制约,提升创新质量也是中国经济实现高质量发展的关键。企业不但是提供消费产品和服务的主体,也是创新的主力军。厘清司法保护、企业创新与消费三者关系,特别是司法保护对企业创新的影响机理是法与消费之间间接影响的主要部分。

第一,企业创新是从供给侧分析消费的切入点,是应对多元化时代中消费需求个性化、多样化和差异化趋势的必要手段。企业创新通过"内部创新"(工艺创新)和"外部创新"(产品创新),不但可以创造消费动力,开创消费新领域,还能够主动创造需求,带来消费内容的升级优化,促使居民消费结构被动变迁。另外,企业创新中只有充分重视引进技术的消化吸收才能够促进消费增长。我们利用1998—2016年中国省级面板数据,从宏观层面实证证明了上述理论分析结果,再一次彰显了创新对于消费促进的重要作用。

第二,我们利用2009—2016年司法保护数据匹配中国沪深两市制造业上市公司的微观样本,分析了司法保护对企业创新质量的平均效应及影响机制。研究发现,司法保护对企业实质性创新和总体创新质量有显著的正向促进作用,对策略性创新有一定的抑制效应;基于多重中介模型的分析表明,司法保护可以通过资金效应、技术效应和信息效应促进企业实质性创新,其中技术效应是当下司法保护影响企业创新质量的主导中介效应。进一步研究发现,相比提升效率,司法保护的公正、执行、透明度以及法律中介组织更能促进企业开展实质性创新、提升企业创新质量,司法保护对非高科技企业、成熟企业,以及社会信任水平较低省份企业的实质性创新和创新质量的正向影响更加明显。

四 进一步的深入分析

第一,我们将研究视角下沉到具体的法律法规的消费促进效应方面,围绕与消费直接相关的《消法》,利用《消法》大修这一外生性冲击,利用四期中国家庭追踪调查(CFPS)的面板数据,采用双重差分法考察了以《消法》大修为标志的消费者权益保护提升对城乡居民消费的影响差异。研究表明:《消法》大修虽然普遍提高了居民的消费水平,但与城镇居民相比,《消法》大修对农村居民消费的促进作用更小,该结论在经过一系列稳健性检验后依然成立,互联网基础设施和法律中介组织的发达程度是产生影响差异的主要原因。进一步研究表明,《消法》大修对城乡居民消费的影响差异在司法公开程度较高和东部省份相对较小。与城镇居民相比,《消法》大修对农村居民消费结构升级的促进作用更大。研究结论反映出"城市偏向型"消费者权益保护导致了《消法》大修对城乡居民消费的不均衡作用,对进一步提高农村居民消费需求、缓解城乡消费差距具有一定借鉴意义。

第二,消费者权益保护不但能够影响消费者的购买决策,对于供给侧的企业创新也会产生重要影响。我们继续利用《消法》大修这一消费者权益保护政策的外部变化,基于2009—2016年制造业民营上市企业的数据,采用双重差分法考察消费者权益保护对企业创新的影响及其机制。研究发现:以《消法》大修为刻画的消费者权益保护增强能够通过增强企业的社会关注度,缓解信息不对称,从而增加企业创新投入的意愿和能力。对于在政商关系健康的城市、处于成熟期的企业而言,消费者权益保护的创新促进作用更强。

第三,知识产权保护是司法保护中对企业创新质量影响最直接的一环,而知识产权案件"三审合一"审判模式改革是近年来提高知识产权司法保护力度、促进知识经济发展的重要举措。我们以"三审合一"改革作为准自然实验,采用倾向得分匹配基础上的"渐进式"双重差分法（PSM-DID）进一步实证评估了以"三审合一"改革为代表的知识产权保护制度创新对企业创新质量的影响。结果表明："三审合一"改革能够显著提升企业的创新质量，这一结论在考虑了识别假设条件和一系列其他可能的干扰因素后依然成立；缓解信息不对称与增强研发投入强度在"三审合一"促进创新质量提升的过程中发挥着部分链式中介作用；"三审合一"对大型企业、非国有企业和非高技术企业创新质量的促进作用更加明显。

第四，在提升消费供给质量方面，民营企业应该发挥更大的作用，实现消费供给方面的"国退民进"，为此，有必要深入探索法与民营企业创新的关系。我们基于行为信号理论的拓展性运用，以中国各省份高院院长更替作为切入点，证实了司法环境变化对民营企业的创新决策具有重要影响。在依法治国战略营造的有利信号环境下，地方司法部门领导人更替行为信号通过"凸显效应"在短期内使民营企业产生正向心理偏差，并增加研发投入。此外，司法领导更替通过缓解民营企业的融资约束和技术信息约束，间接推动民营企业加大研发投入。进一步研究表明，对于在高科技行业、竞争激烈行业中、无政治关联、处于成长期的民营企业而言，司法领导更替对其研发投入的正向作用更加显著；相比内部提拔或来自其他政府部门的司法领导，来自其他政法部门的司法领导对民营企业的创新具有最显著的促进效应；籍贯为外省份、在政法系统长期任职的司法领导对民营企业创新有更大的促进作用；省区、市委书记和司法领导同年更替不利于民营企业的研发投入。

第五，从政治力量假说和政治成本假说来看，民营上市公司高管作为企业研发战略的决策者和执行者，其政治关联特征对研发活动有着重要影响，尤其是在司法保护等制度环境不完善的情况下，研发活动面临着更大的外部不确定性。我们选取2009—2016年中国沪深A股制造业民营上市公司作为研究对象，考察司法保护对政治关联与民营企业研发投入之间关系的调节作用以及作用机制。研究发现：政治关联促进了民营企业研发投入，然而司法保护在政治关联对民营企业研发投入的影响中发挥着负向调节作用，并且司法保护主要通过减少银行长期贷款和政府补助对"政治关联→资金约束缓解→研发投入增加"这一链条产生影响，从而削弱政治关联与民营企业研发投入之间的正向关系。

第十三章

政策建议

一 更好发挥司法保护的消费促进效应方面

全面强化司法保护对促进居民消费具有十分重要的影响,应持续加强司法建设,健全消费相关的司法制度体系,切实降低消费的不确定性,提高消费的可预测性,尤其是城镇地区、沿海省份,应充分重视司法保护改善对居民消费的促进作用,将制度优势迅速转化为消费优势。

(1) 消费者权益保护是一个错综复杂的问题,消费者权益保护问题的涉及面非常广泛,消费者权益的侵权行为也有不同的表现形式,而且随着新型消费模式的不断涌现,新的消费者权益侵权行为也不断出现。第一,应将保护消费者产权确立为基本原则,完善相关法律法规,建立健全的消费者权益司法保护体系,建立事前行为约束。首先,应进一步完善消费者权益保护法律体系,拓宽《消法》的调整范围,畅通消费者维权通道,建立由协商、调解、仲裁和诉讼组成的环环相扣、分工明确的维权体系,激发市场需求的潜力。其次,要做好刑事、民商事、行政等领域现行法律法规的协调,真正建立起消费者权益的系统性司法保护观念;同时,要在现行法律法规不足且短时间难以根本改变的情况下,以司法解释等方式弥补司法保护时法律依据的不足和空白,使司法保护囊括消费者权益保护的各个方面,形成立体的司法保护网,使消费者权益司法保护有法可依,能够有效地惩治侵权违法行为和迅速高效地保护消费者的合法权益。第二,要提高侵权者被惩罚的概率,强化事后惩罚,加大对消费者侵权行为的惩罚力度,减少消费者产权损失,降低消费风险,提高居民的消费安全感。向市场发出第三方治理强化的信号,为社会提供稳定的消费预期,增强消费行为的长期性,推动消费环境升级。第三，强化司法保护应有所侧重，应该将司法公正作为第一要务，不能突破法律底线，应该在充分保障司法公正的基础上再追求司法效率，不能单纯地以提高司法效率的方式来增加办案数量，应该采用增加司法投入、优化司法资源配置、整合社会力量、建立多层次诉前调解机制等多种手段，更多、更快捷地定纷止争。第四，积极发展市场法律中介组织，充分发挥市场法律中介组织的"桥梁"作用，降低消费维权的专业门槛，进一步提高消费司法维权的效率和成功率。

（2）随着交通物流和网络科技的飞速进步，消费者的消费行为已大大突破了地域限制，异地消费、异地维权已成为常态化。因此，司法建设应持续进行制度创新，适应消费需求、消费模式的不断变化。完善和强化司法保护不能各自为政，应该做好顶层设计，全面、系统、有序地实施司法保护体系建设，促进各省份司法保护能力建设的协调发展，避免各省份司法保护能力的"失衡"。

（3）司法公正具有多重标准，"专业"的司法机关采用理性标准，即完全符合法律规范的判决就是司法公正的实现；而"非专业"的消费者往往采用感性标准，即感受到的公平正义才是真正的司法公正。在"理性司法公正→消费者认可的司法公正→增强司法信任"的影响链条中，"消费者认可的司法公正"是重要的中间环节。第一，由于有意义的司法公正与非公正的基本界限就在于司法公正的公共理性，即满足个人合理需要和主张的同时促进生产进步和提高社会内聚性的程度（博登海默，1998），因此，在实际的司法审判中，法官应更多采用移情体验、多元动态的同理心正义原则，更深刻、更敏锐地洞察和综合考虑各方诉求，实现社会认可的公平正义；应继续秉持"宽严相济"原则，不一味追求裁判的法理性、合法性，在符合法律规律的前提下，兼顾消费者对裁判结果的接受度；应改变传统的"案卷笔录中心主义"，充分发挥公开庭审功能，在审判过程及裁判文书中尽量使用深入浅出、通俗化的表述，加深普通消费者对裁判公正性的理解，同时应大力增强消费者的法治意识和法律素养，提高消费者对司法公正的理性认识程度。第二，虽然理性因素和情感因素都会影响消费者对司法公正的价值判断，但情感因素所起的作用会远远超过理性和逻辑的力量（董鸣，2005）。消费者权益司法保护的实现主要依靠审判活动，相比刑事审判，民商事及行政审判更讲求"法理情"相结合，必须充分体现当事人意思自治原则，最大限度地尊重和满足消费者处分个人权利的意愿，以定纷止争为目的。民商事及行政审判是一种寻找各方利益最佳均衡点的博弈，当事人对事实不再争执时裁判即告终结（林端，2014），其公正性是"比较性的"，追求"化解正义"（杜宴林，2017）。因此，民商事及行政司法公正与消费者认可的司法公正较容易达成一致；而刑事审判更强调理性，技术性更强，刑事司法公正与消费者认可的司法公正之间容易产生差异，使刑事司法公正与司法信任之间的传导通道受阻。越"公正的"刑事审判越理性，越容易与普通消费者认可的公正产生差异，特别在消费者的法律素养普遍较低的时候，这种差异就越发明显。① 因此，审判活动在依法进行的同时，对消费者的解释说服工作同样重要，只有使消费者心服口服地接受司法裁判，才能产生真正的司法信任，发挥更大的消费促进效应。第三，必须继续推动司法公开，缩小审判公正与消费者认可公正之间的差距，要"以看得见的方式实现正义"，必须增强司法透明度，强化司法宣传，大力拓展司法公开的广度和深度，充分保障消费者对司法的知情权、参与权、监督权。应该通过公开审判和裁判文书表达事实和价值判断以及司法意志（龙宗智，2015），以司法公开来引导舆论，让"案情决定舆情"。法院和媒体可以通过多平台和多渠道增加对企业因侵害消费者权益所受处罚信息的披露，进而增加其他企业对侵权处罚的威胁感知，在减少企业侵害消费者权益方面达到"防患于未然"的目的。

（4）消费者更多的时候表现为"理性经济人"，从制度经济学的角度来看，判断消费者权益的司法保护能否较好实施的关键是司法保护中"成本—收益"的经济调节因素。因此，消费者权益的司法保护在中国法律实践中并未发挥应有作用的原因在于消费者司法维权的"不经济"。通常消费者的维权诉讼适用民事诉讼程序，成本较大，同时，实践中还存在判决执行效率低下的问题，也使一般的消费者对司法保护望而却步，使司法保护成为纸面上的规定，很多违法经营者也因此没有受

---

① 2019年某贵州女法官在刑事审判中坚持疑罪从无、证据裁判等原则，做出公正的无罪判决后，却遭受社会舆论和被害人亲属重压，该事件也间接说明刑事审判公正与消费者认可的公正容易产生背离。

到应有的惩戒，这无疑是一种纵容。因此，设置特别的消费侵权纠纷诉讼程序并提高判决执行的效率，对于消费者权益司法保护的正义价值及效益价值的实现具有重要意义。小额消费纠纷的特点在于其发生的经常性、普遍性且纠纷涉及金额的小额性。虽然中国司法保护体系已建立起小额诉讼制度，试图减少消费者维权的时间成本，并节约稀缺的司法资源，但司法实践中小额诉讼程序的适用比例较低（占善刚和王甜，2018）。主要原因在于：①尽管法律条文对小额诉讼程序已进行了宣示性规定，但仅仅承认小额诉讼程序的法律地位，并未涉及小额诉讼的具体运行规定，2015年司法解释对小额诉讼程序的适用范围仅仅进行了列举，小额诉讼程序案件受理范围比较窄。②如果消费者选择小额诉讼程序来解决纠纷，其权利将受到限制。因为小额诉讼程序实行一审终审，若消费者对判决不服也没有了后续司法救济途径，消费者很难认同和选择小额诉讼程序，打击了消费者维权的积极性。因此，应出台更加细化、更具有操作性的关于小额诉讼程序的司法解释，以此指导一线法官更好地为消费者提供令其满意的司法保护，切实降低消费者的维权成本。另外，强化对消费纠纷中消费者的法律解释说明工作，使其更加充分地理解小额诉讼程序，尊重消费者的诉讼程序选择权，提高消费者对小额诉讼程序的认同度。

（5）完善和充实消费者公益诉讼制度。为了弥补消费者弱势地位带来的与经营者对抗时的不平等地位，现行立法赋予检察机关、消费者协会合法的原告主体地位。但是，相关立法在操作层面还存在较大问题。例如，主体范围受到限制，受案范围界定不明晰等，严重限制了公益诉讼在消费纠纷司法实践中的适用。特别是举证制度方面，中国的公益诉讼仍遵循"立案审查制"，"有社会公共利益受到损害的初步证据"是起诉的要件之一，而现行法律及司法解释并未对"初步证据"的具体标准作出规定，消费者公益诉讼能否适用主要取决于法官的自由裁量。另外，按照"谁主张，谁举证"的规定，即使消费者公益诉讼案件被法院受理，检察机关或消费者协会也需要向众多被侵权的消费者采集证据以证明"社会公共利益受损"。不但增加了检察机关或消费者协会繁杂的证据收集责任，也增加了消费者的维权成本。因此，鉴于检察机关和消费者协会的举证能力不同，有必要对两种机构适用不同的举证规则,放宽"初步证据"的认定标准。

(6)消费者维权胜诉仅仅是实现了形式正义,并不能代表其实质性权利得到了保障,司法判决的实际执行仍存在多重困难。司法执行是将法定权利转化为实有权利的"最后一公里",但"执行难"已成为中国司法困境中的重心,纳入失信被执行人"黑名单"的数量已由2015年年底的308.02万例增加到了2017年年初的673.4万例,而且数量还在攀升。新制度主义理论所强调的法律对经济发展的关键性作用是建立在法律实施的可预测性基础之上,而大量的"司法白条"会损害司法公信力,大大降低违法成本,导致"劣币驱逐良币"而出现"破窗效应"。因此,加强司法保护不仅要强化审判公正,更要重视日益严峻的司法执行问题,对于严重损害司法公信力和权威性的"执行难"问题给予更充分重视,从惩罚与激励两个方向入手,一方面继续完善执行机制,创新司法执行手段,建立专门的执行法律法规体系,真正使失信者"一处失信、处处受限",加大违法失信成本,切实提升司法权威和公信力;另一方面强化公民的守法教育,培养公民对法律的信仰,提升司法公信力。同时,"执行难"的成因分为"执行不力"和"执行不能"两个方面,两者有着本质区别。"执行不力"是指被执行人具有全部或部分履行能力而执行人员没有尽到应尽的职责;"执行不能"是指虽经法院穷尽执行措施,但客观上被执行人确实无财产可供执行,从而无法兑现生效判决。虽然近年来司法部门不断加大执行力度,最高人民法院更是于2016年提出了"用两到三年时间基本解决执行难"的目标,这些举措虽然可以最大限度地消除"执行不力",但无法解决"执行不能"的难题,而"执行不能"案件占全部执行案件的40%—50%(郝绍彬和黄志佳,2018),"执行不能"逐渐成为中国"执行难"问题的主要表现,但"执行不能"在本质上属于当事人应当自行承担的市场风险延伸。因此,应加强教育和宣传力度,消除"法律万能,法院包打天下"等片面且不切实际的观念,使消费者充分认识到契约不完备性所隐藏的潜在市场风险,增强风险防范意识,最大限度减少执行不能的发生。

(7)消费者保护基本理念是"倾斜保护",但消费者保护内部要从侧重于城镇的倾斜保护转变为均衡保护,增强农村地区司法诉讼服务的可得性、易得性，缩小司法保护的城乡差异。具体建议如下：第一，法律面前人人平等，但农村消费者在实际享受消费者权益司法保护方面还处于劣势。在乡村振兴战略的实施中，应充分认识到农村消费增长对激发整体内需、促进国民经济发展的重要意义，在消费者权益保护的立法和执法等环节上向农村倾斜，充分考虑城乡消费环境的差异和农村消费者的特殊需求，大力加强农村地区的普法教育，真正发挥司法保护对农村消费者的保驾护航作用，弥补长期以来农村消费者权益保护的不足，一方面保障新消费方式下的农村消费者权益，降低消费的不确定性，提高其支出意愿，另一方面通过个性化的法律保护促进农村消费者更多更好地利用新型消费方式，从而缩小城乡消费差距。第二，转变过度依赖政府进行消费者权益保护的现状，实现社会多元主体共建共治，发挥消费者及相关社会组织对市场秩序的建设与监督作用，为农村消费者构建有效的维权保障体系。建立农村消费者协会分会，完善农村消费者集体诉讼制度，发展各类法律中介组织，充实面向农村消费者的法律中介服务，建立多元化的消费者维权路径，优化农村司法资源配置，强化法律援助服务，提高农村消费者维权便利性，降低农村消费者的维权诉讼成本，为农村消费者提供维权的客观条件。第三，减小城乡"司法信息鸿沟"。在立法和执法等方面有效回应数字时代消费者权益保护所面临的诸多挑战，加强农村信息基础设施建设，促进农村地区互联网的普及，提高农村地区数字可得性，缓解城乡之间的"数字鸿沟"；同时进一步提高司法信息透明度，强化面向农村的司法公开工作，缓解农村消费者维权时面临的"司法信息不对称"程度，使司法保护对农村居民消费增长和消费升级发挥更大的促进作用。

（8）缓解消费信贷约束是家庭实现最优消费的重要因素。应强化借贷双方权益的司法保护，理顺信贷供求机制，缓解家庭借贷约束，在一定程度上释放居民消费活力。①司法保护可以降低借贷的交易成本，刺激家庭消费借贷需求，缓解需求型借贷约束。当然，居民家庭杠杆对消费的影响是一把"双刃剑"。虽然居民家庭"加杠杆"的目的可能是为了消费，但负债也可能会阻碍家庭总支出的增加，因此，"加杠杆"对支出的促进作用不具有持续性（潘敏和刘知琪，2018），也不应过度"加杠杆"。司法保护在降低借贷成本的同时，也应借助司法审判的社会教育功能宣传合理适度借贷的理念,最大限度减少消费信贷的副作用。②司法保护可以通过提高产权保护和契约保护的确定性和及时性,积极改善消费金融法制环境,不仅可以部分缓解信息不对称对信贷供给意愿的抑制,降低金融信贷的交易成本,还能够规范与引导消费金融的健康发展,助推专业化消费金融组织的蓬勃发展和新型消费金融模式创新,提高消费信贷供给的数量和质量,缓解供给型借贷约束,提高家庭消费信贷的可得性,有效助力家庭消费的增长。

(9)虽然党的十六届三中全会就提出建设"以法律为保障的社会信用制度",近年来中国的司法保护和社会信任水平也得到了很大提高,但全民尊法、信法、守法、用法的局面尚未形成(王利明,2018),诚信长期未制度化而停留于道德劝善层面,诚信制度供给存在显著的结构性空白。因此,现阶段需要从加强司法保护和社会信任建设两个方面着手。一方面,由于社会信任具有公共品属性,因此需要通过司法保护等手段来克服其外部性所产生的不利影响。而且,利用道德的力量去纠正"不诚信"这一价值观的错位将非常漫长,而法律的强制性和终局性能够使社会信任建设的效率更高。所以,在培育社会信任的过程中,必须充分重视司法保护的功能,加快诚信立法,形成法律约束力,为社会信任水平的提高夯实法律制度基础。另一方面,通过诚信体系建设,对失信人形成巨大的舆论压力以及道德谴责,加大失信人的信任成本。然而,高司法保护往往意味着高法律成本,提高司法保护的边际成本会逐渐增大;而且司法保护是一把"双刃剑",它在构建社会秩序的同时,也使人们的自由和权利受到诸多限制(朱勇,2017)。于是,司法保护对消费增长的边际效应递减,社会信任可能在促进消费增长方面对司法保护产生一定"挤出效应",即在公正高效的司法保护下,人们往往通过社会信任等非正式制度完成交易契约的建立和履行,对司法保护等正式制度的依赖程度会有所降低(Knack and Keefer,1997)。因此,社会信任和司法保护在促进消费增长中应该形成"一前一后"的良性互补的理想模式,即非正式制度的社会信任直接影响交易的达成和履行,而司法保护为交易的达成和履行提供间接的法律保障,只是在社会信任对市场运行调节产生问题时才予以支撑和补救(周林彬和何朝丹,2008)。在当前社会信任水平较低时,司法保护对消费增长起到了主要的促进作用；当社会信任水平逐步提高以后，社会信任对消费增长的作用应该越发显著，而司法保护则退居"后台"，作为社会信任的强大后盾和保障。

二 更好发挥司法保护的创新促进效应方面

（1）应高度重视司法保护水平提升在实施创新强国战略中的作用，对不同层次的创新实施差异性司法保护，并大力加强对企业实质性创新的司法保护力度。①由于商业信用、技术市场活力和信息不对称是司法保护影响企业创新质量的三个重要传导机制，因此应进一步保护和促进企业间商业信用，推动技术交易市场的长远发展，规范上市公司的会计信息披露，畅通和强化司法保护提升企业创新质量的传导渠道。②对于高科技企业和成熟企业，对于社会信任水平较高省份的企业，司法保护应主要着眼于创新结构的优化，促使企业创新发生质变；而对于非高科技企业和社会信任水平较低省份的企业，应同时强化对实质性创新和策略性创新的司法保护，以保障企业创新量变阶段中创新产出的积累。③矫正"消费者必定处于弱势地位"的固有思维，构建均衡保护消费者权益和企业合理利益的平衡体系。从消费者与企业命运共同体的维度出发，在强化消费者权益保护的同时，建立企业创新司法支持体系，完善企业创新的司法激励机制，引导企业通过改善产品结构和优化企业内部资源配置等途径增强自身的创新能力，以创新来应对消费者对产品和服务质量日益提高的要求。

（2）增强知识产权保护力度，提高企业创新质量和创新能力。①知识产权保护对企业创新质量有显著的提升作用，"三审合一"是一项合理、高效、优秀的制度。在知识产权纠纷案件日渐频发的现代社会环境，要想提高地方司法保护力度，推行"三审合一"改革是必由之路，应进一步通过自上而下的引导，全面推动"三审合一"审判模式改革，提高"三审合一"审判模式的覆盖范围，营造更好的知识产权保护环境。②各地方应根据当地企业所处的创新发展阶段，将"三审合一"改革的顶层设计与地方实际有机结合，实行差异化、个性化的"三审合一"具体模式，因地制宜地规划合理、长效的政策推行模式，避免一蹴而就，最大限度地发挥"三审合一"的司法政策效用，有效降低企业维护知识产权合法权益的成本，提高维权效率。③加大制度创新力度，推出更多、更符合中国创新发展实际的知识产权保护举措，如设立技术法官辅助审判的制度、对知识产权案件的管辖和审级重新区分等，进一步提高万众创新意识，不断积累高质量的创新成果，实现中国创新的提档升级。

（3）重视司法政策环境不确定性对企业创新的影响，给予司法领导治理以充分的重视。第一，重视司法领导更替所传递的反映司法环境变化的信号作用，主动传递更多可观察的信号，及时公开司法领导更替的相关信息以及新任司法领导进行司法治理的政策导向，减少信息不对称，降低各种不确定性对民营企业创新的不利影响，稳定和提振市场对司法环境向好的信心。第二，对外克服司法地方化，进一步提高司法审判的独立性，减少行政权力对司法审判的干涉，继续深化设立巡回法院、建立领导干部干预司法通报制度等提升司法部门独立性的政策措施；对内防止司法行政化，坚持以法官为中心，明确主审法官、合议庭审判责任制与法院院长的审判监督制约机制的关系，逐渐淡化法院及法官的行政性权能，保证法院及法官依法审判，形成以法官为中心、以审判为中心的司法改革方案。第三，基于司法审判的特殊性和司法现状，完善不同于地方政府领导治理的司法领导治理体系。选用司法领导时，应提高任职的专业门槛，重视司法领导在政法系统的工作经历，强化司法领导在政法系统内部的部门交流，通过提高司法领导更替的信号质量、优化信号发送环境，实现对民营企业创新决策的正向引导。

（4）在政治关联与企业创新的关系中司法保护发挥着重要影响。一定程度的政治关联使民营企业可以获得更多的资源，有利于民营企业加大研发投入。然而，司法制度的完善、司法保护力度的加强规范了政府行为，减少了民营企业凭政治关联获得的垄断性资源优势，弱化了政治关联对民营企业研发投入的促进作用。因此，在中国经济面临结构调整和转型升级的背景下，既要充分发挥政企良性互动优势，又要压缩政治关联的"寻租"空间。应转变企业创新的激励机制，调动其创新发展的主观能动性，促进其形成内生性创新发展机制。一方面，政府在不断提高市场化水平，为企业减税负、降成本、增活力的同时，应通过司法监督进一步加强政府自身的廉政建设，加快构建新型健康政商关系，规范与完善政府补贴、税收优惠等激励政策，增强激励政策的透明度和公平性。另一方面，加强以司法公正为核心的法治建设，强化司法保护对市场秩序的规范，提高市场化程度，加强反垄断和反不正当竞争，维护公平有序的市场环境，使资源配置依据市场规则实现效益最大化和效率最优化。

参考文献

［法］埃米尔·涂尔干：《社会分工论》，渠敬东译，生活·读书·新知三联书店 2000 年版。

艾佳慧：《中国法院绩效考评制度研究——"同构性"和"双轨制"的逻辑及其问题》，《法制与社会发展》2008 年第 5 期。

安娜：《技术创新、要素配置与消费需求的互动机制分析》，《商业经济研究》2019 年第 1 期。

［美］奥利弗·温德尔·霍姆斯：《法律的道路》，李俊晔译，中国法制出版社 2018 年版。

白金亚：《完善我国消费者保护体系之研究——以竞争政策为视角》，《行政与法》2018 年第 4 期。

白云霞等：《法制环境、审计质量与 IPO 首日回报——来自国有 IPO 公司的证据》，《审计研究》2009 年第 3 期。

白重恩、李宏彬、吴斌珍：《医疗保险与消费：来自新型农村合作医疗的证据》，《经济研究》2012 年第 2 期。

［英］边沁：《道德与立法原理导论》，时殷弘译，商务印书馆 2000 年版。

卞元超等：《高铁开通是否促进了区域创新?》，《金融研究》2019 年第 6 期。

蔡地等：《民营企业的政治关联与技术创新》，《经济评论》2014 年第 2 期。

蔡地等：《产权保护、融资约束与民营企业研发投入》，《研究与发展管理》2012 年第 2 期。

蔡昉：《城乡收入差距与制度变革的临界点》，《中国社会科学》2003年第5期。

蔡虹、张永林：《我国区域间外溢技术知识存量的测度及其经济效果研究》，《管理学报》2008年第4期。

蔡伟贤、朱峰：《"新农合"对农村居民耐用品消费的影响》，《数量经济技术经济研究》2015年第5期。

蔡卫星等：《企业集团对创新产出的影响：来自制造业上市公司的经验证据》，《中国工业经济》2019年第1期。

曹春方等：《"法律的名义"：司法独立性提升与公司违规》，《金融研究》2017年第5期。

曾泉、裴红梅：《宗教氛围与投资中的代理冲突——基于上市公司附近寺庙数的实证研究》，《上海财经大学学报》2016年第1期。

钞小静、沈坤荣：《城乡收入差距、劳动力质量与中国经济增长》，《经济研究》2014年第6期。

陈斌开、杨汝岱：《土地供给、住房价格与中国城镇居民储蓄》，《经济研究》2013年第1期。

陈刚：《法官异地交流与司法效率——来自高院院长的经验证据》，《经济学（季刊）》2012年第4期。

陈刚、李树：《官员交流、任期与反腐败》，《世界经济》2012年第2期。

陈光中、姜丹：《关于〈监察法（草案）〉的八点修改意见》，《比较法研究》2017年第6期。

陈浩、宋明月：《习惯形成对我国城镇居民消费结构的影响研究》，《山东大学学报》（哲学社会科学版）2019年第1期。

陈克兢等：《制度约束还是制度诱导？——中国上市公司盈余管理策略演变的经验证据》，《管理评论》2016年第5期。

陈昆亭、周炎：《有限需求、市场约束与经济增长》，《管理世界》2020年第4期。

陈乐一等：《我国农产品流通效率对农村消费影响的实证分析》，《商业经济研究》2015年第9期。

陈钦源等：《分析师跟踪与企业创新绩效——中国的逻辑》，《南开管理评论》2017 年第 3 期。

陈清泰：《促进企业自主创新的政策思考》，《管理世界》2006 年第 7 期。

陈收等：《技术创新能力生命周期与研发投入对企业绩效的影响》，《科技进步与对策》2015 年第 12 期。

陈爽英等：《民营企业家社会关系资本对研发投资决策影响的实证研究》，《管理世界》2010 年第 1 期。

陈涛涛：《中国 FDI 行业内溢出效应的内在机制研究》，《世界经济》2003 年第 9 期。

陈卫民、施美程：《人口老龄化促进服务业发展的需求效应》，《人口研究》2014 年第 5 期。

陈迅、高晓兵：《不同来源收入对我国农村居民消费影响的区域差异分析》，《技术经济》2011 年第 11 期。

陈屹立、张卫国：《惩罚对犯罪的威慑效应：基于中国数据的实证研究》，《南方经济》2010 年第 8 期。

陈运森、王汝花：《产品市场竞争、公司违规与商业信用》，《会计与经济研究》2014 年第 5 期。

陈战光等：《研发投入、知识产权保护与企业创新质量》，《科技进步与对策》2020 年第 10 期。

陈钊、熊瑞祥：《比较优势与产业政策效果——来自出口加工区准实验的证据》，《管理世界》2015 年第 8 期。

陈志斌、王诗雨：《产品市场竞争对企业现金流风险影响研究——基于行业竞争程度和企业竞争地位的双重考量》，《中国工业经济》2015 年第 3 期。

陈仲常、余翔：《企业研发投入的外部环境影响因素研究——基于产业层面的面板数据分析》，《科研管理》2007 年第 2 期。

程晨、王萌萌：《企业劳动力成本与全要素生产率——"倒逼"机制的考察》，《南开经济研究》2016 年第 3 期。

程乐：《浅析新消法实施带来的进步与不足》，《法制与社会》2014 年第 6 期。

仇焕广等：《政府信任对消费者行为的影响研究》，《经济研究》

2007 年第 6 期。

崔巍、文景：《社会资本、法律制度对金融发展的影响——替代效应还是互补效应?》，《国际金融研究》2017 年第 11 期。

崔永东：《本轮司法改革（2014—2018 年）的经验总结、问题分析与未来展望》，《上海政法学院学报（法治论丛）》2019 年第 4 期。

戴晨、刘怡：《税收优惠与财政补贴对企业 R&D 影响的比较分析》，《经济科学》2008 年第 3 期。

戴国强、邓文慧：《分析师关注度对企业投资决策的影响》，《金融经济学研究》2017 年第 3 期。

戴亦一等：《中国企业的慈善捐赠是一种"政治献金"吗？——来自市委书记更替的证据》，《经济研究》2014 年第 2 期。

单锋：《法治经济的司法保障》，《江海学刊》2016 年第 1 期。

单豪杰：《中国资本存量 K 的再估算：1952—2006 年》，《数量经济技术经济研究》2008 年第 10 期。

邓建平、曾勇：《政治关联能改善民营企业的经营绩效吗》，《中国工业经济》2009 年第 2 期。

丁从明等：《宗族对农村人力资本投资的影响分析》，《中国农村经济》2018 年第 2 期。

董鸣：《论民商事司法语境下公正价值取向及其差异性》，《法律适用》2005 年第 7 期。

董文军：《论我国〈消费者权益保护法〉中的惩罚性赔偿》，《当代法学》2006 年第 2 期。

董雅丽、李晓楠：《网络环境下感知风险、信任对消费者购物意愿的影响研究》，《科技管理研究》2010 年第 21 期。

杜乐其：《消费公益诉讼制度的局限及其矫正》，《理论月刊》2014 年第 10 期。

杜木恒等：《诚信经济的经济学》，《开放导报》2009 年第 6 期。

杜鹏、吕如敏：《公费医疗对老年人预防性储蓄动机的影响研究》，《新疆社会科学》2017 年第 5 期。

杜兴强等：《寻租、政治联系与"真实"业绩——基于民营上市公司的经验证据》，《金融研究》2010 年第 10 期。

杜兴强等：《政治联系、政治联系方式与民营上市公司的会计稳健性》，《中国工业经济》2009年第7期。

杜珍媛：《网络消费者弱势地位及权益保护机制的法经济学分析》，《法制博览》2014年第3期。

[美] E. 博登海默：《法理学：法律哲学与法律方法》，邓正来译，中国政法大学出版社1998年版。

樊纲等：《中国市场化指数：各地区市场化相对进程2010年报告》，经济科学出版社2011年版。

范子英、张航：《促进消费的税制改革思路》，《税务研究》2018年第12期。

范子英、赵仁杰：《法治强化能够促进污染治理吗？——来自环保法庭设立的证据》，《经济研究》2019年第3期。

方放等：《跨越低碳技术"死亡之谷"公共部门与私有部门投资者协同创新研究——基于信息不对称视角》，《中国软科学》2016年第1期。

方红星等：《法制环境、供应链集中度与企业会计信息可比性》，《会计研究》2017年第7期。

方世南：《在政治生态和商业生态同步一体优化中构建"亲、清"政商关系》，《党政研究》2017年第3期。

冯春阳：《信任、信心与居民消费支出——来自中国家庭追踪调查数据的证据》，《现代财经（天津财经大学学报）》2017年第4期。

冯根福、温军：《中国上市公司治理与企业技术创新关系的实证分析》，《中国工业经济》2008年第7期。

[美] 弗朗西斯·福山：《信任：社会道德和繁荣的创造》，李宛蓉译，远方出版社1998年版。

傅勇：《城乡差距、数量悖论与政策偏向》，《经济社会体制比较》2005年第4期。

傅正华等：《我国技术市场发展的机遇、挑战和战略选择研究》，《科技管理研究》2016年第4期。

高觉民：《城乡消费二元结构及其加剧的原因分析》，《消费经济》2005年第1期。

高洁等：《地区法律保护与企业创新》，《科研管理》2015年第3期。

高楠等：《市场、法制环境与区域创新活动》，《科研管理》2017年第2期。

高翔：《中国地方法院竞争的实践与逻辑》，《法制与社会发展》2015年第1期。

高志宏：《国家保护消费者权益的实现机制》，《求是学刊》2018年第6期。

葛洪义：《顶层设计与摸着石头过河：当前中国的司法改革》，《法制与社会发展》2015年第2期。

葛江虬：《论消费者无理由退货权——以适用〈合同法〉条文之解释论为中心》，《清华法学》2015年第6期。

葛明珍：《弱势群体权益的法制环境》，《山东大学学报》（哲学社会科学版）2013年第6期。

耿莉萍：《我国微观消费环境状况及对消费者行为的影响分析》，《北京工商大学学报》（社会科学版）2007年第1期。

顾夏铭等：《经济政策不确定性与创新——基于我国上市公司的实证分析》，《经济研究》2018年第2期。

顾元媛、沈坤荣：《地方政府行为与企业研发投入——基于中国省际面板数据的实证分析》，《中国工业经济》2012年第10期。

管考磊：《亲清政商关系会影响企业创新吗——来自中国上市公司的经验证据》，《当代财经》2019年第6期。

郭晗、任保平：《基于AIDS模型的中国城乡消费偏好差异分析》，《中国经济问题》2012年第5期。

郭剑花、杜兴强：《政治联系、预算软约束与政府补助的配置效率——基于中国民营上市公司的经验研究》，《金融研究》2011年第2期。

郭丽虹、马文杰：《债务融资、商业信贷与中小企业投资——来自非上市制造业企业的证据》，《财经研究》2011年第3期。

郭松：《绩效考评与司法管理》，《江苏行政学院学报》2013年第4期。

郭月梅等：《新供给经济学视角下扩大消费需求的财税政策探讨》，《税务研究》2015年第9期。

郭玥：《政府创新补助的信号传递机制与企业创新》，《中国工业经济》2018年第9期。

郭长林：《积极财政政策、金融市场扭曲与居民消费》，《世界经济》2016年第10期。

韩立岩、杜春越：《收入差距、借贷水平与居民消费的地区及城乡差异》，《经济研究》2012年第1期。

韩美妮、王福胜：《法治环境、财务信息与创新绩效》，《南开管理评论》2016年第5期。

郝绍彬、黄志佳：《厘清执行不能与执行不力的区别》，《人民法院报》2018年8月4日第2版。

何立新等：《养老保险改革对家庭储蓄率的影响：中国的经验证据》，《经济研究》2008年第10期。

何明钦、刘向东：《社会信任心理与消费行为——基于总量和层次的机制研究》，《消费经济》2020年第1期。

何平林等：《高管特质、法治环境与信息披露质量》，《中国软科学》2019年第10期。

贺达、顾江：《互联网对农村居民消费水平和结构的影响——基于CFPS数据的PSM实证研究》，《农村经济》2018年第10期。

贺卫方：《中国司法管理制度的两个问题》，《中国社会科学》1997年第6期。

洪少枝等：《高新技术企业知识产权战略评价系统研究》，《管理世界》2011年第10期。

胡凯等：《知识产权保护的技术创新效应——基于技术交易市场视角和省级面板数据的实证分析》，《财经研究》2012年第8期。

胡潇潇：《知识产权行政执法与民事诉讼的冲突与协调——以知识产权侵权救济为视角》，《贵州警官职业学院学报》2009年第3期。

胡旭阳：《民营企业家的政治身份与民营企业的融资便利——以浙江省民营百强企业为例》，《管理世界》2006年第5期。

胡旭阳、史晋川：《民营企业的政治资源与民营企业多元化投资——以中国民营企业500强为例》,《中国工业经济》2008年第4期。

胡叶飞:《知识产权"三审合一"审判模式现状与完善》,《今日科技》2017年第4期。

黄宏斌等:《企业生命周期、融资方式与融资约束——基于投资者情绪调节效应的研究》,《金融研究》2016年第7期。

黄少安:《关于制度变迁的三个假说及其验证》,《中国社会科学》2000年第4期。

纪晓丽:《市场化进程、法制环境与技术创新》,《科研管理》2011年第5期。

纪园园、宁磊:《相对收入假说下的收入差距对消费影响的研究》,《数量经济技术经济研究》2018年第4期。

贾凡胜等:《非正式制度的有限激励作用:基于地区信任环境对高管薪酬激励影响的实证研究》,《南开管理评论》2017年第6期。

江春、李安安:《法治、金融发展与企业家精神》,《武汉大学学报》(哲学社会科学版)2016年第2期。

江轩宇等:《会计信息可比性影响企业创新吗》,《南开管理评论》2017年第4期。

江雅雯等:《政治联系、制度因素与企业的创新活动》,《南方经济》2011年第11期。

姜百臣等:《社会保障对农村居民消费行为的影响机制分析》,《中国农村经济》2010年第11期。

姜磊、郭玉清:《法治水平、政府规模与服务业发展——基于中国地区面板数据的分析》,《山西财经大学学报》2008年第4期。

蒋姣、赵昕东:《收入差距、社会地位与家庭消费结构》,《云南财经大学学报》2021年第1期。

蒋岩波、洪一军:《消费民事公益诉讼的实现路径选择:集团诉讼——基于新制度经济学的视角》,《江西财经大学学报》2016年第6期。

解维敏、方红星:《金融发展、融资约束与企业研发投入》,《金融研究》2011年第5期。

解学梅、刘丝雨:《协同创新模式对协同效应与创新绩效的影响机理》,《管理科学》2015年第2期。

靳涛、陶新宇:《政府支出和对外开放如何影响中国居民消费?——基于中国转型式增长模式对消费影响的探究》,《经济学(季刊)》2017年第1期。

靳永爱:《低生育率陷阱:理论、事实与启示》,《人口研究》2014年第1期。

雷潇雨、龚六堂:《城镇化对于居民消费率的影响:理论模型与实证分析》,《经济研究》2014年第6期。

黎文靖、郑曼妮:《实质性创新还是策略性创新?——宏观产业政策对微观企业创新的影响》,《经济研究》2016年第4期。

李贲、吴利华:《开发区设立与企业成长:异质性与机制研究》,《中国工业经济》2018年第4期。

李春涛、宋敏:《中国制造业企业的创新活动:所有制和CEO激励的作用》,《经济研究》2010年第5期。

李广子等:《中小银行发展如何影响中小企业融资?——兼析产生影响的多重中介效应》,《金融研究》2016年第12期。

李虹:《论知识产权"三审合一"审理模式的改革与完善》,《法制与社会》2012年第23期。

李江一:《"房奴效应"导致居民消费低迷了吗?》,《经济学(季刊)》2018年第1期。

李江一、李涵:《城乡收入差距与居民消费结构:基于相对收入理论的视角》,《数量经济技术经济研究》2016年第8期。

李江一、李涵:《消费信贷如何影响家庭消费?》,《经济评论》2017年第2期。

李井林、阳镇:《董事会性别多元化、企业社会责任与企业技术创新——基于中国上市公司的实证研究》,《科学学与科学技术管理》2019年第5期。

李婧:《行为法经济学在金融消费者权益保护规则制定中的应用》,中国政法大学出版社2017年版。

李玲:《消费者问题的产生与消费者权益的保护》,《山东科技大学学报》(社会科学版)2005年第3期。

李明贤、文春晖：《农村消费不足对我国经济增长的约束分析》，《消费经济》2006 年第 6 期。

李锐、项海容：《不同类型的收入对农村居民消费的影响》，《中国农村经济》2004 年第 6 期。

李瑞钦、黄金凤：《"三审合一"诉讼模式下知识产权案件审理的现状、问题及前瞻》，《海峡法学》2014 年第 4 期。

李姗姗：《城乡居民消费结构升级的差异性研究》，《消费经济》2014 年第 2 期。

李胜兰：《法律制度与民间投资增长关系研究》，《2011 年广东经济学会年会论文集》2011 年。

李维安等：《慈善捐赠、政治关联与债务融资——民营企业与政府的资源交换行为》，《南开管理评论》2015 年第 1 期。

李响等：《人口年龄结构与农村居民消费：理论机理与实证检验》，《江海学刊》2010 年第 2 期。

［美］理查德·A. 波斯纳：《法律的经济分析》，蒋兆康译，中国大百科全书出版社 1997 年版。

廖开容、陈爽英：《制度环境对民营企业研发投入影响的实证研究》，《科学学研究》2011 年第 9 期。

林端：《韦伯论中国传统法律》，中国政法大学出版社 2014 年版。

林广海：《"三审合一"——知识产权案件司法保护新机制述评》，《河北法学》2007 年第 2 期。

林毅夫、李永军：《中小金融机构发展与中小企业融资》，《经济研究》2001 年第 1 期。

林毅夫：《启动农村市场是关键》，《市场经济导报》1999 年第 5 期。

林毅夫：《新结构经济学：反思经济发展与政策的理论框架》，北京大学出版社 2012 年版。

林洲钰等：《所得税改革与中国企业技术创新》，《中国工业经济》2013 年第 3 期。

刘放等：《制度环境、税收激励与企业创新投入》，《管理评论》2016 年第 2 期。

刘凤朝、马荣康：《区域间技术转移的网络结构及空间分布特征研究——基于我国 2006—2010 省际技术市场成交合同的分析》，《科学学研究》2013 年第 4 期。

刘凤委等：《信任、交易成本与商业信用模式》，《经济研究》2009 年第 8 期。

刘海洋等：《地方官员变更与企业兴衰——来自地级市层面的证据》，《中国工业经济》2017 年第 1 期。

刘嘉等：《售后服务外包与消费者权益保护——产权经济学的视角》，《制度经济学研究》2015 年第 1 期。

刘金海：《现阶段农民法律意识的调查研究——基于 269 个村 3675 个农民的问卷分析》，《华中农业大学学报》（社会科学版）2015 年第 1 期。

刘铠豪：《人口年龄结构变化影响城乡居民消费率的效应差异研究——来自中国省级面板数据的证据》，《人口研究》2016 年第 2 期。

刘磊等：《代际差异视角下农民工群体性维权行为影响因素实证分析》，《新疆农垦经济》2014 年第 8 期。

刘米娜、杜俊荣：《转型期中国城市居民政府信任研究——基于社会资本视角的实证分析》，《公共管理学报》2013 年第 2 期。

刘仁伍、盛文军：《商业信用是否补充了银行信用体系》，《世界经济》2011 年第 11 期。

刘诗源等：《税收激励提高企业创新水平了吗？——基于企业生命周期理论的检验》，《经济研究》2020 年第 6 期。

刘伟明：《论我国知识产权"三审合一"的审判制度及其构想》，《法制博览》2015 年第 30 期。

刘雯：《个体信贷与可视性消费行为——基于借出方视角》，《经济学（季刊）》2018 年第 1 期。

刘晓彬：《专业化分工与市场中介组织的形成及演进机理分析》，《软科学》2009 年第 3 期。

刘长生、简玉峰：《社会资本、人力资本与内生经济增长》，《财贸研究》2009 年第 2 期。

刘哲希、陈彦斌：《消费疲软之谜与扩大消费之策》，《财经问题研究》2018 年第 11 期。

柳士顺、凌文辁：《多重中介模型及其应用》，《心理科学》2009 年第 2 期。

柳思维、唐红涛：《经济转型中的新剪刀差与城乡消费差距的扩大》，《消费经济》2006 年第 6 期。

龙小宁、王俊：《中国司法地方保护主义：基于知识产权案例的研究》，《中国经济问题》2014 年第 3 期。

龙小宁等：《知识产权保护的价值有多大？——来自中国上市公司专利数据的经验证据》，《金融研究》2018 年第 8 期。

龙宗智：《影响司法公正及司法公信力的现实因素及其对策》，《当代法学》2015 年第 3 期。

卢峰、姚洋：《金融压抑下的法治、金融发展和经济增长》，《中国社会科学》2004 年第 1 期。

卢嘉瑞：《优化消费环境　提高消费质量》，《河北经贸大学学报》2006 年第 6 期。

卢宇、王睿婧：《知识产权审判"三审合一"改革中的问题及其完善——以江西为例》，《江西社会科学》2015 年第 2 期。

鲁桐、党印：《投资者保护、行政环境与技术创新：跨国经验证据》，《世界经济》2015 年第 10 期。

［奥］路德维希·冯·米塞斯：《经济学的最后基础》，夏道平译，台北，远流出版事业股份有限公司 1991 年版。

罗楚亮：《经济转轨、不确定性与城镇居民消费行为》，《经济研究》2004 年第 4 期。

罗党论、甄丽明：《民营控制、政治关系与企业融资约束——基于中国民营上市公司的经验证据》，《金融研究》2008 年第 12 期。

罗明新等：《政治关联与企业技术创新绩效——研发投资的中介作用研究》，《科学学研究》2013 年第 6 期。

罗能生、李松龄：《产权理论与制度创新：非正式制度与中国经济改革和发展》，中国财政经济出版社 2002 年版。

罗培新：《世界银行营商环境评估：方法·规则·案例》，译林出版社 2020 年版。

罗煜等：《地区执法水平对中国区域金融发展的影响》，《经济研究》2016年第7期。

吕诗芸：《风险感知对消费者网上购物行为的影响》，《学理论》2010年第30期。

吕铁、黄娅娜：《消费需求引致的企业创新——来自中国家电行业的证据》，《经济管理》2021年第7期。

马光荣等：《银行授信、信贷紧缩与企业研发》，《金融研究》2014年第7期。

马宏：《社会资本、金融发展与经济增长——基于中国东中西部省际数据的实证检验比较》，《经济问题》2013年第9期。

马俊峰：《当代中国社会信任问题研究》，北京师范大学出版社2012年版。

马瑜等：《假冒伪劣产品充斥农村市场的法律经济学分析——基于〈云南省农民消费者权益的问卷调查〉的分析》，《商业文化（上半月）》2012年第1期。

毛昊等：《中国创新能够摆脱"实用新型专利制度使用陷阱"吗》，《中国工业经济》2018年第3期。

毛捷、赵金冉：《政府公共卫生投入的经济效应——基于农村居民消费的检验》，《中国社会科学》2017年第10期。

倪骁然、朱玉杰：《劳动保护、劳动密集度与企业创新——来自2008年〈劳动合同法〉实施的证据》，《管理世界》2016年第7期。

聂辉华等：《中国城市政商关系排行榜（2018）》，《中国人民大学国家发展与战略研究院》2019年。

宁宇新、柯大纲：《基于政治关系的企业债务融资结构研究》，《统计与决策》2009年第11期。

农村消费问题研究课题组等：《关于农村消费的现状及政策建议》，《财贸经济》2007年第2期。

潘晨：《知识产权案件"三审合一"审判模式的现状及问题》，《法制博览》2015年第34期。

潘红波等：《政府干预、政治关联与地方国有企业并购》，《经济研究》2008年第4期。

潘怀平：《城市化与乡土化：基层司法权力运行机制实证研究》，《法学》2013年第9期。

潘慧峰、杨立岩：《制度变迁与内生经济增长》，《南开经济研究》2006年第2期。

潘敏、刘知琪：《居民家庭"加杠杆"能促进消费吗？——来自中国家庭微观调查的经验证据》，《金融研究》2018年第4期。

潘煜等：《网络零售中影响消费者购买意愿因素研究——基于信任与感知风险的分析》，《中国工业经济》2010年第7期。

潘越等：《信息不透明、分析师关注与个股暴跌风险》，《金融研究》2011年第9期。

潘越等：《地方政治权力转移与政企关系重建——来自地方官员更替与高管变更的证据》，《中国工业经济》2015年第6期。

潘越等：《专利侵权诉讼与企业创新》，《金融研究》2016年第8期。

庞锐辉、朱国泓：《社会信任是否影响上市公司并购重组交易的达成——一个初步的实证研究》，《上海管理科学》2018年第4期。

彭纪生、刘春林：《自主创新与模仿创新的博弈分析》，《科学管理研究》2003年第6期。

彭涛、魏建：《基金产品零售中的金融消费者保护研究》，《金融研究》2011年第2期。

蒲艳萍、王皓：《借贷约束与家庭消费——来自CFPS2018的证据》，《消费经济》2021年第4期。

齐红倩、李志创：《我国农村金融发展对农村消费影响的时变特征研究》，《农业技术经济》2018年第3期。

齐绍洲等：《新能源企业创新的市场化激励——基于风险投资和企业专利数据的研究》，《中国工业经济》2017年第12期。

钱雪松等：《担保物权制度改革降低了企业债务融资成本吗？——来自中国〈物权法〉自然实验的经验证据》，《金融研究》2019年第7期。

钱玉文、骆福林：《消费者权如何救济——以"消费者协会+公益诉讼"为建构思路》，《河北法学》2011年第11期。

［意］切萨雷·贝卡里亚：《论犯罪与刑罚》，黄风译，中国法制出版社2005年版。

秦芳等：《网络购物促进了我国家庭的消费吗——来自中国家庭金融调查（CHFS）数据的经验证据》，《当代经济科学》2017年第6期。

秦前红、赵伟：《论最高法院院长的角色及职权》，《法学》2014年第3期。

任胜钢等：《排污权交易机制是否提高了企业全要素生产率——来自中国上市公司的证据》，《中国工业经济》2019年第5期。

任曙明、王艳玲：《制度环境、政治关联与家族企业研发投入》，《软科学》2017年第6期。

芮明杰等：《高技术企业知识创新模式研究——对野中郁次郎知识创造模型的修正与扩展》，《外国经济与管理》2004年第5期。

尚昀、臧旭恒：《家庭资产、人力资本与城镇居民消费行为》，《东岳论丛》2016年第4期。

申广军、邹静娴：《企业规模、政企关系与实际税率——来自世界银行"投资环境调查"的证据》，《管理世界》2017年第6期。

申宇等：《创新的母校印记：基于校友圈与专利申请的证据》，《中国工业经济》2017年第8期。

沈杨：《知识产权"三审合一"改革的启示》，《人民司法》2009年第23期。

施鹏鹏、王晨辰：《论司法质量的优化与评估——兼论中国案件质量评估体系的改革》，《法制与社会发展》2015年第1期。

石明明、刘向东：《空间、消费黏性与中国低消费率之谜》，《中国人民大学学报》2015年第3期。

史晋川、吴晓露：《产品责任制度建立的经济学分析——对"三菱帕杰罗事件"的思考》，《经济研究》2002年第4期。

史君如、唐姣：《浅谈知识产权审判模式的发展与未来》，《法制博览》2017年第19期。

史宇鹏、顾全林：《知识产权保护、异质性企业与创新：来自中国制造业的证据》，《金融研究》2013年第8期。

宋明月、臧旭恒：《不确定性、粘性信息的叠加效应与我国农村消费潜力释放》，《经济评论》2018年第3期。

宋明月、臧旭恒：《我国居民预防性储蓄重要性的测度——来自微观数据的证据》，《经济学家》2016年第1期。

宋月萍、宋正亮：《医疗保险对流动人口消费的促进作用及其机制》，《人口与经济》2018年第3期。

苏力：《论法院的审判职能与行政管理》，《中外法学》1999年第5期。

苏屹等：《企业家地方政治关联对企业创新意愿影响的实证研究》，《管理工程学报》2019年第1期。

孙刚等：《反腐败、市场建设与经济增长》，《经济学（季刊）》2005年第S1期。

孙海龙：《知识产权审判体制改革的理论思考与路径选择》，《法律适用》2010年第9期。

孙江明、钟甫宁：《农村居民收入分配状况及其对消费需求的影响》，《中国农村观察》2000年第5期。

孙久文、李承璋：《需求侧与供给侧结合的消费升级路径研究》，《中国人民大学学报》2022年第2期。

孙浦阳等：《商业信用能否成为企业有效的融资渠道——基于投资视角的分析》，《经济学（季刊）》2014年第4期。

孙伟增等：《区位导向性产业政策的消费带动效应——以开发区政策为例的实证研究》，《中国社会科学》2018年第12期。

孙早等：《市场化程度、地方保护主义与R&D的溢出效应——来自中国工业的经验证据》，《管理世界》2014年第8期。

孙早、许薛璐：《产业创新与消费升级：基于供给侧结构性改革视角的经验研究》，《中国工业经济》2018年第7期。

孙长永：《认罪认罚案件的证明标准》，《法学研究》2018年第1期。

谈儒勇、吴兴奎：《我国各地金融发展差异的司法解释》，《财贸经济》2005年第12期。

谭劲松等：《地方上市公司数量、经济影响力与企业长期借款——来自我国A股市场的经验数据》，《中国会计评论》2010年第1期。

谭开明、魏世红：《技术市场与技术创新互动发展的机理分析》，《科技与管理》2009 年第 3 期。

唐琦等：《中国城市居民家庭的消费结构分析：1995—2013》，《经济研究》2018 年第 2 期。

唐孝东：《农民消费者权益经济法保护的法经济学分析》，《玉溪师范学院学报》2012 年第 10 期。

唐兴霖、刘国臻：《论民间组织在公共服务中的作用领域及权利保障》，《经济社会体制比较》2007 年第 6 期。

田学斌、贾小玫：《消费者产权、消费风险与政府管制：一个初步分析》，《中国工业经济》2005 年第 11 期。

万广华等：《流动性约束、不确定性与中国居民消费》，《经济研究》2001 年第 11 期。

汪伟、吴坤：《中国城镇家庭储蓄率之谜——基于年龄—时期—组群分解的再考察》，《中国工业经济》2019 年第 7 期。

王宝刚、马运全：《论金融消费者权益的法律保护》，《金融发展研究》2010 年第 7 期。

王福华：《民事诉讼的社会化》，《中国法学》2018 年第 1 期。

王海成、吕铁：《知识产权司法保护与企业创新——基于广东省知识产权案件"三审合一"的准自然试验》，《管理世界》2016 年第 10 期。

王宏利：《中国政府支出调控对居民消费的影响》，《世界经济》2006 年第 10 期。

王慧玲、孔荣：《正规借贷促进农村居民家庭消费了吗？——基于 PSM 方法的实证分析》，《中国农村经济》2019 年第 8 期。

王健忠、高明华：《反腐败、企业家能力与企业创新》，《经济管理》2017 年第 6 期。

王立民：《司法公开：提高司法公信力的前提》，《探索与争鸣》2013 年第 7 期。

王利明：《新时代中国法治建设的基本问题》，《中国社会科学》2018 年第 1 期。

王猛等：《土地财政、房价波动与城乡消费差距——基于面板数据联立方程的研究》，《产业经济研究》2013 年第 5 期。

王曦等：《定向降准政策的有效性：基于消费与投资刺激效应的评估》，《中国工业经济》2017 年第 11 期。

王贤彬、徐现祥、李郇：《地方官员更替与经济增长》，《经济学（季刊）》2009 年第 4 期。

王湘红等：《消费者保护与消费——来自国家工商总局投诉数据的证据》，《金融研究》2018 年第 6 期。

王湘红、王曦：《退货制度影响消费倾向的行为理论和调查》，《经济理论与经济管理》2009 年第 10 期。

王小鲁等：《中国分省份市场化指数报告（2018）》，社会科学文献出版社 2019 年版。

王洋、黄进喜：《新消法的实践与思考》，《中国工商管理研究》2014 年第 12 期。

王永钦等：《信任品市场的竞争效应与传染效应：理论和基于中国食品行业的事件研究》，《经济研究》2014 年第 2 期。

魏浩、巫俊：《知识产权保护、进口贸易与创新型领军企业创新》，《金融研究》2018 年第 9 期。

魏建：《产权的选择性保护与中国的长期经济增长》，《政法论坛》2010 年第 1 期。

温军：《法律、投资者保护与企业自主创新》，《当代经济科学》2011 年第 5 期。

温军、冯根福：《异质机构、企业性质与自主创新》，《经济研究》2012 年第 3 期。

温涛等：《城镇化有效驱动了居民消费吗？——兼论人口城镇化与空间城镇化效应》，《中国行政管理》2017 年第 10 期。

温忠麟、叶宝娟：《中介效应分析：方法和模型发展》，《心理科学进展》2014 年第 5 期。

温忠麟等：《中介效应检验程序及其应用》，《心理学报》2004 年第 5 期。

吴伯明：《关于在我国设立知识产权法院的建议》，《知识产权》2001 年第 3 期。

吴超鹏、唐菂：《知识产权保护执法力度、技术创新与企业绩效——来自中国上市公司的证据》，《经济研究》2016 年第 11 期。

吴锟等：《信用卡使用提升了居民家庭消费支出吗?》，《经济学动态》2020 年第 7 期。

吴文锋等：《中国民营上市公司高管的政府背景与公司价值》，《经济研究》2008 年第 7 期。

吴文锋等：《中国上市公司高管的政府背景与税收优惠》，《管理世界》2009 年第 3 期。

吴延兵：《不同所有制企业技术创新能力考察》，《产业经济研究》2014 年第 2 期。

伍再华等：《收入不平等、社会保障支出与家庭借贷行为——基于 CFPS 数据的经验分析》，《财经科学》2017 年第 12 期。

夏铭等：《经济政策不确定性与创新——基于我国上市公司的实证分析》，《经济研究》2018 年第 2 期。

向玉冰：《互联网发展与居民消费结构升级》，《中南财经政法大学学报》2018 年第 4 期。

谢家智等：《政治关联、融资约束与企业研发投入》，《财经研究》2014 年第 8 期。

谢坚钢：《嵌入的信任：社会信任的发生机制分析》，《华东师范大学学报》（哲学社会科学版）2009 年第 1 期。

谢洁玉等：《中国城市房价与居民消费》，《金融研究》2012 年第 6 期。

徐成贤等：《法治水平与私营企业发展》，《经济体制改革》2010 年第 4 期。

徐海燕：《〈消费者权益保护法〉修改中的若干争议问题研究》，《法学论坛》2013 年第 4 期。

徐龙炳等：《上市公司为何更名：行为信号理论新解》，《财经研究》2018 年第 8 期。

徐敏、姜勇：《中国产业结构升级能缩小城乡消费差距吗?》，《数量经济技术经济研究》2015 年第 3 期。

徐润、陈斌开：《个人所得税改革可以刺激家庭消费吗？——来自

2011 年所得税改革的证据》,《金融研究》2015 年第 11 期。

徐思等:《"一带一路"倡议与中国企业融资约束》,《中国工业经济》2019 年第 7 期。

徐现祥等:《地方官员与经济增长——来自中国省长、省委书记交流的证据》,《经济研究》2007 年第 9 期。

徐欣、唐清泉:《财务分析师跟踪与企业 R&D 活动——来自中国证券市场的研究》,《金融研究》2010 年第 12 期。

徐业坤、马光源:《地方官员变更与企业产能过剩》,《经济研究》2019 年第 5 期。

徐业坤等:《政治不确定性、政治关联与民营企业投资——来自市委书记更替的证据》,《管理世界》2013 年第 5 期。

许陈生:《财政分权、法治环境与地方旅游业效率》,《旅游学刊》2012 年第 5 期。

许罡、朱卫东:《金融化方式、市场竞争与研发投资挤占——来自非金融上市公司的经验证据》,《科学学研究》2017 年第 5 期。

许伟、陈斌开:《税收激励和企业投资——基于 2004—2009 年增值税转型的自然实验》,《管理世界》2016 年第 5 期。

薛镭等:《战略导向对我国企业产品创新绩效的影响——一个高科技行业—非高科技行业企业的比较》,《科研管理》2011 年第 12 期。

鄢波、王华:《地方政府竞争与"扶持之手"的选择》,《宏观经济研究》2018 年第 9 期。

闫博慧:《我国司法公开的主要障碍及其保障探析》,《法学杂志》2016 年第 4 期。

颜克高、井荣娟:《制度环境对社会捐赠水平的影响——基于 2001—2013 年省际数据研究》,《南开经济研究》2016 年第 6 期。

晏艳阳、严瑾:《国家自主创新示范区建设对企业创新的影响研究》,《软科学》2019 年第 6 期。

杨国超等:《减税激励、研发操纵与研发绩效》,《经济研究》2017 年第 8 期。

杨慧莹:《刍论信任、秩序与法律》,《法制与社会》2011 年第 29 期。

杨继军、张二震：《人口年龄结构、养老保险制度转轨对居民储蓄率的影响》，《中国社会科学》2013 年第 8 期。

杨进、张攀：《地区法治环境与企业绩效——基于中国营商环境调查数据的实证研究》，《山西财经大学学报》2018 年第 9 期。

杨立新：《〈消费者权益保护法〉规定惩罚性赔偿责任的成功与不足及完善措施》，《清华法学》2010 年第 3 期。

杨立新：《消费欺诈行为及侵权责任承担》，《清华法学》2016 年第 4 期。

杨汝岱、陈斌开：《高等教育改革、预防性储蓄与居民消费行为》，《经济研究》2009 年第 8 期。

杨志祥等：《我国知识产权司法保护体制改革的探索与完善——兼论〈国家知识产权战略纲要〉第 45 条的实施》，《东岳论丛》2012 年第 11 期。

姚东旻等：《再论中国的"高储蓄率之谜"——预防性储蓄的决策机制和经验事实》，《世界经济文汇》2019 年第 2 期。

姚敏：《中国消费仲裁的问题与进路——基于美国消费仲裁的启示》，《河北法学》2019 年第 3 期。

姚星等：《中国城镇化、配套产业发展与农村居民消费拉动》，《中国人口·资源与环境》2017 年第 4 期。

易行健、周利：《数字普惠金融发展是否显著影响了居民消费——来自中国家庭的微观证据》，《金融研究》2018 年第 11 期。

易倩、卜伟：《知识产权保护执法力度、技术创新与产业升级》，《经济经纬》2019 年第 3 期。

尹世杰：《消费经济学》，高等教育出版社 2007 年版。

尹志锋等：《知识产权保护与企业创新：传导机制及其检验》，《世界经济》2013 年第 12 期。

于蔚等：《政治关联和融资约束：信息效应与资源效应》，《经济研究》2012 年第 9 期。

余明桂等：《政治联系、寻租与地方政府财政补贴有效性》，《经济研究》2010 年第 3 期。

余明桂、潘红波：《政治关系、制度环境与民营企业银行贷款》，

《管理世界》2008年第8期。

余明桂等：《分析师关注与企业创新——来自中国资本市场的经验证据》，《经济管理》2017年第3期。

余泳泽等：《社会失信环境与民营企业成长——来自城市失信人的经验证据》，《中国工业经济》2020年第9期。

俞立平等：《创新数量与质量下自主研发与协同创新绩效研究》，《上海大学学报》（社会科学版）2020年第3期。

虞楸桦等：《收入差距对家庭服务性消费的影响：来自浙江省农村的证据》，《农业技术经济》2015年第7期。

虞义华等：《发明家高管与企业创新》，《中国工业经济》2018年第3期。

袁建国等：《企业政治资源的诅咒效应》，《管理世界》2015年第1期。

袁靖、陈国进：《习惯形成、灾难风险和预防性储蓄——国际比较与中国经验》，《当代财经》2017年第2期。

袁微、黄蓉：《性别比例失衡对消费的影响——基于婚姻匹配竞争和家庭代际关系视角的分析》，《山西财经大学学报》2018年第2期。

臧旭恒、李燕桥：《消费信贷、流动性约束与中国城镇居民消费行为——基于2004—2009年省际面板数据的经验分析》，《经济学动态》2012年第2期。

占善刚、王甜：《小额诉讼程序的运行效果之实证分析——以"中国裁判文书网"数据为基础》，《河南财经政法大学学报》2018年第6期。

张晨、何华玲：《现代国家制度构建的路径依赖：变革社会中的社会资本及其转型》，《湖北社会科学》2007年第11期。

张川川等：《新型农村社会养老保险政策效果评估——收入、贫困、消费、主观福利和劳动供给》，《经济学（季刊）》2014年第4期。

张敦力、李四海：《社会信任、政治关系与民营企业银行贷款》，《会计研究》2012年第8期。

张海君：《内部控制、法制环境与企业融资效率——基于A股上市公司的经验证据》，《山西财经大学学报》2017年第7期。

张海洋等：《社会信任与消费行为：理论与实证》，《当代财经》2019年第1期。

张浩等：《房产价值变动、城镇居民消费与财富效应异质性——来自微观家庭调查数据的分析》，《金融研究》2017年第8期。

张华初、刘胜蓝：《失业风险对流动人口消费的影响》，《经济评论》2015年第2期。

张健华、王鹏：《银行风险、贷款规模与法律保护水平》，《经济研究》2012年第5期。

张杰等：《中国创新链"国进民进"新格局的形成、障碍与突破路径》，《经济理论与经济管理》2017年第6期。

张杰等：《融资约束、融资渠道与企业R&D投入》，《世界经济》2012年第10期。

张杰等：《中国的银行管制放松、结构性竞争和企业创新》，《中国工业经济》2017年第10期。

张利库：《二元结构下的城乡消费差异分析及对策》，《中国软科学》2007年第2期。

张维迎：《产权、政府与信誉》，生活·读书·新知三联书店2001年版。

张维迎：《法律制度的信誉基础》，《经济研究》2002年第1期。

张维迎、柯荣住：《信任及其解释：来自中国的跨省调查分析》，《经济研究》2002年第10期。

张维迎：《信息、信任与法律》，生活·读书·新知三联书店2006年版。

张维迎、杨文：《法律制度的信誉基础》，《中国市场监管研究》2016年第4期。

张晓津：《三审合一：知识产权案件审判模式运行研究——以北京市法院知识产权审判庭为例》，《北京仲裁》2012年第4期。

张晓薇：《知识产权"三审合一"改革的审视与反思》，《知识产权》2013年第6期。

张欣炜、林娟：《中国技术市场发展的空间格局及影响因素分析》，

《科学学研究》2015 年第 10 期。

张璇等：《信贷寻租、融资约束与企业创新》，《经济研究》2017 年第 5 期。

张学敏、田曼：《受教育程度对城镇居民消费技能的影响研究》，《消费经济》2009 年第 3 期。

张昀、李胜兰：《法律制度对外商直接投资影响的研究》，《南方经济》2011 年第 7 期。

张志远、张铭洪：《法定退休制下受教育年限、预期寿命与储蓄率的关系——兼论延迟退休对居民储蓄率的影响》，《当代财经》2016 年第 12 期。

张治河等：《创新投入的延迟效应与创新风险成因分析》，《科研管理》2015 年第 5 期。

章元、刘茜楠：《"活在当下"还是"未雨绸缪"？——地震对中国城镇家庭储蓄和消费习惯的长期影响》，《金融研究》2021 年第 8 期。

赵西亮等：《房价上涨能够解释中国城镇居民高储蓄率吗？——基于 Chip 微观数据的实证分析》，《经济学（季刊）》2014 年第 1 期。

赵振翔、王亚柯：《"房奴效应"存在吗？——购房行为对我国家庭消费和储蓄的影响研究》，《华中科技大学学报》（社会科学版）2019 年第 6 期。

赵志坚、胡小娟：《我国城乡居民消费结构比较分析》，《消费经济》2007 年第 5 期。

郑筱婷等：《公共财政补贴特定消费品促进消费了吗？——来自"家电下乡"试点县的证据》，《经济学（季刊）》2012 年第 4 期。

周弘：《家庭金融视角下人力资本与家庭消费关系的实证研究——来自 CFPS 的调查》，《经济经纬》2011 年第 6 期。

周建等：《中国农村消费与收入的结构效应》，《经济研究》2013 年第 2 期。

周黎安：《中国地方官员的晋升锦标赛模式研究》，《经济研究》2007 年第 7 期。

周黎安：《转型中的地方政府：官员激励与治理》，上海人民出版社 2008 年版。

周林彬、何朝丹：《法律与社会网络在契约执行中的互动关系》，《广东社会科学》2008年第4期。

周林彬、黄健梅：《法律在中国经济增长中的作用：基于改革的实践》，《学习与探索》2010年第3期。

周茂等：《开发区设立与地区制造业升级》，《中国工业经济》2018年第3期。

周曙东、刘惠英：《我国东中西城乡居民消费差异的实证分析》，《江苏社会科学》2002年第5期。

周小亮：《制度绩效递减规律与我国21世纪初新一轮体制创新研究》，《财经问题研究》2001年第2期。

周晓艳、韩朝华：《中国各地区生产效率与全要素生产率增长率分解（1990—2006）》，《南开经济研究》2009年第5期。

周瑜胜、宋光辉：《公司控制权配置、行业竞争与研发投资强度》，《科研管理》2016年第12期。

周洲等：《司法保护、法律服务与科技创新》，《科研管理》2019年第2期。

朱德胜、周晓珮：《股权制衡、高管持股与企业创新效率》，《南开管理评论》2016年第3期。

朱景文：《中国法律发展报告2012》，中国人民大学出版社2013年版。

朱力、龙永红：《我国现代慈善资源的动员机制》，《南京社会科学》2012年第1期。

朱诗娥、杨汝岱：《城乡居民消费差距与地区经济发展水平》，《经济评论》2012年第1期。

朱文彬：《知识产权刑事、民事、行政"三审合一"审判方式改革中的若干疑难问题》，《司法改革论评》2008年第1期。

朱一凡：《基于中国城镇居民消费过度敏感性的消费环境研究》，《衡阳师范学院学报》2017年第5期。

朱勇：《中国古代社会基于人文精神的道德法律共同治理》，《中国社会科学》2017年第12期。

祝仲坤、冷晨昕：《互联网与农村消费——来自中国社会状况综合调查的证据》,《经济科学》2017 年第 6 期。

庄子银、丁文君:《知识产权保护、模仿与南方自主创新》,《经济评论》2013 年第 3 期。

庄子银、段思淼:《区域技术市场发展对创新的驱动作用——来自 2002—2015 年省级面板数据的实证分析》,《科技进步与对策》2018 年第 15 期。

宗庆庆等:《行业异质性、知识产权保护与企业研发投入》,《产业经济研究》2015 年第 2 期。

左卫民:《十字路口的中国司法改革:反思与前瞻》,《现代法学》2008 年第 6 期。

Allred B. B. and Park W G. , "The Influence of Patent Protection on Firm Innovation Investment in Manufacturing Industries", *Journal of International Management*, Vol. 13, No. 2, 2007.

Acemoglu D. , "Why Do New Technologies Complement Skills? Directed Technical Change and Wage Inequality", *The Quarterly Journal of Economics*, Vol. 113, No. 4, 1998.

Adizes I. , *Corporate Lifecycles: How and Why Corporations Grow and Die and What to Do About It*, Englewood Cliffs, N. J: Prentice Hall, 1988.

Aghion P. , Bolton P. , "An incomplete contracts approach to corporate bankruptcy", *Review of Economic Studies*, Vol. 59, 1992.

Ahlerup P. et al. , "Social Capital vs Institutions in the Growth Process", *European Journal of Political Economy*, Vol. 25, No. 1, 2009.

Akcigit U. , Kerr W. R. , "Growth through Heterogeneous Innovations", *Journal of Political Economy*, Vol. 126, No. 4, 2018.

Allen F. et al. , "Law, Finance, and Economic Growth in China", *Journal of Financial Economics*, Vol. 77, No. 1, 2005.

Ando A. , Modigliani F. , "The Life-Cycle Hypothesis of Saving-Aggregate Implications and Tests", *American Economic Review*, Vol. 53, No. 1, 1963.

Ang J. S. et al. , "Does Enforcement of Intellectual Property Rights Matter in China? Evidence from Financing and Investment Choices in the High-

Tech Industry", *Review of Economics and Statistics*, Vol. 96, No. 2, 2014.

Angrist J. D. and Pischke J. S. , *Mostly Harmless Econometrics: An Empiricist's Companion*, Princeton: Princeton University Press, 2009.

Armour J. et al. , "Regulatory Sanctions and Reputational Damage in Financial Markets", *Journal of Financial and Quantitative Analysis*, Vol. 52, No. 4, 2017.

Armstrong M. et al. , "Consumer Protection and the Incentive to Become Informed", *Journal of The European Economic Association*, Vol. 7, No. 2-3, 2009.

Armstrong M. , Vickers J. , "Consumer Protection and Contingent Charges", *Journal of Economic Literature*, Vol. 50, No. 2, 2012.

Arrow K. J. , "The Economic Implications of Learning by Doing", *The Review of Economic Studies*, Vol. 29, No. 3, 1962.

Bai C. et al. , "Property Rights Protection and Access to Bank Loans: Evidence from private enterprises in China", *Economics of Transition*, Vol. 14, No. 4, 2006.

Baker M. et al. , "Dividends as Reference Points: A Behavioral Signaling Approach", *Review of Financial Studies*, Vol. 29, No. 3, 2016.

Baron R. M. , Kenny D. A. , "The Moderator Mediator Variable Distinction in Social Psychological-Research-Conceptual, Strategic, and Statistical Considerations", *Journal of Personality and Social Psychology*, Vol. 51, No. 6, 1986.

Basu S. , Weil D. N. , "Appropriate Technology and Growth", *The Quarterly Journal of Economics*, Vol. 113, No. 4, 1998.

Becker G. , "Crime and punishment: an economic approach", *Journal of Political Economy*, Vol. 76, 1968.

Beck T. et al. , "Big Bad Banks? The Winners and Losers from Bank Deregulation in the United States", *The Journal of Finance*, Vol. 65, No. 5, 2010.

Beck T. et al. , "Finance and the sources of growth", *Journal of Financial Economics*, Vol. 58, 2000.

Belk R., "You are What You can Access: Sharing and Collaborative Consumption Online", *Journal of Business Research*, Vol. 67, No. 8, 2014.

Berggren N., Jordahl H., "Free to Trust: Economic Freedom and Social Capital", *Kyklos*, Vol. 59, No. 2, 2006.

Bhattacharya S. and Ritter J., "Innovation and Communication: Signalizing with Partial Disclosure", *Review of Economic Studies*, Vol. 50, No. 2, 1983.

Bialkowski J. et al., "Stock Market Volatility around National Elections", *Journal of Banking & Finance*, Vol. 32, No. 9, 2008.

Bill F. et al., "A Cross-Country Study of Legal-System Strength and Real Earnings Management", *Journal of Accounting and Public Policy*, Vol. 35, No. 5, 2016.

Blomstrom M., Kokko A., "Regional Integration and Foreign Direct Investment: A Conceptual Framework and Three Cases", *Policy Research Working Paper Series*, Vol. 58, No. 4, 1997.

Blundell R., Dias M. C., "Evaluation Methods for Non-Experimental Data", *Fiscal Studies*, Vol. 21, No. 4, 2000.

Bordalo P. et al., "Salience Theory of Choice Under Risk", *Quarterly Journal of Economics*, Vol. 127, No. 3, 2010.

Boubakri, N. et al., "Political Connections of Newly Privatized Firms", *Journal of Corporate Finance*, Vol. 14, No. 5, 2008.

Branstetter L. G. et al., "Do Stronger Intellectual Property Rights Increase International Technology Transfer? Empirical Evidence from U. S. Firm-Level Panel Data", *The Quarterly journal of economics*, Vol. 121, No. 1, 2006.

Cai H. et al., "Eat, Drink, Firms, Government: An Investigation of Corruption from the Entertainment and Travel Costs of Chinese Firms", *Journal of Law & Economics*, Vol. 54, No. 1, 2011.

Caldera A., "Innovation and exporting: evidence from Spanish manufacturing firms", *Review of World Economics*, Vol. 146, No. 4, 2010.

Caliendo M., Kopeinig S., "Some Practical Guidance for the Implementation of Propensity Score Matching", *Journal of Economic Surveys*, Vol. 22, No. 1, 2008.

Campbell J. Y. et al. , "Consumer Financial Protection", Journal of Economic Perspectives, Vol. 25, No. 1, 2011.

Chamon M. D. , Prasad E S. , "Why Are Saving Rates of Urban Households in China Rising?", *American Economic Journal: Macroeconomics*, Vol. 2, No. 1, 2010.

Chaney P. K. et al. , "The Impact of New Product Introductions on the Market Value of Firms", *Journal of Business*, Vol. 64, No. 4, 1991.

Chang X. et al. , "Non-executive Employee Stock Options and Corporate Innovation", *Journal of Financial Economics*, Vol. 115, No. 1, 2015.

Chen D. et al. , "China's Closed Pyramidal Managerial Labor Market and the Stock Price Crash Risk", *Accounting Review*, Vol. 93, No. 3, 2018.

Chen Y. et al. , "Corporate Fraud and Bank Loans: Evidence from China", *China Journal of Accounting Research*, Vol. 4, No. 03, 2011.

Claessens S. et al. , "Political Connections and Preferential Access to Finance: The Role of Campaign Contributions", *Journal of Financial Economics*, Vol. 88, No. 3, 2008.

Coad A. et al. , "Innovation and Firm Growth: Does Firm Age Play a Role?", *Research Policy*, Vol. 45, No. 2, 2016.

Coleman J. , *Foundations of Social Theory*, Harvard University Press, 1990.

Connelly B. L. et al. , "Signaling Theory: A Review and Assessment", *Journal of Management*, Vol. 37, No. 1, 2011.

Cooter R. D. , Ulen T. , *Law and Economics*, New York: Pearson, 2011.

Corman H. , Mocan H. N. , "A time-series analysis of crime, deterrence, and drug abuse in New York City", *American Economic Review*, Vol. 90, No. 3, 2000.

Cornwell C. , Trumbull W. N. , "Estimating the Economic Model of

Crime with Panel Data", *Review of Economics and Statistics*, Vol. 76, No. 2, 1994.

Cross F. B., "Law and Trust", *Georgetown Law Journal*, Vol. 93, No. 5, 2005.

Curtis C. C. et al., "Lugauer S, Mark N C. Demographic Patterns and Household Saving in China", *American Economic Journal: Macroeconomics*, Vol. 7, No. 2, 2015.

Demirgü-Kunt A., Maksimovic V., "Law, Finance, and Firm Growth", *Journal of Finance*, Vol. 53, No. 6, 1998.

Derrien F., Kecskés A., "The Real Effects of Financial Shocks: Evidence from Exogenous Changes in Analyst Coverage", *The Journal of Finance*, Vol. 68, No. 4, 2013.

Dezhbakhsh H. et al., "Does Capital Punishment Have a Deterrent Effect? New Evidence from Postmoratorium Panel Data", *American Law & Economics Review*, Vol. 5, No. 2, 2003.

Djankov S., "Courts", *Quarterly Journal of Economics*, Vol. 2, No. 118, 2003.

Djankov S. et al., "Private Credit in 129 Countries", *Journal of Financial Economics*, Vol. 84, No. 2, 2007.

Doukakis L. C., "The Effect of Mandatory IFRS Adoption on Real and Accrual-based Earnings Management Activities", *Journal of Accounting & Public Policy*, Vol. 33, No. 6, 2014.

Drescher L. S. et al., "Consumer's Stated Trust in the Food Industry and Meat Purchases", *Agriculture and Human Values*, Vol. 29, No. 4, 2012.

Driscoll J. C., Kraay A. C., "Consistent Covariance Matrix Estimation with Spatially Dependent Panel Data", *Review of Economics and Statistics*, Vol. 80, No. 4, 1998.

Drover W. et al., "A Review and Road Map of Entrepreneurial Equity Financing Research: Venture Capital, Corporate Venture Capital, Angel Investment, Crowdfunding, and Accelerators", *Journal of Management*,

Vol. 43, No. 6, 2017.

Drover W. et al., "Toward A Cognitive View of Signalling Theory: Individual Attention and Signal Set Interpretation", *Journal of Management Studies*, Vol. 55, No. 2, 2018.

Du Q., Wei S., "A Theory of the Competitive Saving Motive", *Journal of International Economics*, Vol. 91, No. 2, 2013.

Dynan K. et al., "Is a Household Debt Overhang Holding Back Consumption with Comments and Discussion", *Brookings Papers on Economic Activity*, 2012.

Ehrlich I., "Participation in Illegitimate Activities: A Theoretical and Empirical Investigation", *The Journal of Political Economy*, Vol. 81, No. 3, 1973.

Emran M. S., Hou Z., "Access to Markets and Household Consumption: Evidence from Rural China", *Social Science Electronic Publishing*, Vol. 15, No. 1, 2008.

Faccio M., "Politically-connected firms", *American Economic Review*, Vol. 96, No. 1, 2006.

Faleye O. et al., "Do Better-Connected CEOs Innovate More?", *The Journal of Financial and Quantitative Analysis*, Vol. 49, No. 5/6, 2014.

Fang L. H. et al., "Intellectual Property Rights Protection, Ownership, and Innovation: Evidence from China", *The Review of Financial Studies*, Vol. 30, No. 7, 2017.

Fan J. et al., "Politically connected CEOs, corporate governance, and post-IPO performance of China's newly partially privatized firms", *Journal of Financial Economic*, Vol. 84, No. 2, 2007.

Filipski M. et al., "Living Like There's No Tomorrow: The Psychological Effects of An Earthquake on Savings and Spending Behavior", *European Economic Review*, Vol. 116, 2019.

Fotros M, H., Maaboudi R., "Impact of Income Inequality on Consumption Expenditures Inequality: A Case Study of Iranian Households, 1966–2008", *Social Science Electronic Publishing*, Vol. 20, No. 4, 2011.

Francis B. et al., "A Cross-country Study of Legal-System Strength and Real Earnings Management", *Journal of accounting and public policy*, Vol. 35, No. 5, 2016.

Francis J. R., Wang D., "The Joint Effect of Investor Protection and Big 4 Audits on Earnings Quality around the World", *Contemporary accounting research*, Vol. 25, No. 1, 2008.

Frankel R., Li X., "Characteristics of A Firm's Information Environment and The Information Asymmetry Between Insiders and Outsiders", *Journal of Accounting & Economics*, Vol. 37, No. 2, 2004.

Fudenberg D., Tirole J., "Game Theory", *Economica*, Vol. 60, No. 238, 1992.

Gallagher M. et al., "China's 2008 Labor Contract Law: Implementation and Implications for China's Workers", *Human Relations*, Vol. 68, No. 2SI, 2015.

Gangopadhyay K., Mondal D., "Does Stronger Protection of Intellectual Property Stimulate Innovation?", *Economics Letters*, Vol. 116, No. 1, 2012.

Gefen D. et al., "Trust and TAM in Online Shopping: An Integrated Model", *Mis Quarterly*, Vol. 27, No. 1, 2003.

Giannetti M. et al., "The Brain Gain of Corporate Boards: Evidence from China", *The Journal of Finance*, Vol. 70, No. 4, 2015.

Granovetter M., "Economic Action and Social Structure: The Problem of Embeddedness", *American Journal of Sociology*, Vol. 91, No. 3, 1985.

Granstrand O. et al., "External Technology Acquisition in Large Multi-technology Corporations", *R&D Management*, Vol. 22, No. 2, 1992.

Greif A., Tabellini G., "Cultural and Institutional Bifurcation: China and Europe Compared", *American Economic Review*, Vol. 100, No. 2, 2010.

Griliches Z., Schmookler J., "Inventing and Maximizing", *American Economic Review*, Vol. 53, No. 10, 1963.

Grootaert C. et al., *Social Capital and Poverty: A Microeconomic Per-*

spective, Cambridge University Press, 2002.

Gustavo M., "Motivating Innovation", *The Journal of Finance*, Vol. 66, No. 5, 2011.

Gu Y. et al., "Banks' Interventions and Firms' Innovation: Evidence from Debt Covenant Violations", *Journal of Law and Economics*, Vol. 60, No. 4, 2017.

Hall B. H., Lerner J., "The Financing of R&D and Innovation", *Handbook of the Economics of Innovation*, No. 1, 2010.

Hambrick D., Mason P., "Upper Echelons: The Organization as a Reflection of Its Top Managers", *Academy of Management Review*, Vol. 9, No. 2, 1984.

Hart O. and Moore J., "Default and Renegotiation: A Dynamic Model of Debt", *Quarterly Journal of Economics*, Vol. 113, No. 1, 1998.

Hayashi F., "The Effect of Liquidity Constraints on Consumption: A Cross-sectional Analysi", *Quarterly Journal of Economics*, Vol. 100, No. 1, 1985.

He J. J., Tian X., "The Dark Side of Analyst Coverage: The Case of Innovation", *Journal of Financial Economics*, Vol. 109, No. 3, 2013.

Helpman E. et al., "Innovation, Imitation and Intellectual Property Rights", *Econometrica*, Vol. 61, No. 6, 1993.

Heyman F. et al., "Is there really a Foreign Ownership Wage Premium? Evidence from Matched Employer-Employee Data", *Journal of International Economics*, Vol. 73, No. 2, 2007.

Hirshleifer D. et al., "Innovative Efficiency and Stock Returns", *Journal of Financial Economics*, Vol. 107, No. 3, 2013.

Holmstrom B., "Agency Costs and Innovation", *Journal of Economic Behavior and Organization*, Vol. 12, No. 3, 1989.

Hsu M. et al., "Understanding Online Shopping Intention: The Roles of Four Types of Trust and their Antecedents", *Internet Research*, Vol. 24, No. 3, 2014.

Hsu P. et al., "Financial Development and Innovation: Cross-Country

Evidence", *Journal of Financial Economics*, Vol. 112, No. 1, 2014.

Häussler C. et al., "To Be Financed or Not: The Role of Patents for Venture Capital Financing", *SSRN Electronic Journal*, 2009.

Huther J. and Shah A., "Applying a Simple Measure of Good Governance to the Debate on Fiscal Decentralization", *World Bank Policy Research Working Paper*, No. 1894, 1998.

James H. S. et al., "A Survey of Weak Instruments and Weak Identification in Generalized Method of Moments", *Journal of Business & Economic Statistics*, Vol. 20, No. 4, 2002.

Johnson S. H. et al., "Property Rights and Finance", *American Economic Review*, Vol. 92, No. 5, 2002.

Julio B., Yook Y., "Political Uncertainty and Corporate Investment Cycles", *Journal of Finance*, Vol. 67, No. 1, 2012.

Jun-Yang L. et al., "Empirical Research on the Influence of Distribution on the Rural Consumption", *Journal of Business Economics*, No. 11, 2011.

Karpoff J. M. et al., "The Cost to Firms of Cooking the Books", *Journal of Financial and Quantitative Analysis*, Vol. 43, No. 3, 2008.

Kent L. W., "Do Brokerage Analysts' Recommendations Have Investment Value?", *The Journal of Finance*, Vol. 51, No. 1, 1996.

Knack S., Keefer P., "Does Social Capital Have an Economic Payoff? A Cross-Country Investigation", *The Quarterly Journal of Economics*, Vol. 112, No. 4, 1997.

Kotler P., *Marketing Management: Analysis, Planning, and Control*, Englewood Cliffs, N. J: Prentice Hall, 1967.

Krishna A., "Creating and Harnessing Social Capital", *Social Capital: A Multifaceted Analysis*, 2000.

Kuijs L., "Investment and Saving in China", *Policy Research Working Paper Series*, 2005.

La Ferrara E. et al., "Soap Operas and Fertility: Evidence from Brazil", *American Economic Journal: Applied Economics*, Vol. 4, No. 4, 2012.

La Porta R. et al., "Law and Finance", *Journal of Political Economy*, Vol. 106, No. 6, 1998.

Lassoued R., Hobbs J. E., "Consumer Confidence in Credence Attributes: The Role of Brand Trust", *Food Policy*, Vol. 52, 2015.

Leonidas C. D., "The Effect of Mandatory IFRS Adoption on Real and Accrual-Based Earnings Management Activities", *Journal of Accounting and Public Policy*, Vol. 33, No. 6, 2014.

Levine C. B., Hughes J. S., "Management Compensation and Earnings-Based Covenants as Signaling Devices in Credit Markets", *Journal of Corporate Finance*, Vol. 11, No. 5, 2005.

Levine R., "Financial Development and Economic Growth: Views and Agenda", *Journal of Economic Literature*, Vol. 35, No. 2, 1997.

Levine R., "The Legal Environment, Banks, and Long-Run Economic Growth", *Journal of Money Credit and Banking*, Vol. 30, No. 32, 1998.

Li H. et al., "Why Do Entrepreneurs Enter Politics? Evidence from China", *Economic Inquiry*, Vol. 3, 2006.

Li J. Y. et al., "Empirical Research on the Influence of Distribution on the Rural Consumption", *Journal of Business Economics*, Vol. 95, No. 3–4, 2011.

Liu Q., Lu Y., "Firm Investment and Exporting: Evidence from China's Value-Added Tax Reform", *Journal of International Economics*, Vol. 97, No. 2, 2015.

Li X., Freeman R. B., "How Does China's New Labour Contract Law Affect Floating Workers?", *British Journal of Industrial Relations*, Vol. 53, No. 4, 2015.

Lorenczik C., Newiak M., "Imitation and Innovation Driven Development Under Imperfect Intellectual Property Rights", *European Economic Review*, Vol. 56, No. 7, 2012.

Luce M. F. et al., "Choice Processing in Emotionally Difficult Decisions", *Journal of Experimental Psychology*, Vol. 23, No. 2, 1997.

Luhman N., *Trust and Power: Two Works*, New York: Wiley, 1979.

Manso G., "Motivating Innovation", *The Journal of Finance*, Vol. 66, No. 5, 2011.

Marcos D. C., Eswar S. P., "Why are Saving Rates of Urban Households in China Rising?", *American Economic Journal: Macroeconomics*, Vol. 2, No. 1, 2010.

Moorthy S., Srinivasan K., "Signaling Quality with a Money – Back Guarantee: The Role of Transaction Costs", *Marketing Science (Providence, R. I.)*, Vol. 14, No. 4, 1995.

Mueller E. et al., "To be Financed or not: The Role of Patents for Venture Capital Financing", *Discussion Paper*, 2009.

Musai M. et al., "Relationship between Education and Economic Growth (International Comparison)", *European Journal of Economics Finance & Administrative Sciences*, No. 29, 2011.

Myers S. C. and Majluf N. S., "Corporate Financing and Investment Decisions When Firms Have Information That Investors Do Not Have", *Journal of Financial Economics*, Vol. 13, No. 2, 1984.

Nicolas C. et al., "Credit Constraints and Growth in a Global Economy", *American Economic Review*, Vol. 105, No. 9, 2015.

North D. C., "Institutions, Institutional Change, and Economic Performance", *Institutional Change and Economic Performance*, 1990.

Ocasio W., "Attention to Attention", *Organization Science*, Vol. 22, No. 5, 2011.

O'Donoghue T. and Zweimüller J., "Patents in a Model of Endogenous Growth", *Journal of Economic Growth*, Vol. 9, No. 1, 2004.

Ozmel U. et al., "Signals Across Multiple Networks: How Venture Capital and Alliance Networks Affect Interorganizational Collaboration", *Academy of Management Journal*, Vol. 56, No. 3, 2013.

Park A., Shen M., "Joint Liability Lending and the Rise and Fall of China's Township and Village Enterprises", *Journal of Development Economics*, Vol. 71, No. 2, 2003.

Park W. G., "Intellectual Property Rights and International Innovation", *Frontiers of Economics and Globalization*, No. 2, 2008.

Paul P. A. and Fygenson M., "Understanding and Predicting Electronic Commerce Adoption: An Extension of the Theory of Planned Behavior", *MIS Quarterly*, Vol. 1, No. 30, 2006.

Peltzman S., "An Evaluation of Consumer Protection Legislation: The 1962 Drug Amendments", *Journal of Political Economy*, No. 5, 1973.

Pistor K. et al., "Law and Finance in Transition Economies", *Economics of Transition*, No. 2, 2000.

Posner R., "Social Norms and the Law: An Economic Approach", *American Economic Review*, Vol. 87, No. 2, 1997.

Preacher K. J. and Hayes A. F., "Asymptotic and Resampling Strategies for Assessing and Comparing Indirect Effects in Multiple Mediator Models", *Behavior Research Methods*, Vol. 40, No. 3, 2008.

Provost C., "The Politics of Consumer Protection: Explaining State Attorney General Participation in Multi-State Lawsuits", *Political research quarterly*, Vol. 59, No. 4, 2006.

Putnam R. D. et al., "Making Democracy Work: Civic Traditions in Modern Italy", *Princeton University Press*, 1994.

Putnam R. D., *Making Democracy Work: Civic Traditions in Modern Italy*, Princeton University Press, 1993.

Qian J., Strahan P. E., "How Laws and Institutions Shape Financial Contracts: The Case of Bank Loans", *Journal of Finance*, Vol. 62, No. 6, 2007.

Qu Z., Zhao Z., "Urban-Rural Consumption Inequality in China from 1988 to 2002: Evidence from Quantile Regression Decomposition", 2008, *IZA, Discussion Papers* No. 3659, Available at SSRN: https://ftp.iza.org/dp3659.pdf.

Ramseyer J. M., Rasmusen E. B., "Judicial Independence in A Civil Law Regime: The Evidence from Japan", *Journal of Law Economics & Organization*, Vol. 13, No. 2, 1997.

Roberts M. R., Whited T. M., "Endogeneity in Empirical Corporate

Finance 1", *Handbook of the Economics of Finance*, Vol. 2, 2013.

Rogers G. O., "The Dynamics of Risk Perception: How Does Perceived Risk Respond to Risk Events?", *Risk Analysis*, Vol. 17, No. 6, 1997.

Rosenzweig M., and Zhang J. S., "Co-residence, Life-cycle Savings and Inter-generational Support in Urban China", *NBER Working Paper*, 2014.

Roth F., "Does Too Much Trust Hamper Economic Growth?" *John Wiley & Sons, Ltd.* (10.1111), Vol. 62, No. 1, 2009.

Sargeant A., Lee S., "Trust and Relationship Commitment in The United Kingdom Voluntary Sector: Determinants of Donor Behavior", *Psychology and Marketing*, Vol. 21, No. 8, 2004.

Schmookler J., "Economic Sources of Inventive Activity", *Journal of Economic History*, Vol. 22, No. 1, 1962.

Schmookler J., *Invention and Economic Growth*, Cambridge: Harvard University Press, 1966.

Schneider M. R., "Judicial Career Incentives and Court Performance: An Empirical Study of the German Labour Courts of Appeal", *European Journal of Law & Economics*, Vol. 20, No. 2, 2005.

Seru A., "Firm Boundaries Matter: Evidence from Conglomerates and R&D Activity", *Journal of financial economics*, Vol. 111, No. 2, 2014.

Shapiro C., "Navigating the Patent Thicket: Cross Licenses, Patent Pools, and Standard Setting", *Innovation Policy and the Economy*, Mit Press, 2001.

Shleifer A., Vishny R. W., "Politicians and Firms", *The Quarterly Journal of Economics*, Vol. 109, No. 4, 1994.

Simonson I., "The Influence of Anticipating Regret and Responsibility on Purchase Decisions", *The Journal of consumer research*, Vol. 19, No. 1, 1992.

Spence M., "Job Market Signaling", *Quarterly Journal of Economics*, Vol. 87, No. 3, 1973.

Spence M., "Signaling in Retrospect and the Information Structure of Markets", *American Economic Review*, Vol. 92, No. 3, 2002.

Stiglitz J. E., "The Contributions of the Economics of Information to Twentieth Century Economics", *Narnia*, Vol. 115, No. 4, 2000.

Stiglitz J., Weiss A., "Credit rationing in markets with imperfect information", *American Economic Review*, Vol. 71, No. 3, 1981.

Stock J. H. et al., "A Survey of Weak Instruments and Weak Identification in Generalized Method of Moments", *Journal of Business & Economic Statistics*, Vol. 20, No. 4, 2002.

Sun W., Wang X., "Do Relative Income and Income Inequality Affect Consumption? Evidence from the Villages of Rural China", *The Journal of Development Studies*, Vol. 4, No. 49, 2013.

Tan Y. et al., "Privatization and Innovation: Evidence from a Quasi-Natural Experience in China", *SSRN Electronic Journal*, 2014.

Ted O., Josef Z., "Patents in a Model of Endogenous Growth", *Journal of Economic Growth*, Vol. 9, No. 1, 2004.

Tian X., Wang T. Y., "Tolerance for Failure and Corporate Innovation", *Review of Financial Studies*, Vol. 27, 2014.

Tonoyan V. et al., "Corruption and Entrepreneurship: How Formal and Informal Institutions Shape Small Firm Behavior in Transition and Mature Market Economies", *Entrepreneurship Theory and Practice*, Vol. 34, No. 5, 2010.

Torsvik G., "Social Capital and Economic Development", *Rationality and Society*, Vol. 12, 2000.

Verschoor W. F. C. et al., "Reputational Penalties to Firms in Antitrust Investigations", *Journal of Competition Law & Economics*, Vol. 8, No. 2, 2012.

Watts R. L., Zimmerman J., "Positive Accounting Theory", *Social Science Electronic Publishing*, Vol. 65, No. 5, 1986.

Wessen A. F. et al., "The Religion of China: Confucianism and Taoism", *American Sociological Review*, Vol. 16, No. 6, 1951.

Williams K. R., Hawkins R., "Perceptual Research on General Deterrence: A Critical Review", *Law & Society Review*, Vol. 20, No. 4, 1986.

Witte A. D., "Estimating the Economic Model of Crime with Individual Data", *The Quarterly Journal of Economics*, Vol. 94, No. 1, 1980.

Womack K. L., "Do Brokerage Analysts' Recommendation Have Investment Value?", *The Journal of Finance*, Vol. 51, No. 1, 1996.

Xin K., Pearce J., "Guanxi: Connections as Substitutes for Formal Institutional Support", *Academy of Management Journal*, Vol. 39, No. 6, 1996.

Zimmerman J., "Taxes and firm size", *Journal of Accounting and Economics*, Vol. 5, 1983.

Zweimüller J., "Inequality, Redistribution, and Economic Growth", *Empirica Springer*, Vol. 27, No. 1, 2000a.

Zweimüller J., "Schumpeterian Entrepreneurs Meet Engel's Law: The Impact of Inequality on Innovation–driven Growth", *Journal of Economic Growth*, Vol. 5, No. 2, 2000b.